Coaching para pais vol. 2

Presidente:
Mauricio Sita

Diagramação:
Lucas Chagas

Preparação:
Joyce Moysés

Revisão:
Camila Oliveira

Diretora de Projetos:
Gleide Santos

Diretora de Operações:
Alessandra Ksenhuck

Diretora Executiva:
Julyana Rosa

Relacionamento com o cliente:
Claudia Pires

Impressão:
RR Donnelley

Dados Internacionais de Catalogação na Publicação (CIP)
(eDOC BRASIL, Belo Horizonte/MG)

C652	Coaching para pais: volume II / Coordenadores Iara Mastine, Lorraine Thomas, Mauricio Sita. – São Paulo (SP): Literare Books International, 2018. 304 p. : 16 x 23 cm Inclui bibliografia ISBN 978-85-9455-122-1 1. Assessoria pessoal. 2. Pais e filhos. 3. Liderança. I. Mastine, Iara. II. Thomas, Lorraine. III. Sita, Mauricio

CDD 658.3124

Elaborado por Maurício Amormino Júnior – CRB6/2422

Literare Books International
Rua Antônio Augusto Covello, 472 – Vila Mariana – São Paulo, SP.
CEP 01550-060
Fone/fax: (0**11) 2659-0968
site: www.literarebooks.com.br
e-mail: contato@literarebooks.com.br

Apresentação

Educar os filhos é uma tarefa árdua, mas muito compensadora. É importante lembrar que a educação é tema sempre em evolução e requer constante atualização por parte dos pais e daqueles que estudam o tema. Nesta obra, reunimos profissionais capacitados para falar sobre o assunto de forma profissional, mas também amorosa, afinal, estamos tratando da educação de filhos e qualidade do vínculo familiar.

Aproveito o espaço para a agradecer a parceria com a incrível Iara Mastine, que novamente encarou o desafio de coordenar uma obra de tanta importância social. No segundo volume do livro *Coaching para pais*, trazemos novos olhares e perspectivas para os pais que buscam aprimorar e saber novas formas de educar e se conectar com seus filhos. Cabe lembrar que a educação não precisa ser um processo rígido e traumático para a criança, mas um momento de autodescobrimento sobre os próprios sentimentos e como se portar em relação às outras pessoas, aprendendo sobre respeito e limites.

A educação emocional, por exemplo, se mostra cada vez mais necessária para o relacionamento interpessoal, seja no trabalho, com a família ou amigos. Essa habilidade pode ser estimulada e trabalhada desde quando a criança é pequena. Para que o processo educacional seja prazeroso a ambos os lados, os autores trazem atividades lúdicas, jogos, que transformam o momento de forma divertida e natural. É um livro prático e, ao mesmo tempo, repleto de reflexões.

É um prazer fazer parte de um projeto tão especial e que pode ajudar tantos lares a educar os cidadãos do futuro. Aproveitem a leitura!

Com carinho,

Mauricio Sita

Sumário

1

O estresse que nos protege e, ao mesmo tempo, nos abala nas situações mais desafiadoras

Como pais, podemos ensinar importantes competências e habilidades que farão a diferença na vida de nossos filhos. O maior ensinamento ocorre por meio do exemplo que passamos. Neste capítulo, vamos refletir sobre esse exemplo no âmbito do estresse, que sempre existirá. Já a nossa forma de enfrentá-lo terá impacto direto na educação que eles recebem e em como vão lidar com os próprios problemas

Iara Mastine

Iara Mastine

Mãe, Psicóloga, *Coach*, Mentora e Educadora Parental. Formada pela UNESP e pela Sociedade Brasileira de Coaching, possui diversos cursos na área. Tornou-se a Primeira Facilitadora em Parentalidade Consciente no Brasil pela Academia de Parentalidade Consciente (Portugal), assim como a Primeira Facilitadora em *Mindfulness* para crianças pela Still Quiet Place (USA), treinada presencialmente pela Americana Amy Saltzman M.D. (médica e pioneira na técnica). É também certificada em *Mindfulness* pela Mindeduca; *Kids Coaching* pela Rio Coaching e ICIJ – Instituto de Coaching Infantojuvenil e educadora Parental pelo Positive Discipline Association (USA). Possui especializações na área da Psicologia, como em Recursos Humanos, Psicologia da Saúde, Neuropsicologia. Certificada pela The Parent Coaching Academy (UK) e representante no Brasil, coordenando cursos, publicações de livros e *workshops*. Apaixonada pelo desenvolvimento infantil e pelo desafio de proporcionar harmonia e maior conexão entre as famílias.

Contatos
www.iaramastine.com.br
contato@iaramastine.com.br
Instagram: iaramastine
Facebook: @iaramastine
(11) 98100-2299 (WhatsApp)

> "Sentir-se mais estressada depois de se tornar mãe ou pai é natural."
> (Lorraine Thomas)

O estresse é algo natural e existe para nos proteger. É só pensarmos na situação de dirigir em uma estrada com sono. Quando bate aquele cansaço, começamos a "piscar" - até podemos dizer que "o farol está baixo" em referência à expressão de nossos olhos.

Realmente fica difícil prestar atenção quando o corpo pede descanso, e pode acontecer do carro avançar pelo acostamento. Pronto, esse "tranquinho" já é suficiente para deixar nossos corações acelerados, pupilas dilatadas, pressão arterial aumentada, pelos arrepiados... E, dependendo do organismo da pessoa, outras reações nada agradáveis.

Tudo isso nos coloca em estado de alerta. Nosso corpo está assim para nos proteger, nos deixar conscientes e com maior atenção para a situação de perigo. O grande problema é entrar nessa situação diversas vezes ao dia e demorar para voltar ao estado original de tranquilidade.

Resolvi trazer essa reflexão para este livro porque, de acordo com uma pesquisa realizada pela The Parent Coaching Academy:

• Nove entre dez mães dizem sentir alto nível de estresse.

• Nove em cada dez mães afirmam que seu estresse tem um impacto negativo em seus filhos.

• E oito delas relatam não conseguir lidar tão bem com o estresse após formarem uma família.

Até certo ponto, seu nível de estresse pode ser natural. Afinal, ter filhos aumenta (e muito) a responsabilidade dos pais. Nessa situação nem você, nem seu companheiro(a) são mais responsáveis apenas por cada um de vocês.

Ambos possuem um filho que dependerão sempre de vocês, e aqui não falo somente da parte financeira, mas sim da educação, dos valores que levarão para a vida, do exemplo que estão seguindo por meio das atitudes e comportamentos que observam e vivenciam. Essa responsabilidade pode gerar uma expectativa muito alta, a de querer fazer "tudo certo".

9

Esse "tudo certo" coloca qualquer ser humano em estado de alerta diário. Acabamos passando por provas e julgamentos, que muitas vezes são impostos por nós mesmos... E esse é um cuidado que devemos ter.

Pais de verdade são melhores que superpais

O que é ser Super para você? Já parou para pensar? Quando procurei o significado de Super, me deparei com: "Prefixo que indica acima ou excesso; que ocupa uma posição superior; que demonstra proeminência, superioridade: super-humano".

Já ouvi dizer inúmeras vezes que o excesso nunca é bom, em tudo na vida! E, então, por que queremos ser pai e mãe em excesso?

Permita ser você, olhar para você, cuidar de você! Isso não significa fechar os olhos para a família ou outras questões importantes para você. Mas serve de reflexão quando nos deparamos com muitas mães que são excelentes em cuidar dos outros e não tão boas em cuidar de si mesmas. E isso também ocorre com alguns pais, que proveem tanto para a família e não observam os seus desejos.

Então, vamos refletir, utilizando o espaço abaixo para apontar alguns de seus desejos atuais:

1. _____
2. _____
3. _____

Agora, pense: quantos desses desejos são exclusivamente seus (referentes a você)? Além de anular seus desejos, muitos pais e mães também demonstram dificuldades em apontar o que eles (como seres únicos) gostariam de realizar.

Agora escolha um dos desejos pessoais que acabou de citar para colocar em prática, respondendo às seguintes questões:

- Por que esse desejo é tão importante para mim?
- Até quando quero realizar?
- De quais recursos eu preciso?
- Como saberei que realizei esse desejo?

Permita-se sonhar! Afinal, nós somos os "motoristas" de nossa vida.

O estresse sempre estará presente; e tudo bem. Já a forma como vocês, pais, enfrentam esse estresse diário, provocado pelos desafios da vida, terá um impacto direto na formação de seus filhos, assim como na maneira que ele aprenderá a lidar com os próprios problemas.

Sim, somos o exemplo número 01 para nossos filhos. Exemplos não do que falamos, mas do que fazemos. O impacto de nossos atos é sentido pelos filhos, desde pequenos. Sendo assim, vamos avançar para uma segunda reflexão.

É importante ter sinceridade consigo mesmo(a) sendo bem específico(a) nas respostas a estas perguntas:

- Qual exemplo eu quero ser para meu(s) filho(s)?
- E o que eu estou fazendo para ser esse exemplo?

Sua vida pode oferecer muitos desafios que estão afetando suas vontades, seu planejamento, seu nível de estresse. E é bem possível que você tenha chegado até aqui identificando que vários desses desafios estejam fora de seu controle. Mas eu quero que saiba que você ainda tem as rédeas da sua vida em suas mãos. Ou seja, pode controlar a maneira como interpreta e responde a essas situações desafiadoras.

Sendo assim, venho propor mais este desafio. Vamos refletir sobre nossas atitudes perante uma situação estressante. Muitas das coisas que fazemos nos ajudam a lidar com os desafios da vida. É importante reconhecer o que já fazemos bem. Quando identificamos essas ações, conseguimos incentivar nossos filhos a realizarem o mesmo também.

Então, marque "Sim" ou "Não" para as seguintes afirmações, começando por "Sou capaz de..."

Sou capaz de...	Sim	Não
...lidar com o estresse.		
...entender os fatos para agir melhor.		
...olhar as coisas pelo lado positivo.		
...sentir-me no controle de minha vida.		
...identificar soluções, não só problemas.		
...tomar atitudes para resolver problemas.		
...conseguir relaxar.		
...conseguir apoio.		
...enfrentar desafios.		
...sentir e transmitir confiança.		

Ao contar um ponto para todas as respostas positivas ("Sim") assinaladas, qual foi sua pontuação?

Se o resultado superou significativamente o número de respostas negativas ("Não"), significa que você enfrenta desafios e possivelmente possui baixo nível de estresse. Possui confiança e acredita em si mesmo(a).

Entretanto, se o resultado apontou o maior número de "Não", sinaliza uma tendência a escapar dos desafios, evitando assim a resolução de problemas, o que eleva seu nível de estresse. A mensagem que sua pontuação está passando é que você ainda não desenvolveu sua capacidade de lidar bem com o estresse.

A boa notícia é que você pode mudar isso. A propósito, somente você pode mudar isso.

Concentre-se nas coisas que você faz bem

Costumamos ser os maiores críticos de nós mesmos. Por causa disso, mal conseguimos identificar o que fizemos de melhor. Ao elaborar um planejamento, por exemplo, podemos não conseguir terminar uma única tarefa. No término do dia, ficamos felizes por termos alcançado 80% dos objetivos traçados? Ou tristes por causa dos 20% faltantes?

Reconhecer o que fizemos pode gerar uma sensação de alívio e auxiliar na administração do estresse diário.

Para mudar esse *mindset*, proponho que escreva no espaço abaixo algumas de suas realizações que mais o(a) deixou:

- Contente:
- Orgulhoso(a):
- Aliviado(a):
- Motivado(a):
- Ou com outro sentimento positivo (pode descrever o que sentiu também):

Agora, reflita sobre alguma atitude que você tomou e que, mesmo considerando fácil ou comum, gerou um alto impacto positivo a outra pessoa. De posse dessa lembrança, vamos fazer aqui um exercício de visualização:

Passo 1: Repita a si mesmo(a) qual foi essa realização.

Passo 2: Tente imaginar o efeito nessa outra pessoa (quais sentimentos ela provavelmente sentiu, o que pensou, como reagiu...)

Passo 3: E como você está se sentindo? O que passou pela sua cabeça? Qual atitude realizou? Gostaria de fazer algo que não fez?

12

Permita-se conhecer e reconhecer: seus sentimentos e o bem que causou na outra pessoa; identificar o que tem de bom, o que é capaz de fazer para promover o bem.

Aliás, você já parou para identificar as habilidades que possui?

Abaixo temos um círculo com 8 divisões:

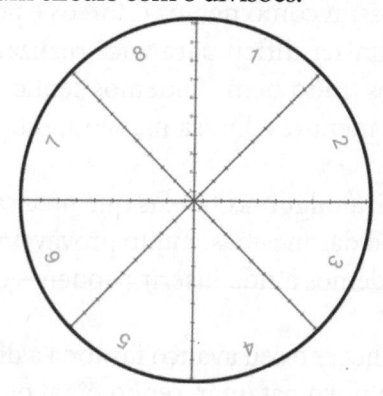

Para cada número, atribua uma habilidade sua:

1	
2	
3	
4	
5	
6	
7	
8	

Agora, voltando ao círculo, perceba que cada linha divisória possui uma graduação que vai de 1 a 10. Com o auxílio de um lápis de cor (giz de cera ou caneta – o que preferir) assinale o quanto essa habilidade é satisfatória para você, sendo que a marcação 1 (mais ao centro) significa que não possui tanto assim, e a marcação 10 (beirando a borda externa) significa que essa habilidade está completamente desenvolvida em você.

Olhar para nossas habilidades nos motiva a querer fazer sempre melhor. Eu gosto muito da frase de Jane Nelsen, autoridade no tema Disciplina Positiva:

"De onde tiramos a absurda ideia de que, para levar uma criança a agir melhor, precisamos fazê-la se sentir pior?"

Isso cabe a nós também: como vamos nos motivar se apenas olhamos para as frustrações? Precisamos reagir e reconhecer o que temos de melhor, assim como nossos esforços e potencialidades.

Se ainda acredita ser difícil para você realizar essa autoavaliação das habilidades, tudo bem. Podemos tentar dividir as tarefas grandes em partes menores. Dessa maneira, estaremos vivenciando nossos avanços.

Podemos priorizar algumas tarefas que precisam ser realizadas. Diante da conclusão das mesmas, muito provavelmente nos sentiremos vitoriosos. Podemos ainda inserir pequenas celebrações no dia a dia, por que não?

Acredite, reconhecer o seu avanço faz toda a diferença para conseguir alcançar um novo patamar, sendo o pai ou a mãe que deseja ser. Aliás, já tenho provas suficientes de que você é uma mãe ou um pai que deseja ser. Primeiro, porque está lendo este livro; e, segundo, por estar se dando a oportunidade de viver em harmonia.

14 Seu bem-estar reflete diretamente no bem-estar de sua família.

Os anos passam muito rapidamente, e a vida dinâmica que levamos intensifica a sensação de que o tempo acelera a cada ano. Isso também contribui para o estresse gerado.

Sabemos que nossos filhos crescerão, mas queremos acreditar que faltam anos e anos... Até que, de repente, os vemos já concluindo o ensino médio e se preparando para entrar na faculdade. Eu sei bem o que é isso! Enquanto termino de revisar os capítulos deste livro, minha filha está curtindo sua viagem de formatura.

Também não é sobre correr
Contra o tempo para ter sempre mais
Por que quanto menos se espera
A vida já ficou para trás

Trecho da música *Trem Bala*, de Ana Vilela

Por tudo isso, aproveite o agora! Concentre-se em como deseja ajudar cada filho. Pense nas muitas lições que aprendeu durante a sua vida – quando criança, na adolescência, como adulto(a) e também no papel de pai ou mãe.

Qual é a única lição de vida que você realmente gostaria que ele aprendesse com você e que poderá levar ao longo da própria jornada? (Aproveite este espaço em branco para desenhar um coração e escrever sua resposta nele. Desenhar pode ser uma ótima fonte de inspiração, já que essa arte resgata vivências, momentos de nostalgia e de emoção!)

Um outro exercício para focar no caminho positivo e usufruir do que você tem de melhor a oferecer a seu filho é criar uma caixa de memórias:

1.   Pense que você possui um compromisso vitalício com seu filho. Permita-se fechar os olhos e se concentrar no futuro.

2.   Imagine que você está sentado(a) conversando com seu filho, que agora cresceu e tem a própria família.

3.   Quais serão as lembranças da infância dele?

4.   Permita-se imaginar quantas lembranças desejar, e escreva algumas aqui:

_____

_____

_____

_____

_____

Agora, escolha três memórias que você gostaria de criar para seu filho valorizá-la para sempre.

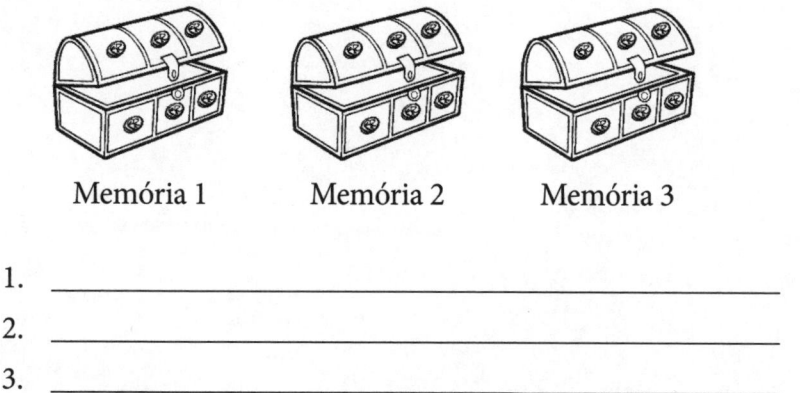

Memória 1   Memória 2   Memória 3

1.   _____

2.   _____

3.   _____

Lembre-se de que seu filho será o protagonista da própria vida. Pode ser que o desejo de suas lembranças faça todo o sentido para você, mas nem tanto assim para esse ser único.

O importante é você se reconhecer como a mãe ou o pai que escreve seu próprio roteiro de vida. Se essas são as lembranças que você deseja que seu filho possua, significa que são muito importantes para você. Então, por que não começar a realizá-las hoje?

O seu afeto e dedicação proporcionarão uma diferença positiva no futuro de cada filho. Seguro(a) disso, conduza a vida familiar dando um passo de cada vez, sem tropeços – e aproveite as aventuras no caminho e todo o amor presente nos momentos mais simples e tão significativos!

Referências

THOMAS, L. *A mamãe coach*. São Paulo: Literare Books & Scrittore, 2018.

ÖVÉN, Mikaela. *Educar com mindfulness: guia de parentalidade consciente para pais e educadores*. Portugal: Porto editora, 2015.

NELSEN, Jane. *Disciplina positiva*. 3 ed. Barueri, SP: Manole, 2015.

SIEGEL, Daniel J.; BRYSON, Tina Payne. *O cérebro da criança*. 1 ed. São Paulo: nVersos, 2015.

2

Birras: de que você se lembra quando lê essa palavra?

Como adulto, seu senso de responsabilidade é superior ao da criança. Devido à maturação cerebral, você é a pessoa que pode orientar e auxiliar nos caminhos para soluções mais eficazes. Então, o melhor a fazer é se acalmar e assumir seu papel de educador, pois sua atitude é importantíssima para o desenvolvimento pleno das crianças

Lorraine Thomas &
Graziela Fernanda Mercurio

Lorraine Thomas

Graziela Fernanda Mercurio

Mãe de dois filhos adolescentes. Renomada educadora e *coach* de pais britânica. Tem mais de 20 anos de atuação nos setores corporativo, público e de voluntariado. Autora de *bestsellers*, como o livro *A Mamãe Coach* (publicado no Brasil). Fundadora e presidente da Parent Coaching Academy (UK), ministra *workshops* pelo mundo. Consultora da Disney para o filme *Divertida Mente*, vencedor em 2016 de um Oscar na categoria Melhor Animação.

Contato
www.theparentcoachingacademy.com

Experiência de 16 anos na área de idiomas, *coach* de inglês especializada em sanar traumas e dificuldades de aprendizagem relacionadas à língua inglesa. Possui graduação em Tradução Intérprete. É bacharel em Letras e tem pós-graduações em Terapia Cognitivo Comportamental e em Terapia do Esquema. Certificada como analista comportamental nas ferramentas Alpha Assessment e SOAR.

Contato
www.grazielamercurio.com.br

É importante ter cuidado com o conceito de birra infantil. Normalmente, o resultado dessa situação é um extremo cansaço entre pais e filhos. Muitas vezes, os pais mimetizam o comportamento dos pequenos e, quando se conscientizam do ocorrido, sempre pensam: "Ah, se eu tivesse mais calmo, isso não teria acontecido!"

Neste capítulo, vamos utilizar algumas ferramentas de *coaching* para aprendermos a lidar com esse momento.

Planejamento real

Pegue um papel e uma caneta em um momento calmo. Liste todos os cômodos de sua residência onde costumam ocorrer as birras. Foque em um de cada vez e caminhe até esse cômodo. Em seguida, pense sobre os tipos de birra ocorridas naquele local e anote-os sem minimizar o ocorrido. Repita o mesmo processo para cada cômodo listado de sua residência. Agora, anote na frente de cada birra o sentimento que aquela situação lhe provoca. Reorganize os cômodos conforme o nível de desconforto que você sentiu com as birras listadas. Imagine e anote, para cada cômodo, uma alternativa divertida que poderia evitar cada birra. Essas alternativas serão incorporadas em sua rotina. Essa atividade ajudará a evitar associações negativas entre lugares, horas, situações e as birras. Também contribuirá para diminuir a ansiedade presente em cada momento.

Atenção!

Outra ferramenta importante é aprender a se acalmar. Afinal, a resposta de como se acalmar está em você, não em seus filhos. Forçá-los a se comportar de uma maneira específica não ajudará no processo de diminuição de birras. Em compensação, uma mudança no seu comportamento frente às birras será fundamental.

Comprometa-se com a sua calma

Você pode pensar que é seu filho que tira você do sério e faz com que perca as estribeiras. Lembre-se de quem é o adulto do relacionamento. Os seus filhos estão aprendendo sobre a vida com você. Se estiver calmo e sob controle ao lidar com as situações desafiadoras, seus filhos também estarão. Portanto, você não pode forçar seu filho a se comportar, mas, pode alterar a maneira como responde às birras - e isso trará mudanças.

Atividade: faça acontecer

Sair de casa e dar uma volta pode ser um recurso. Comprometa-se com uma forma mais saudável de lidar com as birras, assim, terá condições de focar em tudo que pode fazer para ajudar a acalmar seu filho. Portanto, quando ele estiver entrando num estado emocional mais desafiador, você fará com que aconteça algo novo. Lá vai mais uma dica...

O que fazer? Antes de explodir com uma birra, escreva os sinais de perigo em uma folha à parte. Respire fundo enquanto conta até dez. Sinta-se mais calmo, enquanto foca em cada respiração. Antecipe-se, tente identificar o que pode causar um comportamento de birra. Suas experiências até então são relevantes para já construir um plano de ação eficaz. Elas são importantíssimas para identificar padrões de comportamentos, assim como ações que resultam em harmonia familiar. Anote suas opções de plano de ação em uma folha à parte.

O que não fazer? É importante não assumir como pessoal aquilo que seus filhos disserem ou fizerem durante a birra. Esse é um momento de aprendizado das crianças. A maturidade delas está sendo formada por meio de suas vivências. Outro ponto importante é não identificar a criança como sendo deliberadamente difícil. Lembre-se de que é um processo de aprendizado. Devido à maturação cerebral, você é a pessoa que pode orientar e auxiliar nos caminhos para melhores soluções. Assuma seu papel de orientador e educador. Sua atitude é importantíssima para o desenvolvimento pleno das crianças.

A luta por atenção

Seu filho anseia pela sua atenção, logo o comportamento dele tem a função de que você o note. Ele gostaria que essa atenção fosse grande e, de preferência, positiva. Se isso não for possível... qualquer atenção será melhor do que nenhuma. Mesmo quando você repreende seu filho, está dando atenção a ele – e reforçando o comportamento que você quer que seja eliminado. Vale refletir: por que dar atenção somente nesse momento nada prazeroso? Antecipe-se. Reconheça mais o bom comportamento como forma de reduzir o mau comportamento. Limites precisam ser claros e positivos. Consistência é essencial, ou você acaba dando diretrizes sem sentido a seus filhos.

Para checar o seu progresso

Complete o questionário abaixo para saber se você está agindo da melhor forma e no que precisa melhorar. Pense sobre o que fez essa semana e circule "Sim" ou "Não". Marque 1 ponto para cada "Sim".

Agiu como se tivesse a idade de seus filhos.	Sim / Não
Para facilitar sua vida, deixou seus filhos agirem livremente.	Sim / Não
Gastou mais tempo repreendendo-os do que elogiando-os.	Sim / Não
Disse "não" com mais frequência do que "sim".	Sim / Não
Elevou o tom de voz para dizer a eles que ficassem quietos	Sim / Não
Fez uma promessa que sabia que seria incapaz de manter só para eles se comportarem	Sim / Não
Gastou mais tempo dizendo a eles "o que não fazer" do que "o que fazer".	Sim / Não
Fez um trato para mantê-los comportados, que falhou.	Sim / Não
Comprou algo que não gostaria de ter comprado.	Sim / Não
Deixou que seus filhos ficassem entretidos com videogame, Internet, TV... além do limite de tempo de que você gostaria.	Sim / Não

Some quantas vezes respondeu "Sim":_____

Agora avalie o significado da sua pontuação:

De 0 a 4 pontos: Você está no caminho certo!

De 5 a 7 pontos: quando está se sentindo bem, você realiza boas atividades. Seja mais consistente.

De 8 a 10 pontos: retome o controle de sua vida, pois está dificultando-a para si mesmo.

Birras fora de casa

A birra dentro de casa já é uma situação nada agradável, que dirá em público?!? Geralmente, a externa costuma estressar ainda mais. Possivelmente se sentirá triste com todo mundo olhando para você e julgando-o. Você não está sozinho. Pais que testemunham manhas públicas costumam ser mais empáticos e muito provavelmente não lhe julgarão. Simplesmente porque já viveram isso, então sabem que acontece nas melhores famílias... O melhor a fazer é procurar não se descontrolar diante da possibilidade de julgamento alheio. Mantenha a calma e encontrará a melhor forma para lidar com essa situação. Abaixo, saiba como podemos nos preparar para momentos assim:

Birras fora de casa	Dicas para a mudança de comportamento
Querer colocar só guloseimas no carrinho de supermercado.	• Faça compras *online* e em horários de menor movimento. Procure apresentar alimentos mais saudáveis e conversar sobre eles. • Evite ir ao supermercado com seu filho quando estiverem cansados ou com fome.
Resistir a parar de ver TV/*tablet* e sentar à mesa na casa de seus amigos.	• Evite que seu filho acostume comer somente em frente da TV ou com o *tablet*. • Divirta-se mais com seus filhos longe da TV / *tablet*, para que percebam outras formas de entretenimento.
Recusar-se a comer no restaurante.	• Procure se sentar próximo e faça a refeição com ele. • Elogie seu filho por comer.
Implicância com o cinto de segurança no carro.	• Procure levar um brinquedo especial para o carro, a fim de desviar a atenção do cinto de segurança. A utilização diária se tornará um habito natural posteriormente. • Reforce o quanto o ama e como é importante vê-lo em segurança. • Afrouxe o cinto de segurança quando for retirar seu filho pequeno do carro.

Resistir a querer entrar na escola.	• Saia de casa com tempo suficiente para as despedidas respeitosas. • Converse com a equipe da escola para recebê-lo na entrada.
Recusar-se em ir para cama no quarto do hotel.	• Passe algum tempo fazendo algo divertido e, ao mesmo tempo, relaxante próximo da cama. • Reduza o tempo de soneca durante o dia e aproveite com ele as atividades e áreas de lazer do hotel e da cidade visitada. • Faça pelo menos uma atividade física com ele durante o dia.
Recusar-se em dividir brinquedos com os amigos no parquinho do prédio.	• Antes de outra criança chegar, retire do local o brinquedo preferido de seu filho. • Coloque no local os brinquedos mais propícios a brincar em grupo. • Reconheça-o por brincar em grupo de maneira divertida.
Recusar-se a ir embora com você de uma atividade.	• Dê ao seu filho um aviso dez minutos antes do momento de partirem, para ele se preparar em seu tempo. • Estimule-o positivamente sobre a próxima atividade.
Recusar-se em sair do colo para sentar no carrinho de bebê	• Brinque de colocar um brinquedo no carrinho. • Depois que ele estiver sentado, brinque no percurso e reconheça sua alegria.
Recusar-se em vestir o que for necessário.	• Organize o guarda-roupa de seu filho junto com ele. • Possibilite brincadeiras de vestir os brinquedos. • Deixe que ele ajude você a se vestir.

Atividade 1: identifique os locais das birras

Leia a seguir uma lista de potenciais lugares para birras, com dicas essenciais para você utilizar em cada um.

Atividade 2: monte o quadro das estrelinhas

E que tal utilizarmos quadros para consolidar comportamentos ou ensinar a rotina de forma mais lúdica? Importante: queremos apenas identificar, encorajar e consolidar comportamentos, e não transformar em moeda de troca. O quadro das estrelinhas é utilizado para reforçar o bom comportamento em todas as idades. Um quadro pode ser usado com a família toda, e nada melhor do que ser exemplo para seu filho!

Essa ferramenta é uma boa maneira de encorajar e identificar as ações necessárias para a harmonia familiar. O dono do quadro receberá uma estrela, por exemplo, por ter arrumado os brinquedos. É como marcar um "X" em nossa lista de afazeres. Vale ressaltar que a ação precisa estar no sentido positivo. Ou seja, troque não bater por "ser gentil com os amigos"; e assim por diante. Nunca é tarde para começar essa atividade.

Regras de ouro para ter sucesso com o quadro de estrelinhas:

1. Faça-o simples e específico;
2. Seja consistente;
3. Coloque-o em um lugar visível;
4. Seja um exemplo para seu filho;
5. Envolva as crianças no processo.

Atividade 3: faça seu próprio quadro de estrelas e reconheça-se.

O processo de construção é muito parecido com o explicado anteriormente. Identifique suas próprias birras (ou resistências). Escreva seus itens em um quadro. Coloque-o em um lugar visível. Você poderá adaptá-lo quantas vezes julgar necessário. Você deve preencher seu quadro com o adesivo de estrelas ou desenhando uma, assim como realizou com seu filho.

Itens interessantes para constar no quadro de estrela dos pais:

1. Superou um mau comportamento seu.
2. Adotou um comportamento elogiável.
3. Agiu de acordo com sua idade, e não como criança.
4. Criou um limite e foi consistente.

5. Disse a si mesmo "eu posso lidar com isso bem".
6. Acalmou-se antes de falar.
7. Disse a seus filhos o que fazer, em vez de dizer aquilo que não queria que fizessem.
8. Conversou calmamente no lugar de gritar e brigar.
9. Aproveitou cada desafio para ser melhor no seu papel de educador.

É importante reconhecer suas superações, por mais simples que sejam. As estrelinhas, por si só, já demonstrarão o quanto você está se tornando um pai ou uma mãe melhor! Orgulhe-se de suas conquistas e seja o exemplo que deseja ser!

3

O valor da interação com a natureza para uma infância feliz

Como psicóloga e *coach*, interessei-me pelo desenvolvimento saudável e integral das crianças, e pesquisei a fundo como a natureza contribui no processo de desenvolvimento cognitivo na primeira infância. A criança tem uma essência exploratória. Brincando em meio à natureza e descobrindo-a, ela aprende de uma forma natural, descontraída, criativa e divertida. Além disso, esse contato traz equilíbrio interno, autorregulação da criança e vitalidade

Adriana Helpe

Adriana Helpe

Psicóloga, *coach* de pais e filhos, mãe do Enzo e da Lorena e apaixonada pelo desenvolvimento infantil. Tem certificação em *coaching* pelo ICI Integrated Coaching Institute (2015) e parentalidade consciente pela The Parent Coaching Academy (UK - 2017). Especialista em *Coaching* Infantil, método KidCoaching® (Instituto de Coaching Infantojuvenil-RJ). Consultora comportamental, analista DISC – Thomas International. Franqueada e coordenadora pedagógica do método Supera (ginástica para cérebro), que promove o desenvolvimento de habilidades cognitivas fundamentais como criatividade, raciocínio, memória, foco, concentração, entre outros.

Contatos
www.adrianahelpe.com.br
adriana.helpe@gmail.com
Instagram: kidcoach.helpe
facebook: adrianahelpe

> "As forças mais profundas que vivem no íntimo da criança só podem ser tocadas e avivadas pelo brinquedo mais sadio do mundo. O brinquedo chamado natureza."
>
> Rudolf Kishnick

Começaremos este capítulo com algumas perguntas reflexivas a quem é mãe ou pai.

- Você consegue se lembrar do seu local preferido da infância na natureza e descrevê-lo?
- Se sim, onde era?
- E como você o encontrou?
- Como se sentia quando estava ali?
- O que foi feito nesse local?

Antes de prosseguir a leitura, procure captar qual a imagem que lhe veio à mente desse local tão especial, durante a sua reflexão. Procure ainda reviver algumas sensações relacionadas a esse pedaço de natureza da época. Como era o cheiro? Existia pessoas, animais, flores, sons de pássaros? Quais eram as cores presentes ali?

Agora, me responda: será que essas memórias de alguma forma não estão relacionadas com a profundidade e a grandeza da natureza? Afinal, o resultado desse repertório lúdico pode revelar um catálogo rico em sons, cheiros e visões.

Quando me fiz essa pergunta, um "filme" passou pela cabeça. Eu me recordo perfeitamente de como foi marcante ter vivido a minha infância em meio à natureza. Tínhamos um quintal de terra para explorar no fundo da casa dos meus pais, com um pé enorme de maracujá. Lembro daquele cheiro perfumado do fruto maduro e de ter a possibilidade de comer a fruta colhida do pé.

Você já parou para pensar no quanto é importante carregarmos boas memórias para a vida adulta de lugares da infância? Isso se reflete positivamente, pois nossos filhos ganham belas imagens, sensações, texturas e percepções de uma infância intensa com brincadeiras em meio à natureza. E essas lembranças costumam ser marcantes para sempre.

Por que será que, na jornada de nossas crianças hoje, há tão poucos momentos na natureza? Sabemos que, na era digital, é um desafio manter nossos filhos longe das tecnologias, do universo virtual, dos estímulos eletrônicos. *Smartphone*, TV, *tablet* e computador são companhias constantes!

Só para dar uma ideia, dados do Ibope Media indicam que, em média, as crianças brasileiras ficam 5h35min por dia em contato com alguma tecnologia. Esse número é assustador e mostra o quanto as famílias estão perdendo o controle dessa utilização sem limites.

Em busca do equilíbrio

A forma como as crianças compreendem a natureza tem mudado nas últimas décadas, especialmente nas grandes cidades. O contato físico e íntimo com esse ambiente natural tem diminuído consideravelmente. O ponto aqui não é ir contra a tecnologia e o ambiente digital, que também fazem parte desta geração. Apenas chamo a atenção para o desafio de encontrar um equilíbrio saudável.

Especialmente em centros urbanos, as crianças vivem em um mundo muito limitado no que diz respeito ao espaço físico. Somos levados a pensar que elas estão em uma espécie de confinamento dentro de apartamentos, casas e escolas.

A criança necessita de um tempo próprio na natureza - e sem interferência de adultos. Por várias razões. Para poder entrar em contato com elementos naturais e nutrir sua essência imaginativa e criativa. Para instigar esse senso exploratório que naturalmente ela apresenta. E também para desenvolver um aprendizado mais eficiente.

Estudos comprovam que aquelas que se engajam em um brincar mais criativo, ao ar livre, interagem positivamente com os adultos. Além disso, menos sintomas de transtorno do déficit de atenção e menos incidência de doenças relacionadas à infância.

Vale, aqui, outra reflexão. Diante de qualquer intenção de os filhos entrarem em contato com a natureza, muitos pais os repreendem ou querem superprotegê-los. "Cuidado para não se machucar", "não pule nessa poça d'água ou vai se molhar", "você vai sujar toda roupa se mexer nessa terra e areia", "não suba, pois pode cair" são algumas das mensagens mais comuns.

30

Ok, precisamos preservar a integridade física de nossas crianças. Mas sem uma intervenção exagerada, que limite esse senso exploratório ou bloqueie sua iniciativa, percepções e potencial de experimentação.

Nesse contato com a natureza, elas se entregam à brincadeira, exercitando a ousadia e testando possibilidades, enquanto aprendem a gerenciar riscos. Em parques, por exemplo, as chances de se divertir são tão vastas quanto as de se machucar. Subir em árvores, atravessar córregos pulando de pedra em pedra, explorar troncos caídos, tudo isso pode envolver um risco mínimo. Por outro lado, tal experiência faz com que as crianças desenvolvam resiliência e a autossuficiência, habilidades importantíssimas para superar desafios futuros.

O livre brincar

Vale lembrar que as brincadeiras constituem um direito legítimo da infância. Isso porque representam um aspecto fundamental do desenvolvimento integral, físico, intelectual e social da criança.

Brincar é uma atividade espontânea e que incentiva a autonomia. Se for num espaço que dê liberdade de movimento e explore seus cinco sentidos, entre os vários benefícios, melhor ainda. A criança tem empatia com os animais, plantas, pedras, água, solo etc. E o contato com a natureza favorece essa ligação e interdependência com os seres vivos.

Ao contrário do que muitos pais pensam, não é necessário viajar para lugares distantes a fim de promover maior vivência dos filhos com a natureza. Com um pouco de atenção e informação, certamente as famílias descobrirão lugares próximos da região onde moram com recursos naturais disponíveis.

Promover a "hora verde" como uma nova tradição entre os familiares é outra ótima pedida. O ideal é recomendar aos filhos uma "hora verde" por dia. Significa um momento para brincadeiras não estruturadas e interação com o mundo natural. Enquanto eles fazem essa exploração independente, desenvolvem novas habilidades e mais confiança.

Porém, se a intensa agenda de trabalho dos pais não permitir essa atividade diária dos filhos, vale espaçar para duas vezes por semana. Que os pequenos possam aproveitar esse tempo para ocupar espaços abertos em meio à natureza, como praças, bosques, parques, etc.

Não custa lembrar que essas "horas verdes" que acabei de sugerir são poucas se pensarmos que cada semana inteira tem 168 horas!

Receita natural de saúde

Esse tempo em meio à natureza é um investimento no bem-estar não apenas da criança, mas da família inteira, que se abastece de saúde, concentração, entusiasmo e imaginação. Ela provoca um equilíbrio interno; inclusive há evidências de que esse contato tem impacto positivo no desenvolvimento integral da criança – isto é, emocional, mental e também físico, representando uma receita de saúde.

Na natureza, a criança adquire conhecimento do próprio corpo, habilidades motoras, destreza e equilíbrio corporal. O corpo se desenvolve de uma maneira e no momento propícios. Trata-se de uma atividade que pode ser explorada na companhia da família, de amigos já conhecidos ou de novos que estão fazendo o mesmo. Portanto, também representa uma oportunidade de ampliar o convívio da criança e seu círculo de interações.

No quesito físico, pesquisas indicam que a falta de contato com a natureza torna as crianças mais susceptíveis a desenvolver asmas e alergias. A explicação seria que espaços verdes, por possuírem uma série de bactérias e microrganismos, colaboram para fortalecer o sistema imunológico.

Como podemos avaliar, os benefícios para a saúde são vários. Ao aumentar sua imunidade, por exemplo, a criança consegue defender-se das infecções, evitar possíveis doenças crônicas no futuro, prevenir doenças da própria infância (como alergia, obesidade, insônia, depressão, Transtorno do Déficit de Atenção e Hiperatividade).

É possível ainda que seu filho fique mais atento e concentrado. A sua memória é ativada, contribuindo para uma autorregulação natural da impulsividade. Os hormônios envolvidos são: melatonina (regula o sono) e cortisol (controla principalmente o estresse e todo o sistema imunológico).

Brincar na natureza estimula a criatividade, já que os brinquedos podem ser criados e reinventados a partir de recursos encontrados durante essa ação. O melhor é saber que esse estilo de brincadeira contribui no florescimento da imaginação e fantasia, do interesse e encantamento pela biodiversidade, pelo meio ambiente, pelo que mantém a todos vivos.

Um olhar para a sustentabilidade

Quanto mais tempo uma criança passa em meio ao verde, maior a chance de se tornar um adulto que apreciará e protegerá o meio ambiente. Ao aproximarmos nossos filhos da natureza, é como se plantássemos uma sementinha interna, que os ajudarão nesse olhar mais consciente e comprometido com a preservação do meio ambiente.

Como pensar em desenvolver essa conscientização em alguém que mal conhece aquilo que deve cuidar? Sem que sinta, cheire, toque, acesse? É importante esse conhecimento adquirido empiricamente na infância com o amor pela natureza e o consequente desejo de conservação do planeta.

As crianças que crescem usufruindo dos benefícios da natureza são mais propensas a se tornarem consumidores adultos mais bem informados, que lidam bem com conceitos de reciclagem e uso inteligente da luz e da água. Com isso, tendem a assumir um estilo de vida mais alinhado com a necessidade de preservar recursos naturais essenciais à vida humana, por terem maior consciência de que são limitados.

Sugestões de brincadeiras em meio à natureza

Nenhuma lista de atividades na natureza é completa. Podemos pensar em diversas outras que são excelentes para estimular a imaginação e criatividade de adultos e crianças.

O que mais importa é que as crianças tenham a chance de vivenciar na sua infância esse encantamento e alegria, a fim de que criem suas próprias experiências com a natureza. Iniciando desde pequenas, à medida que crescem, elas vão expandindo os limites dessa exploração.

Por isso, finalizo este capítulo compartilhando a minha seleção e desejando que pais e filhos acrescentem novas atividades. Vamos lá:

• Frequentar praças, parques, nascentes e cachoeiras. As brincadeiras ao ar livre inspiram o correr e pular, proporcionam grande movimentação do corpo da criança e exploram a noção espacial.

• Observar os pássaros procurando distinguir raças, enxergar detalhes de cores e formas e ouvir seu canto.

• Participar de movimentos para revitalização de praças. Essas ações proporcionam encontros entre famílias residentes nas proximidades. Permitem que as crianças possam brincar livremente nesse espaço delas por direito, estimulam brincadeiras antigas e contribuem para criar um hábito cotidiano.

• Contar ao seu filho histórias sobre lugares na natureza que foram especiais para você durante a sua infância.

• Reviver tradições antigas. Que tal capturar joaninhas e vaga-lumes?

• Permitir que os avós participem dessas interações dos netos pequenos com a natureza. Geralmente, a maioria deles se lembra de quando brincar ao ar livre era algo considerado normal e esperado. Eles vão gostar de passar essa herança às gerações seguintes.

33

• Admirar a movimentação das nuvens no céu e observar suas formas e transformações. É um espetáculo à parte! Ora podemos ver um gato, que vai se transformando em um pássaro, que vira um navio. A imaginação voa junto, e a cada momento uma forma diferente se configura no céu.

• Abraçar uma árvore. Por ser um elemento vivo, ao abraçarmos seu tronco, recebemos uma energia poderosa da natureza.

• Colher uma flor e soprá-la até que fique apenas o cabinho.

• Apresentar livros que levam a reflexões sobre temáticas ligadas à sustentabilidade está cada vez mais fácil. Editoras estão sempre lançando novos títulos e coleções contendo boas histórias de respeito e zelo pelos animais, plantas e outros elementos da natureza.

• Que tal convidar a criança a mexer na terra, colhendo um ou mais ingredientes para criar comidinhas com eles, como bolos e saladas.

• Plantar e regar plantinhas, mesmo domésticas. Engana-se quem pensa que não dá para fazer isso dentro de um apartamento. Se houver algum espaço na varanda ou dentro de casa... a hora é agora!

• Sentir o aroma e o perfume de diferentes flores.

• Ajudar a construir e a cuidar de uma pequena horta em casa. Vale começar por temperos, como manjericão. Benefício extra: alimentar-se de produtos sem agrotóxicos.

• Observar tamanho, texturas e as origens das folhas e flores.

• Colher gravetos em parques e inventar alguma brincadeira com eles. Por exemplo, criar bonecos ou fazer colagens numa cartolina.

• Mostrar às crianças a alegria de pular em poças d'água, observar barcos de folhas, e até mesmo um banho de chuva em dias de verão.

• Montar "tobogãs" para crianças escorregarem sobre caixas de papelão, em barrancos inclinados.

• Criar seu próprio jogo na natureza. Uma sugestão é encontrar dez criaturas durante a caminhada: significa "investigar" pegadas, aves, insetos, mamíferos, algum sinal de algo vivo na natureza.

• Encher um pote de maravilhas na natureza, tratando junto com a criança daquilo que vão escolher colocar dentro como um tesouro natural. Podem encher com sementes, pedrinhas coloridas, trevos etc.

A natureza sob o prisma infantil

Quando estou livre na natureza aprendo a desenvolver habilidades, tomar decisões, resolver problemas, avaliar riscos, ter coragem, negociar, desenvolver senso colaborativo. Aprendo a conviver brincando com o outro, fico mais afetiva, interajo com diferentes crianças, com outras origens e classes sociais. Desenvolvo a empatia à medida que começo a entender que a vida não é só o cotidiano que me cerca, limitado e materialista. Eu vislumbro um mundo que é muito maior, infinito, belo, poético. Isso me ajuda a sair um pouco do meu ego e a enxergar a vida em suas dimensões maiores; me deslumbrando com as estrelas, o por do sol, a grandeza do universo real. Na natureza fico feliz; é só olhar para perceber.

Autor: a criança

Referências

LOUV, Richard. *A última criança na natureza*. São Paulo: Editora Aquariana 1.ed, 2017.

Site

Seminário Criança e Natureza, Instituto Alana. Disponível em: <https://youtu.be/LSyhDvYtIFs> e <https://youtu.be/qEiaqLH_K2E>. Acesso em: 01 de fev. 2018.

4

Espelho, espelho meu: é o meu filho ou sou eu?

Não se assuste com o título. Não é um julgamento, não se trata de achar culpado, pois não há! Cuidar de si para cuidar do outro! Transformar-se para transformar o outro! O que os nossos filhos estão tentando nos dizer por meio do nosso ser? Vamos descobrir como é isso? Este capítulo vai ajudar você a encontrar essas e outras respostas, construindo assim uma jornada transformadora

Alexandra Meneghelli Martins

Alexandra Meneghelli Martins

Mãe do Heitor. Formada em Administração, com MBA em Desenvolvimento e Gestão de Pessoas pela FGV. Trabalhou por doze anos na Rede Gazeta (Vitória- ES), onde descobriu seu amor por ouvir as pessoas. Certificada em Disciplina Positiva pela Positive Discipline Association, em *Professional & Life Coach* pela Ebra - Escola Brasileira de Coaching, em *Personal & Professional Coach* e em *Leader Coach* pela Sociedade Brasileira de Coaching (SBC). *Parent Coach* pela The Parent Coaching Academy (UK). *Kid Coach* pela Rio Coaching, *TeenCoach* pelo ICIJ, Analista de Mapeamento de Perfil Comportamental *Grow Profiler*. *Practitioner* em Programação Neurolinguística e em Barras de *Access Consciousness*. Adepta à metodologia Parentalidade Consciente. Formação em Contação de Histórias. Atua com *coaching* para pais e filhos, orientação para pais e educadores, palestras, *workshops*, treinamentos em escolas e empresas.

Contatos
alexandramartins@terra.com.br
Facebook: alexandrameneghellimartins
Instagram: @alexandra.mmartins
(27) 99997-8726

Mamãe, você gosta de mim?
Mamãe, meu coleguinha gosta de mim?
Mamãe, eu sou bonito?
Mamãe, o papai gosta de mim?

As perguntas do meu filho Heitor tornaram-se constantes, e eu comecei a ficar desconfortável e mais atenta ainda. Não conseguia entender o "porquê" dessas questões. Afinal, tratava-se de um lindo menino de 4 anos de idade, esperto, comunicativo e alegre.

Até que um dia ele chegou em casa contando que um coleguinha deixou claro não gostar dele e nem quis deixá-lo brincar. Como a queixa se repetiu mais de uma vez, lá fui eu conversar com a diretora da escola.

A equipe deu toda atenção necessária; ainda assim, ele insistia com aquele tipo de perguntas e comentários, demonstrando haver algo de muito errado a mim. Coração de mãe não se engana.

Jamais imaginei que a razão para meu filho se sentir daquela forma era proveniente de uma sombra que eu trazia comigo desde a infância. Foi preciso que eu presenciasse meu filho passar uma situação difícil, não reagindo, e sim se rendendo!

— Heitor, me dá esse brinquedo?

— Eu acabei de pegar para brincar!

— Se você não me der, eu não sou mais seu amigo e não brinco mais com você!

Heitor, por se desesperar com a hipótese de perder o amigo, entregava o brinquedo de imediato. Ou seja, cedia facilmente à pressão dos colegas, essa era a verdade.

Foi preciso que isso acontecesse três vezes aos meus olhos para que me desse conta de que aquela cena era quase idêntica à que eu havia passado na própria infância por várias vezes.

Foi como se alguém dissesse aos meus ouvidos: "Ele será você amanhã". Nesse momento, eu me desesperei, chorei, perdi noites de sono e entendi que precisava mudar para que meu filho mudasse também.

39

Alexandra Meneghelli Martins

Eu também reconheci que contribuía para que isso acontecesse, pois o ensinava a relevar o que faziam com ele. Ele podia ceder a vez no pula-pula, dar o último biscoito do pacote, ajudar os amigos a guardarem o brinquedo... No entanto, se não fizessem o mesmo com ele, eu buscava atenuar a situação.

Sem querer e sem perceber, eu o direcionava para não contestar, assim como eu agi boa parte da vida para me sentir aceita no grupo. No fundo, meu pavor era de que ele não fosse aceito caso reagisse em uma determinada situação ou até mesmo discordasse de algum coleguinha.

Acredito que a maioria de nós, mães e pais, quer poupar ao máximo que os filhos passem pelas decepções e problemas que enfrentamos durante toda a nossa vida. Fazemos de um tudo para "safá-los" daquilo que acreditamos não ter servido a nós.

Muitos de nós ouvimos palavras duras na infância, que machucam a alma e assim passamos por situações que hoje chamamos de *bullying*. Sofremos com rótulos, implicâncias, exclusão, apelidos grosseiros, rigidez na educação e, algumas vezes podemos até interpretar como uma ausência de suporte emocional adequado. Esforçamo-nos para sairmos ilesos dessas situações desagradáveis e por vezes difíceis, mas nem sempre conseguimos.

Formei uma crença a meu respeito que me inibiu de me abrir a inúmeras possibilidades e sonhos, mas principalmente limitou minha chance de viver com plenitude, sentindo-me capaz de tentar, de ousar e de conseguir o que almejava.

Eu sabia bem que minha autoconfiança, autoestima e amor próprio precisavam ser trabalhados. Mais do que isso, precisavam ser reconhecidos e sentidos por mim. Sabe quando nos acostumamos a carregar o que não está bom em nós? E vamos deixando a vida nos levar? Então... esse foi o ritmo que eu encontrei para sobreviver às minhas sombras.

Continuei sendo muito amorosa e carinhosa com Heitor. O que mudou? Ao perceber que esse amor e carinho voltavam para mim de alguma maneira, entendi que tudo que viesse a sentir passaria para ele também, sem que fosse preciso falar.

Em outras palavras, a criança é o espelho do sistema familiar em que vive! Isso significa que seu filho também se espelha em você!

Embora estivesse nítido para mim o que estava acontecendo, eu não sabia por onde começar. O que fazer? Seria necessário que eu me transformasse primeiro para que ocorresse a transformação do meu filho. Enquanto isso, eu e meu esposo fazíamos teatrinho em casa com ele para encorajá-lo a impor sua vontade e necessidade diante de situações assim, além de conversarmos bastante.

Isso ajudou muito, embora a raiz da questão dependesse da minha mudança interior.

Como mudar se eu tinha uma visão tão distorcida de mim? Quem disse que não era capaz disso ou daquilo? Estava tão acostumada a desistir ou a nem tentar resolver algum desafio que me vi sem chão, como se não tivesse mais solução para isso.

Acontece que agora era diferente das outras vezes. Afinal, tratava-se do meu filho! Tratava-se daquele que fez com que eu me sentisse melhor e não "menos" na vida. Então, não podia desistir!

Não podia fracassar por causa dele, para vê-lo crescer reconhecendo todo seu potencial e valor! O desejo de proteger o meu filho foi tão imenso que a minha busca pela transformação interior se tornou a prioridade!

Mesmo com essas questões internas, eu amo a minha própria companhia e provavelmente foi isso que me permitiu viver sem maiores dores. Quando tinha 21 anos, ouvi de um amigo que deveria aprender a gostar da minha própria companhia. Ele até sugeriu que eu saísse mais sozinha.

Parecia apavorante a ideia, mas aceitei! Comecei a ir sozinha ao cinema, à praia, às cafeterias; e isso me despertou para um sentimento diferente por mim mesma. Foi uma vitória. Faltava desenvolver meu senso de capacidade e o de aceitação.

Foi necessário encarar uma autoavaliação:

- O que realmente é verdade em tudo de ruim que disseram para mim?
- Quais evidências comprovam tudo que ouvi?
- Qual poder essas pessoas têm sobre a minha vida hoje?
- Como quero me ver e me sentir daqui em diante?
- O que posso fazer para sair desse ciclo?

Eu me propus a dar um passo de cada vez!

O primeiro foi voltar a estudar, pois já tinha consciência de que a vida profissional que levava na época não fazia mais sentido para mim. Contei com o apoio incondicional do meu esposo, a quem sou muito grata.

41

Fui me cuidando e aprendendo coisas novas, desenvolvendo habilidades e conhecimentos. Concluí vários cursos até que fiz minha transição de carreira. Quem diria? Justo eu que me achava incapaz. Foi necessário fazer um primeiro movimento para sair de onde estava; e, se caísse, estava tudo bem, pois levantaria.

Foi uma grande lição: cuidar de mim para cuidar do outro! Transformar-me para transformar o outro!

Junto com os novos aprendizados, um novo mundo se abriu.

Sigo educando meu filho, agora, com tudo muito bem resolvido em mim.

Essa história é um convite a refletir:

• Imagine nossas crianças aprendendo a pensar e a sentir coisas boas sobre si mesmas?

• E se tiverem o acolhimento que necessitam?

• E se também utilizarem a empatia sempre? Acredito que teríamos uma sociedade mais feliz!

Nossos filhos aprendem a estabelecer relações humanas observando as situações e as experiências ligadas à maneira como os adultos se relacionam com eles próprios e com os outros. Eles aprendem ao verem principalmente mãe e pai resolvendo conflitos, lidando com a rotina e com as suas sombras.

Portanto, mães e pais precisam se libertar das suas sombras para viverem sua essência e se enxergarem especiais como são. Transformar-se, aceitar-se e/ou sentir-se capaz requer uma habilidade que nem sempre é fácil de ser desenvolvida, mas há caminhos para isso.

Autoestima não é se achar belo

Para ajudarmos nossas crianças a desenvolverem autoestima, precisamos ensiná-las e encorajá-las a terem bons pensamentos. Infelizmente, todo mundo está sujeito a ouvir algo ruim, ser alvo de críticas ou até mesmo excluído em algum momento.

Por exemplo, nossa sociedade impõe um padrão de beleza inalcançável que chega ao que chamam de "perfeição". Com isso, muitos se sentem cobrados a perseguir esse padrão. Para alguns, torna-se um fardo.

Sempre me pergunto: que perfeição é essa se o que é belo ou legal para mim pode não ser para você? Somos diferentes uns dos outros, e isso é o que nos faz únicos!

Somos o resultado do que vivemos, de nossas experiências e da maneira como as interpretamos. É aí que está o grande perigo! Pois, se nos convencemos de que não somos merecedores ou dignos de aceitação, isso impactará em nossa autoestima. Viveremos aceitando bem menos do que merecemos e nos trataremos assim também.

Ter autoestima não é me sentir bela e perfeita. É a maneira como me vejo, como me relaciono comigo e com os outros, quanto (e como) gosto de mim, quanto eu me sinto pertencido.

Voltar o olhar dos nossos filhos para suas características que vão além de um rostinho bonito é o que lhes dará segurança para seguirem firmes em mundo de tanta aparência. Quem somos é muito mais importante do que a nossa aparência!

No filme *Lances inocentes*, baseado na história real de um jovem prodígio do xadrez, sua mãe diz, ao colocá-lo para dormir:

— Você tem um bom coração e essa é a coisa mais importante do mundo.

O ensino da bondade de um coração inicia-se com o amor que a mãe passa ao filho, desde a fase em que aguarda recebê-lo pela primeira vez nos braços.

Quando meu filho contou que um colega fez (e falou) algo desagradável a ele, eu acolhi seu sentimento e expliquei que cada um dá o que tem! Forte isso, não? Expliquei, com amor, que quando alguém nos fere é porque está muito mais ferido do que nós. E, por não saber como resolver seu problema, faz e fala coisas que nos machucam.

Com apenas 8 anos, meu filho provou ter entendido a mensagem no dia em que chegou em casa contando que um colega o magoou e lembrou:

— É, mamãe, ele deve estar com o coração muito ferido.

Orou pelo colega na hora de dormir.

Por mais que os outros façam algo desagradável, é necessário levarmos nossos filhos a refletirem sobre a compaixão. Fico pensando como as palavras podem ferir mais que agressão física!

Pensamentos criam sentimentos, que criam comportamentos. Aquilo que pensamos é poderoso e capaz de transformar a vida. De acordo com a versão bíblica *Almeida Revista e Corrigida*, no livro de Provérbios 23.7, "Porque, como imaginou na sua alma, assim é"! Então, priorizar a qualidade dos pensamentos é uma excelente opção.

43

Também é importante não negligenciarmos as queixas dos filhos quando nos contam que foram ofendidos. Aquelas frases típicas "Deixa pra lá", "isso não é verdade", "você é lindo", "muito bobo esse menino que falou isso com você" de nada resolvem. Ao ouvi-las, as crianças têm a nítida sensação que não nos importamos com elas, por não acolhermos seu sentimento.

Não sairemos por aí para tirar satisfação com ninguém, mas vamos olhar para essa queixa com compaixão – pois, por mais tola que nos pareça, pode estar doendo de verdade no coração dos nossos filhos.

Devemos ter cuidado também com o que falamos a eles a respeito deles mesmos, para não rotularmos. Com as palavras, podemos abençoar e edificar, mas também podemos amaldiçoar e destruir. Se você fala ao seu filho "Você é sonso", "você é lento", "você é desastrado", certamente ele acreditará em você. Se ouve frases de encorajamento, deverá se sentir aceito e pertencido.

E como encorajar nossos filhos? Observando e reconhecendo suas realizações, suas ações e seus avanços. Quando seu filho mostrar o desenho que fez, o melhor a dizer é: "Como fez para ter essa ideia tão bacana?". Em um momento de conquista, arrisque: "Imagino quanto se empenhou para dar esse salto tão grande!" ou "Parabéns por ter se dedicado tanto!".

Sejamos mais sensíveis para confortar nossos filhos em momentos de vulnerabilidades e aflições, olhando sempre a necessidade do coração deles, que muitas vezes está desejoso de acolhimento! Ao entender que precisava moldar minha forma de pensar, aprendi a mudar para positivo cada pensamento ruim que surgisse em minha mente. Foi um treino que auxiliou muito ao meu filho também, que mesmo pequeno aprendia comigo!

Afirmações positivas como "Eu posso", "Eu consigo", "Eu sou capaz", "Já deu tudo certo" nos ajudaram imensamente. Minha transformação seguia em passos firmes; e Heitor foi nutrido por essa nova maneira de sentir e agir. Voltar ao passado para mudar minha história, eu não podia. Revisitá-lo, sim!

Olhar para a própria infância não é fácil para muitos. No entanto, é libertador quando visitamos nossa criança interior, aquela que fomos um dia com nossas dores, sentimentos de incapacidade, de não merecimento, de exclusão e até de desamor.

Dificuldades surgirão na vida de nossos filhos; e por vezes podem estar relacionadas a uma emoção que precisamos curar na nossa criança interior. Experienciei uma prática para resgatar e acolher essa criança interior com amor, por intermédio de uma aula da querida Juliana Cidade Cardoso e do site *A mente é maravilhosa*, que me inspirou a escrever uma similar.

Prática de resgate e acolhimento à criança interior
Imagine sua infância agora, tente lembrar-se de como era quando criança. Caso não consiga, pegue uma foto para que se aproxime ao máximo de sua imagem quando criança. Voltaremos no tempo agora!

Pense em um momento difícil de sua infância, seja de fragilidade, de dor em que você se sentiu desamparada, não aceita, não amada, não compreendida... O que estava fazendo? Onde você estava? Em casa, na escola, em uma festa? Quem estava com você? Você estava chorando? Sentia medo? Estava em apuros? O que aconteceu exatamente? Busque lembrar-se de tudo ao redor, incluindo o cheiro e se fazia frio ou calor. Quanto mais detalhes trouxer à memória, melhor o resultado dessa prática.

Imagine-se como você é hoje, já adulta, vendo essa criança que continua sendo você, quando pequena. Pergunte se pode se aproximar e abaixe-se na altura dela. Estenda-lhe a mão e diga que você está ali para ajudar, para ampará-la. Se perceber que está com medo, reforce que pode confiar em você.

Fale que você é ela já adulta, que está ali para resgatá-la de suas fragilidades e dores. Diga que você a entende e que cuidará dela como merece. Dê um abraço carinhoso na sua criança, beije seu rosto, toque seu cabelo, sinta o cheiro dela. Diga o quanto ela é importante para você, que a ama muito; que antes não tinha como se defender, mas que agora você é um adulto, que a protegerá sempre e nunca irá abandoná-la.

Olhe bem profundamente em seus olhos. Pergunte se ela quer falar algo para você, se quer contar o que realmente lhe faltou. Ouça e acolha o seu sentimento! Diga que a entende, que seu intuito é cuidar dela com amor. Diga que a aceita como ela é e que é única!

Pense também no que você gostaria de ter ouvido na infância. De como gostaria de ser tratado... E fale e faça isso com sua criança! Dê-se a oportunidade de viver esse lindo momento de acolhimento, de amor, de aceitação, de apoio, de ternura...

45

Diga a ela que está feliz por tê-la reencontrado, que ela é especial para você e que seguirão um lindo caminho juntos. Pergunte o que ela gostaria de fazer nesse momento: se quer passear, brincar, contar boas histórias, balançar na rede...

Aproveitem e divirtam-se juntas! Quando sua criança interior estiver sentindo-se bem e segura, despeça-se dela dizendo que poderá sempre chamar pelo seu nome quando precisar e que você a ama muito!

Esse resgate e acolhimento à minha criança interior fizeram uma diferença enorme na minha vida.

Irmos além de nossas lentes embaçadas sobre nós mesmos permite vermos nossas vidas e filhos transformados! Assim foi conosco!

Creio que nossos filhos não chegam até nós por acaso, há um lindo plano de Deus que nos beneficia por meio da vida deles! Filhos nos proporcionam evolução!

Gratidão a Deus por me permitir chegar até aqui, por me presentear com a vida do meu filho e por poder contribuir com a vida das famílias!

46

5

A introversão e suas possibilidades: são muitas!

Este capítulo é dedicado às crianças e famílias que buscam lidar melhor com a introversão e a timidez! Com carinho, partilharei a minha experiência. E vou adorar saber como as reflexões e alternativas propostas aqui chegarão ao seu coração. Você vai aprender maneiras de observar, acolher e ajudar a pessoa tímida a desenvolver ferramentas para sentir-se mais segura, em harmonia com a vida, respeitando seu jeito de ser

Aline Teixeira

Aline Teixeira

Mãe da Beatriz e da Letícia. Psicóloga com pós-graduação em Educação e Gestão de Pessoas, formação em Psicologia Escolar e em Psicologia da Maternidade, *KidCoach* – Coaching para pais, filhos e professores pelo Instituto de Coaching Infantojuvenil – RJ. Certificada em Parent Coaching por Lorraine Thomas – CEO da Parent Coaching Academy (UK), com cursos na área de Psicopedagogia, Neuropsicologia e Terapia cognitivo-comportamental. Idealizadora do Programa MAMITA – Harmonia para Famílias. Atua como psicóloga clínica de crianças e famílias, palestrante e mediadora em rodas de conversa em escolas e eventos diversos. Sua paixão pelo desenvolvimento humano a impulsionam a transmitir que o relacionamento familiar pode ser tão rico quanto leve e divertido.

Contatos
www.alineteixeira.com.br
contato@alineteixeira.com.br
facebook: alineteixeirapsi
Instagram: @mamitaharmonia ou @alineteixeirapsi
(11) 99699-0445
(12) 99607-0446

Escrever sobre como os pais podem auxiliar seus filhos introspectivos e/ou tímidos a serem mais felizes me faz revisitar o passado. Faz com que as lembranças sigam em direção a um tempo em que a infância parecia ser divertida e tranquila, sem a complexidade atual, mas que já continha situações marcadas por nuances de insegurança e ansiedade que levavam à timidez.

Lembro-me com clareza do sentimento e astúcia que me auxiliaram na criação de uma estratégia de "enfrentamento" para ir à escola diariamente. Por eu ser uma criança que preferia os pequenos grupos, sentia que ao chegar com bastante antecedência à escola ficaria livre de enfrentar a multidão que naturalmente se formava próximo do horário do início das aulas.

Um atravessar de rua separava minha casa da escola. Assim, conseguia me organizar sozinha, aos sete anos de idade, para alcançar meu objetivo de ser sempre a primeira a adentrar a escola no período da tarde.

Na prática clínica infantil há dois grandes grupos que classificam os comportamentos e emoções que podem levar a diferentes transtornos psicológicos, "os externalizantes (que se expressam predominantemente em relação a outras pessoas) e os internalizantes (que se expressam predominantemente em relação ao próprio indivíduo)" Del Prette e Del Prette, 2005.

O foco neste capítulo serão os comportamentos e emoções internalizantes, que podem originar transtornos como depressão, isolamento social, ansiedade e fobia social.

Os dois tipos de comportamentos podem ser caracterizados por repertório empobrecido de habilidades sociais, principalmente empatia, expressão de sentimentos e resolução de problemas, que levam à baixa autoestima, crenças e atribuições negativas sobre si mesmo, impulsividade e pouca autoconfiança.

Além de envolver muita ansiedade, e quando se prolonga pela vida adulta, esses aspectos anteriores trazem dificuldades na vida social e profissional, com impactos negativos para o alcance de objetivos e relacionamentos.

Pessoas com boa autoestima demonstram maior autoaceitação, adaptação e resolução de problemas, ou seja, são aquelas com maior saúde mental.

De forma mais prática percebemos, assim, que as pessoas são "divididas" em extrovertidas e introvertidas Você conhece alguém "ambivertido"?

Pois bem, é aquele que se comporta das duas maneiras dependendo do ambiente. Ou seja, naqueles com menor número de pessoas, se expressa com mais liberdade, fluidez. Em compensação, nos espaços onde se sente avaliado e cheio de gente, prefere ser mais contido, mais reservado, guardando suas impressões para si e/ou para dividir com os mais íntimos.

O introvertido gosta de olhar para dentro, interessa-se pelo conteúdo que há em sua mente, pelas suas ideias. Já o extrovertido sente-se mais atraído pelo que os outros possam apresentar e como pode aprender com eles. E o ambivertido? Possui ambos os interesses.

O teste abaixo ajudará você, mãe e pai, a identificar se você e seu filho comportam-se de forma extrovertida, ambivertida ou introvertida. Trata-se de um questionário informal, não um teste psicológico, adaptado do livro *O poder dos quietos para jovens*, de Susan Cain.

Responda Verdadeiro (V) ou Falso (F) para as afirmações abaixo, pensando em si mesmo(a) e depois em seu filho:

(   ) Prefiro passar meu tempo com um ou dois amigos a estar em grupos grandes.

(   ) Prefiro expressar minhas ideias por escrito.

(   ) Gosto de ficar só.

(   ) Prefiro conversas profundas a papos superficiais.

(   ) Meus amigos me dizem que sou bom ouvinte.

(   ) Na escola ou trabalho, prefiro turmas pequenas a turmas grandes.

(   ) Evito conflitos.

(   ) Não gosto de mostrar o meu trabalho aos outros antes que esteja perfeito.

(   ) Trabalho melhor sozinho.

(   ) Não gosto quando sou chamado a participar na aula/reunião.

(   ) Eu me sinto esgotado depois de sair com amigos, mesmo quando me divirto.

( ) Prefiro comemorar o meu aniversário com alguns amigos e parentes a dar uma grande festa.

( ) Não me incomodo de fazer grandes projetos escolares/de trabalho sozinho.

( ) Passo muito tempo sozinho.

( ) Em geral, não sou muito de correr riscos.

( ) Posso mergulhar num projeto, praticar um esporte, tocar um instrumento ou me dedicar a alguma atividade criativa por horas a fio sem sentir tédio.

( ) Costumo pensar antes de falar.

( ) Quando preciso falar com alguém que não conheço bem, prefiro enviar mensagens de texto ou *e-mail* a telefonar.

( ) Não me sinto muito à vontade sendo o centro das atenções.

( ) Em geral, gosto mais de fazer perguntas do que de respondê-las.

( ) É comum ser descrito pelas pessoas como alguém tímido ou que fala baixinho.

( ) Se tivesse que escolher, eu preferiria um fim de semana sem absolutamente nada para fazer a outro cheio de atividades programadas.

Se você respondeu a maioria de "Verdadeiro", demonstra a tendência ao perfil introvertido. Mais respostas "Falso" demonstram a tendência à extroversão.

Disse "tendência" por ser muito importante ressaltar que ninguém é de um jeito só o tempo todo - e está tudo certo. O interessante e primordial é perceber o seu comportamento e o do seu filho, para ter mais segurança em optar por novas atitudes ou desenvolver as já existentes.

Lembrando que é positivo que haja diversidade de comportamentos. É o que faz o mundo tão especial. Nesse sentido, compreender as diferenças dentro do seu lar é condição essencial para que seus filhos aprendam a valorizar cada pessoa como ela é.

Na tentativa de incentivar a criança introvertida ou tímida a se "soltar", algumas famílias podem agravar o comportamento, fazendo com que se retraia ainda mais. Entendemos que o objetivo das famílias é ajudar, mas pode ocorrer exatamente o inverso.

Vejamos alguns exemplos do que não é indicado:

• **Obrigar a participar de situações indesejadas**, como falar em público, realizar apresentações artísticas, interagir com grupos.

• **Fazer comparações com outras crianças**, dizendo expressões como: "veja como seu colega brinca, fala com todo mundo; por que você não faz isso também?" Comparar uma pessoa com outra nunca é positivo, exceto se ressaltar avanços demonstrados pela própria criança. Caso contrário, acaba aumentando o sentimento de menos valia que, muitas vezes, só reforça o comportamento inseguro.

• **Ridicularizar, expor negativamente**, menosprezar o que a criança sente, usando expressões depreciativas ou acreditando que seu comportamento retraído, tímido, não passa de "frescura". Não desmereça os sentimentos de uma criança, pois ela está em desenvolvimento e merece, assim como todos nós, consideração positiva aos seus sentimentos e necessidades.

Muito provavelmente se você se identifica com o perfil introvertido pode ter vivenciado algumas destas situações, não é?

Por outro lado, mãe e pai ajudam (e muito) demonstrando empatia no relacionamento com seus filhos. De acordo com o psicólogo Daniel Goleman (2001), a empatia é a mais importante habilidade social que podemos desenvolver, referindo-se a ela como "a capacidade de sentir o sentimento dos outros e de perceber as coisas como eles percebem".

Dessa maneira, ao nos referirmos à timidez, à introversão e a tantos outros comportamentos dos nossos filhos, a primeira postura real e salutar é a compreensão empática: sem julgamento, com compaixão e consideração.

Além de procurar se colocar no lugar deles, quais outras formas se fazem possíveis e efetivas? Selecionei seis que considero bem importantes:

1. Respeitar o tempo e limites de cada criança. Demonstre interesse em saber o que ela prefere em situações de desafio. Isso fará com que seja vista com olhos mais admirados e mais amorosos, pois saberá que pode contar com sua compreensão e acolhida. Não significa, de forma nenhuma, que você "perderá" o controle da educação, deixando de lado seu papel de orientar. Eu garanto que o resultado é mais representativo e saudável para o seu filho.

2. Ensaiar com a criança, para que ela vivencie de maneira segura e tranquila as situações desafiadoras. Por exemplo, exposição de trabalhos escolares, apresentações artísticas ou esportivas para plateia de colegas, pais e outros convidados. Você pode treinar com seu filho, ensaiar como se fosse outra pessoa naquela situação, trocar de papel com ele e incentivá-lo a tomar a posição de outra pessoa. Aproveite para conhecê-lo melhor, e ele a si mesmo, perguntando o que seu filho sente e pensa em vários momentos: antes que a situação estressante aconteça, durante e no final; encarnando os vários papéis e obtendo sucesso na situação encenada.

Vamos a um exemplo mais prático. Digamos que o objetivo de sua filha seja interagir em um grupo de meninas na escola. Ao ensaiar, você pede para que identifique a pessoa com que ela se sentiria mais à vontade para se aproximar. Incentive-a a pensar em algo bem simples para iniciar a conversa. Duas ideias: "Está animada para o evento da escola?", "Como foi seu final de semana?".

Dessa maneira, sua filha já terá previsto algumas possibilidades de situações e não se sentirá despreparada na hora H, como se a situação estivesse ocorrendo pela primeira vez.

Esta é uma das "mágicas" que ocorrem no cérebro. Como ele não sabe distinguir o que é fato do que é imaginação, a energia, as sinapses necessárias de preparação para o enfrentamento de uma situação ocorrerão conforme o número de vezes que o treino e as situações reais ocorrerem. Em outras palavras, o treino colabora para a autoconfiança.

Sabemos que o cérebro tem esse papel quando nos lembramos de competições, sejam elas esportivas ou não. Sendo assim, é muito interessante que o potencial cerebral seja utilizado em toda a sua capacidade para a superação de situações comportamentais e desenvolvimento de habilidades sociais.

3. Conversar sobre os sentimentos do seu filho em relação às situações que o afligem, que o amedrontam. Tais oportunidades são riquíssimas, pois conectam a família por meio da conversa franca, interessada, amorosa. A energia gerada por esses momentos de interesse formam o elo saudável das relações.

Por isso, promova momentos propícios (leia-se: sem que seu filho esteja retraído ou cansado) para que as conversas ocorram – criando instantes só para vocês dois. É indicado que esses diálogos não sejam deixados somente para os momentos frustrantes, como quando seu filho ou você se sente mal pelo fato de a timidez ou retraimento ter "atrapalhado" algum objetivo.

As conversas devem ajudar seu filho a entender o papel que a insegurança - ou até mesmo o medo - ocupa na situação. Procure perguntar o que ele acha que poderia acontecer em determinada situação, procurando trazer estes receios para o mundo da realidade. Com isso, vai conduzindo-o a identificar se é um medo real ou imaginário, de forma a acolher o sentimento de seu filho.

Compartilhar suas próprias histórias fará muito sentido às crianças. Conte como você fazia e como ainda faz para enfrentar situações capazes de gerar o "movimento para dentro" ou timidez. Reforce que elas podem e devem pedir ajuda; e conte a quem você recorria quando era criança, quais eram seus recursos de enfrentamento e também quem mais ajudava com seus medos – e por que não quem (ou o que) é seu ponto de apoio até hoje?

As crianças, muitas vezes, acreditam que os adultos não possuem medos, angústias. Mas nós sabemos que isso não é verdade. Mostrar sua vulnerabilidade, suas formas de enfrentamento num diálogo sem julgamento e com confiança promoverá maior vínculo com sua família.

4. Valorizar as conquistas sociais da criança. Reconhecer suas ações de sociabilidade é essencial para que voltem a ocorrer. Quando a criança cumprimentar alguém, conversar com alguma outra de sua idade que ainda não conhecia, estabelecer uma relação importante com uma pessoa idosa, emita um elogio. Comemore com ela, dê um abraço, diga "parabéns, isso foi muito bacana!" e expresse que você sabe que ela é uma criança capaz de fazer ótimas amizades!

Elogiar mais e criticar menos é muito mais eficaz do que o contrário. Acredite, mesmo as pequenas iniciativas que parecem envolver pequenos esforços, são extremamente válidas para o alcance de um objetivo maior, como o de se posicionar mais tranquilamente diante das pessoas e do mundo.

5. Ajudar a criança a descobrir suas qualidades, seus pontos fortes, sua paixão. Procure elencar várias qualidades, habilidades, preferências junto dela. Em geral, as pessoas mais introvertidas são boas ouvintes, discretas e respeitam os limites dos outros, dentre muitas outras qualidades. Dê oportunidade para seu filho se expressar e também diga o que percebe.

Como efeito, aumentará nele o nível de consciência sobre si mesmo e a segurança de saber em quais habilidades pode se apoiar quando estiver vivenciando momentos e situações desafiadores.

Além disso, ajude-o a descobrir algo pelo qual seu filho é apaixonado. Compartilhar com você também vai fazê-lo perceber que tem alguém para dividir suas conquistas e preferências. Com sensibilidade e interesse, tenho certeza de que você vai colaborar para que seu filho se veja de uma forma positiva e segura. Exercite esse olhar também!

6. Criar momentos de descontração, de "empalhaçamento" entre pais e filhos. Momentos divertidos, onde cada um possa testar sua veia humorística, fazer caretas, pular e dançar de um jeito engraçado são ótimos para mostrar à criança que pode se arriscar um pouco e desenvolver a descontração. Por exemplo, pergunte qual música animada ela topa dançar, coloque para tocar e convide-a a dançar com você. Pegue nas mãos dela; mexam os corpos juntos, começando devagar. Aos poucos, faça movimentos engraçados e peça que os imite, depois sugira inverter os papéis. Enfim, divirtam-se; sentindo a mágica, a conexão, a segurança gerada entre vocês.

Proporcionar momentos de segurança e animação com seus filhos fará com que tenham um reservatório de segurança que podem acessar em momentos desafiadores.

Você pode perceber que todas essas seis estratégias funcionarão para que seu filho se sinta mais confiante, mais animado e seguro e também proporcionarão tudo isso a você.

São possibilidades para crianças e adultos!

Faz sentido para você isso tudo que acabou de ler? Tenho experimentado resultados muito animadores na minha prática clínica e em meu lar. Espero que essas breves reflexões e práticas tenham resultados para você também.

Acredite, faça diferente, deixe-se experimentar junto com seus filhos e resultados incríveis virão!

Grande abraço.

Referências

CAIN, Susan. *O poder dos quietos para jovens*. Rio de Janeiro: Sextante, 2017.

CORREA, Andrea Perez. *Psicologia positiva: teoria e prática*. São Paulo: Leader, 2016.

DEL PRETTE e DEL PRETTE. *Psicologia das habilidades sociais na infância: teoria e prática*. Petrópolis: Vozes, 2005.

GOLEMAN, Daniel. *Inteligência emocional*. Rio de Janeiro: Objetiva, 2001.

6

Parentalidade e vida profissional, uma relação possível

Ao nos tornarmos pais e mães, nos deparamos com uma das tarefas mais complexas da vida, o exercício pleno da parentalidade. Essa jornada é longa, com desafios e adversidades; exigindo empenho e habilidades diferenciados. Sendo assim, com consciência, aceitação, planejamento e ação, aumentamos as chances de obter êxito na formação dos filhos somada à trajetória profissional almejada

Beatriz Carvalho & Elaine Vasconcelos

Beatriz Carvalho

Pedagoga, Psicopedagoga e especialista em Sistema de Gestão Integrado. Compôs equipes de liderança em instituições de ensino; consultora nas esferas pública e privada. Exerce Orientação Parental com foco no desenvolvimento infanto-juvenil. Parent Coaching Academy (UK). Membro IBDFAM – Instituto Brasileiro de Direito de Família. Perita Judicial CONJEP. Formação em *Primary Years Program e Service Learning* - International Baccalaureate Organization; Abordagem Educativa Reggio Children - Itália; EpE - Ensino para a Equidade-Stanford University adaptação Instituto Sidarta.

Elaine Vasconcelos

Pedagoga, Psicopedagoga, Especialista em Neuropsicologia e Reabilitação Cognitiva pela Faculdade de Medicina da USP. Mediadora em PEI I e II, certificada pelo ICELP-Jerusalém. Mestre em Psicologia da Educação - PUC-SP, Doutoranda em Saúde e Educação – UNIFESP; Certificada pela Parent Coaching Academy Reino Unido (UK). Membro do IBDFAM. Perita Judicial CONJEP – Conselho Nacional dos Peritos Judiciais. Realiza assessoria parental e atendimentos psicopedagógicos, da avaliação à reabilitação cognitiva. Docente do Ensino Superior e Palestrante.

Contatos
www.origensparental.com
contato@origensparental.com
(11) 2898-9730

Sabemos que o mundo profissional atual é veloz, complexo e em transformação. Ele nos demanda cada vez mais efetividade e cumprimento de metas. Tal instabilidade nos torna vulneráveis e sobrecarregados, provocando muitas vezes desequilíbrio emocional.

Optar por uma carreira intensa exige alta *performance* e alto desempenho. Logo, nosso cotidiano é permeado por diversos desafios. Buscamos harmonia na vida pessoal, familiar e profissional; e não gostaríamos de falhar em nenhuma das três esferas. Essa busca é desgastante. Podemos nos questionar se estamos sendo eficientes no âmbito familiar tanto quanto somos na carreira.

Necessário lembrar que, para sermos eficientes e produtivos profissionalmente, tivemos uma formação técnica que nos instrumentalizou a realizar certas funções. Já no contexto familiar nos deparamos com um cenário complexo e com inúmeras variáveis; porém, não temos ferramentas adequadas à resolução de conflitos.

O desafio consiste em lidar com toda a carga de trabalho, angústias, medos, cobranças externas e internas. E, ainda assim, buscar caminhos e soluções para a promoção do desenvolvimento saudável dos filhos.

À medida que nos apropriamos de um repertório mais estratégico para exercermos nossos papéis como mães e pais, que envolva uma comunicação clara/precisa e que proteja os sentimentos das crianças, podemos ajudá-los a crescerem emocionalmente seguros e felizes (Ginott, 2004). Certamente nossa intenção é sempre essa. No entanto, será que a atingimos com maestria por meio de nossas atitudes? Ou variam conforme nosso humor?

É possível ajudar nossos filhos a se tornarem seres responsáveis, comprometidos e corajosos. Para essas metas, precisamos ter métodos adequados, que levem em conta aspectos como rotina estável, responsividade, funções executivas e competências socioemocionais. Dessa forma, conseguiremos equilibrar de maneira mais saudável carreira e família.

Quando percebemos urgência de mudança no modo como conduzimos nossas relações familiares, uma boa análise se faz necessária, considerando todas as demandas. Será fundamental identificar objetivos, pessoas e estratégias que irão nos ajudar, bem como os elementos limitantes. Acreditamos que existe um processo de resolução de conflitos, para então passarmos a outro patamar, o de resolução de desafios.

Assim, estabelecemos a metodologia CAPA - Conscientizar, Aceitar, Planejar e Agir (conforme ilustração a seguir). Ressaltamos que é fundamental iniciar esse processo de solução tendo real consciência do que estamos falando e sentindo. E destacamos: se não agirmos, estaremos paralisados nos nossos pensamentos, não conseguindo melhorar a nossa realidade.

Vale ressaltar que estes degraus não podem ser saltados ou não teremos resultados positivos em nossos esforços.

C.A.P.A.
Modelo de Gestão de Conflitos

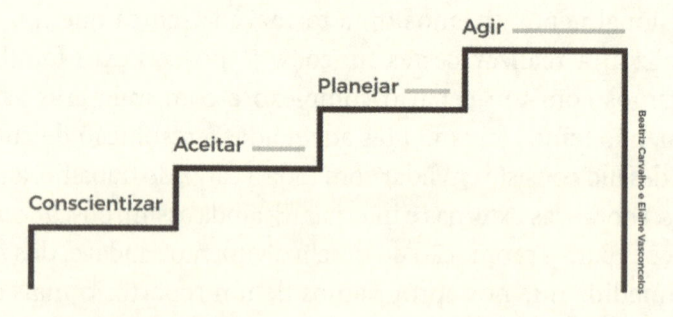

Conscientizar

Diante do dilema de mantermos ativa uma trajetória profissional e, ao mesmo tempo, de não perdermos qualidade na formação ampla dos filhos, precisaremos tomar decisões. Elas devem ser baseadas em nossos valores e objetivos de vida, tendo uma boa visão do futuro, para fazermos escolhas mais assertivas no presente.

Para termos consciência do que está ocorrendo com nossos filhos, torna-se necessário levantar o histórico, escutar nossa rede de apoio (avós, cuidadores), bem como os envolvidos na educação (escola, especialistas). Essa visão nos dará mais certeza da manutenção ou da necessidade de mudança de rotas.

Além disso, é fundamental termos clareza sobre o cenário profissional em que estamos inseridos ouvindo os pares no trabalho, checando as últimas avaliações profissionais, os *feedbacks* de *performance*; bem como o grau de stress e satisfação com o qual realizamos nosso trabalho. São aspectos que nos fornecerão informações para checarmos como está a balança do equilíbrio parental e profissional.

Para ganhar consciência do cenário atual, experimente se perguntar, por exemplo, o que lhe traz mais satisfação, como quer estar daqui a 20 anos, o que fará quando os filhos estiverem crescidos e autônomos.

Fazer uma lista das principais dificuldades enfrentadas, com detalhes, também traz lucidez para identificar a raiz dos problemas e, posteriormente, idealizar soluções.

Pesquisas no campo da economia e do desenvolvimento da primeira infância apontam que investir nos primeiros anos de vida potencializa as chances de as crianças alcançarem uma vida economicamente produtiva (Carvalho, 2016). O investimento bem direcionado na infância minimiza problemas socioemocionais e promove o desenvolvimento de filhos mais autônomos.

Assim, eles seguem sua trajetória com mais responsabilidade e menos riscos, enquanto nós, pais e mães, seguimos de maneira mais efetiva e equilibrada o nosso percurso profissional.

Aceitar

Quando fica claro o que temos que fazer, provavelmente aceitamos que precisaremos mudar o cenário e/ou que manteremos algumas situações necessárias por um período, embora nos tragam certo desconforto.

Algumas pessoas, mesmo após tomarem consciência de sua situação, demoram a aceitar que as mudanças precisam ser feitas. Essa falta de proatividade reverbera em muitos problemas, porque a possibilidade de transformação se inicia com os aspectos que devem ser aceitos.

"Depois que aceitei que teria de abrir mão de parte da minha independência em prol dos filhos, comecei a desempenhar de fato o papel de pai que tinha assumido quando idealizei tê-los."

"Quando percebi que não estava priorizando o fundamental naquele momento, tomei a decisão de mudar minha rota profissional para conciliar com a maternidade."

Para termos sucesso na educação dos filhos, precisamos aceitar sentimentos contraditórios, questões polêmicas, críticas. Além disso, adiar alguns sonhos e desejos. Contudo, não podemos fugir do que já está posto. Afinal, somos pais e mães por escolha. Em alguns momentos não nos identificamos com esses novos papéis, mas essa é a nova versão de nós mesmos.

Somos responsáveis pela vida dos filhos durante um longo período. E, se fizermos bem nosso dever de casa, serão independentes e responsáveis; enquanto nós viveremos uma vida também mais independente quando eles crescerem.

Muitas vezes nos deparamos com casais que não abrem mão da vida anterior, com mais diversão e liberdade. No entanto, aceitar que o cenário é outro pode ser um acalento. O inverso também não é saudável: viver só para os filhos sufoca a nossa identidade, trazendo perdas profissionais e pessoais como um todo.

Nesses dois casos, rever conceitos pode trazer ganhos cotidianos e equilíbrio. A parentalidade é o maior prazer para a maioria das pessoas, mas sabendo que esse quadro será alterado diante do inesperado, como excesso de trabalho, crise financeira, desalinhamento conjugal, ausência parental, temperamento dos filhos... Nessa hora, a análise e o investimento para conciliar vida pessoal e profissional são essenciais para que o fio condutor da educação seja mantido.

Vale ressaltar que essa aceitação pode ser temporária, apenas para reorganizar a vida. A decisão é sábia, nos acalma diante das contrariedades. O foco é tirar "a mochila de pedra" das costas e iniciar um novo ciclo, criando filhos mais autônomos e responsáveis - sem ameaçar nossa identidade profissional.

Planejar

Cientes do cenário familiar e dos aspectos para alterar, iniciamos a fase de planejamento, visando formar os filhos em harmonia com a vida profissional dos responsáveis. É vital checarmos o propósito familiar e os valores, para que as dúvidas sejam minimizadas no momento de tomada de decisões.

Acordos familiares prévios deverão ser firmados. Este é o momento de sermos honestos conosco, identificando nossas aspirações profissionais e pessoais. Após essa análise, precisamos checar se os anseios individuais estão alinhados com os da família e são compatíveis com a realidade.

Uma família que perceba estar disfuncional pode exercitar o primeiro passo na busca de uma chance honesta para um recomeço.

"É impossível, hoje, eu me desconectar das demandas de trabalho quando chego em casa; e isso gera frustração familiar e desentendimentos..."

"Eu não me acho no papel de pai. Preciso me acostumar com a nova rotina..."

As afirmações acima representam o início para que o plano possa ser construído sob uma base sólida. Elaborá-lo também implica adequar os perfis dos pais para um modelo de planejamento que seja, de fato, eficaz. Ou seja, alinhá-lo com a forma de vida e características dos responsáveis.

O bom planejamento é aquele que possibilita ser aplicado. Ou seja, ele é factível e adequado às possibilidades reais da configuração familiar. Ao mesmo tempo que precisa ser simples, para que todos possam exercer os acordos, é crucial que contenha dados reais para permitir a simulação das ações.

O início da vida dos filhos é planejado pela maioria das pessoas com mais afinco e acompanhamento. Contudo, devemos nos perguntar se continuaremos tais investimentos ao longo da vida dos filhos enquanto não forem independentes. Isso porque, teoricamente, deveríamos estar planejando e agindo periodicamente, para a ampla formação deles, com o mesmo empenho com o qual iniciamos nossa parentalidade.

O primeiro passo é priorizando o necessário, que é a definição de quais pontos são os mais importantes para conseguirmos o equilíbrio da vida profissional e pessoal. Aos poucos, podemos inserir outras demandas.

Façamos perguntas para saber se o que estamos colocando em foco irá realmente melhorar a forma e a qualidade com que estamos formando nossos filhos, minimizando os impactos do *stress* da conciliação com a vida profissional. Por exemplo:

• O rumo da minha vida profissional está afetando substancialmente a formação dos meus filhos?

Ou inverter:

• A formação dos meus filhos está afetando substancialmente a minha vida profissional?

Enfim, este é o ponto: detectarmos o que é vital ser alterado.

Um exemplo de reflexão pré-planejamento: digamos que você deseje diminuir o volume de trabalho em casa, para oferecer mais

63

tempo aos seus filhos. Então... talvez tenha que checar os *e-mails* do trabalho após as crianças dormirem.

Mapear o investimento, destacando o que será feito, como colocará em prática, quem estará envolvido, bem como a periodicidade, trará dados de realidade e viabilidade para o planejamento. Comecemos com três ações e gradativamente acrescentemos outras, conforme elas vão sendo inseridas em nossa rotina, e os ganhos forem aparecendo.

O ato de planejar, por si só, já nos ajuda a focar no nosso propósito de parentalidade.

"Quando comecei a planejar, já vi alteração de minha rotina, mesmo sem ter partido para a ação. Isso ocorreu somente pela consciência do que precisava implantar..."

"Precisei seguir um planejamento, como faço no trabalho, para conseguir avanços na criação dos meus filhos..."

O planejamento deve ser registrado, revisado e revisitado sempre que necessário. Deve ser flexível, prevendo que aquilo que não está funcionando pode ser mudado.

Agir

No momento que a intencionalidade está clara e posta, e o planejamento elaborado, é hora do esforço para colocar em prática as propostas. O sucesso está em ter foco nas rotinas e manter um ritmo nas ações.

Rotina é imprescindível na construção da identidade dos filhos e no desenvolvimento saudável infanto-juvenil. Vital para o sucesso de qualquer plano, pode ter várias versões ou especificidades de cada família. O importante é que operem bem, com sinais visíveis de equilíbrio dos filhos.

Aqui, a questão é a necessidade de ter uma determinada estabilidade, para que os filhos não se sintam inseguros, sem referências. Ou, então, que não haja disfunção nos papéis de pai e mãe, muitas vezes sendo substituídos de forma equivocada por cuidadores.

À medida que os pais aprendem como ajudar os filhos a regular seus comportamentos, promovem práticas educativas que ajudam a desenvolver independência e autoconfiança nas crianças (Gomide, 2006, Eisenberg et al, 2004).

Depois do planejamento, uma nova rotina de ações será necessária, e isso demanda tempo e precisão nas atitudes. Há recursos que ajudam a alinhar os filhos nos propósitos, como tabelas de rotina, lembretes, bem como a organização dos espaços. À medida que a disciplina vai sendo empregada, costuma ser aceita, modificando comportamentos.

A aplicação do plano exigirá monitoramento. Não será necessário atingir todos os passos, caso os objetivos sejam alcançados com sucesso no meio do percurso. Ou, então, se percebermos que uma mudança no plano pode ter efeito mais positivo num contexto maior. O planejamento é importante, mas a observação e a flexibilidade de como ele ocorre na prática devem ser consideradas como aliadas do processo.

Enfim, à medida que tomamos **consciência** de nosso contexto familiar e passamos a **aceitá-lo**, temos maiores possibilidades de percorrer uma trajetória de investimento no desenvolvimento e formação dos filhos e na manutenção de uma carreira. Fazer um **planejamento** e colocá-lo em **ação** pode reorganizar uma vida pessoal e profissional, elevando a um patamar superior a educação dos filhos.

A seguir, vejamos um exemplo de busca da assertividade entre o equilíbrio parental e profissional.

Rebeca é promotora de Justiça, casada com Antônio, engenheiro de produção. Ambos têm acima de 38 anos e precisaram alterar a rotina significativamente após o nascimento do filho. Lucas, atualmente com 2 anos de idade, é fruto de uma relação estável de dez anos.

Conscientizar: a análise deixou claro aos pais sua exaustão em conciliar o papel parental com os compromissos e rotinas intensas já assumidos por ambos na área profissional. O cansaço era consequência de sono interrompido durante a noite e de excesso de trabalho, que se acumulava com leituras em casa e dedicação que se estendia via *e-mails* e aplicativos de mensagens.

Aceitar: para viabilizar uma boa noite de descanso a todos, era preciso checar os motivos de o filho a ter uma rotina instável de sono e também alterar a rotina do casal. Perceber que mudanças nos hábitos profissionais permitem conciliar com a parentalidade, mesmo que isso implique temporariamente em menos resultados ou diminuição do controle.

Planejar: priorizar princípios e propósito de vida versus prática atual. Investir numa rotina saudável de sono do filho, permitindo que o casal durma o necessário para estabelecer harmonia. Rever responsabilidades, desafios e reorganizar tarefas no trabalho e em casa. Montar uma rede de apoio.

Agir: aplicar o planejamento. Instruir e valorizar a rede de apoio, fazendo com que todos os envolvidos se engajem nos combinados (empregados, familiares...). Manter a rotina mesmo diante de adversidades (se foi acordado "não decidir questões do trabalho em casa", o casal deve resistir aos apelos). Ter como foco o propósito da parentalidade e a conciliação com a vida profissional.

Quando pais e mães não perdem de vista a formação de seus filhos e também não abrem mão de seus sonhos profissionais, ficam realizados porque mantiveram seus objetivos, além de proporcionarem equilíbrio no âmbito familiar, gerando ganhos para todos.

Pais e filhos se tornam cúmplices de uma história na qual compartilham propósitos e dificuldades. Estabelecem um relacionamento saudável e consolidam o aprendizado com responsabilidade, autonomia e sensação de autovalor, sendo capazes de lidar melhor com o mundo e com as pessoas.

O respeito à essência de cada filho, com seu temperamento, características e história diferentes das nossas, ajuda a baixarmos tamanhas expectativas em relação a ele e a idealizarmos menos o nosso papel parental. Isso nos traz alívio e menos autocobranças.

Esse difícil exercício não é desassociado do que falamos até aqui; e, sim, permeia o nosso fazer no dia a dia, nos permitindo crescer enquanto pessoa, nos tornando mais tolerantes e mais maduros, fazendo com que essa jornada na formação dos filhos se reverta em um processo de transformação e crescimento mútuos.

A abordagem proposta pode ser eficiente sendo imbuída de respeito, sensibilidade e empatia. Mesmo diante das dificuldades, que tenhamos uma dose de boa sorte e possamos desenvolver as habilidades necessárias nessa significativa jornada. Mantendo nossos sonhos acesos, bem como apoiando os sonhos e a trajetória dos nossos filhos.

7

Disciplina Positiva: usando a rotina (sim!) e outras ferramentas para lidar com comportamentos desafiadores das crianças

Pretendo, neste capítulo, refletir sobre como e por que a Disciplina Positiva entrou para ficar na minha vida e na minha família. E também apresentar algumas ferramentas dessa abordagem socioemocional para que a compreenda melhor. Espero que você também se encante com ela e colha como resultados menos culpa e gritos e mais harmonia, conexão e empatia em suas relações

Bete P. Rodrigues

Bete P. Rodrigues

Mãe há 21 anos e professora há mais de 30 anos. Formada em Letras (PUC-SP), tem mestrado em Linguística Aplicada (LAEL-PUC/ SP). Palestrante, consultora em educação, *Coach* para Pais formada pelo ICI-Integrated Coaching Institute (reconhecido pela ICF - International Coaching Federation). Idealizadora e professora do curso "Formação de Professores de Inglês para crianças e adolescentes" na COGEAE (PUC-SP). Tem larga experiência como coordenadora e diretora pedagógica em diferentes contextos (escolas de línguas, escolas particulares e públicas, ONGs). *Trainer* em Disciplina Positiva certificada pela Positive Discipline Association e tradutora dos livros *Disciplina Positiva, Disciplina Positiva em sala de aula* e *Disciplina Positiva para crianças de 0 a 3 anos.*

Contatos
www.beteprodrigues.com.br
contato@beteprodrigues.com.br
Instagram: @beteprodrigues
(11) 97541-3385 (Whatsapp)

O ano era 1983 e eu me formava professora pelo curso de Magistério do Colégio Mackenzie (SP). Sempre quis ser professora, não sabia ainda do que. Por isso, estudava para lecionar na Educação Infantil e de 1ª a 4ª séries (o que hoje chamamos de Fundamental 1).

Nos estágios e na primeira turma que assumi naquele mesmo ano (1ª série), aprendi sobre a importância da rotina na vida das crianças: fazer combinados, sentar em roda, cantar, brincar junto, contar histórias. Também não sabia que levaria esse aprendizado para minha vida pessoal - como madrasta primeiro, depois como mãe.

Passados 35 anos, inúmeros alunos de todas as idades, três enteados e uma filha adultos, concluo que a rotina é, realmente, ferramenta poderosa para a conquista de uma harmonia na sala de aula e em casa. E existem outras ainda mais importantes que aprendi depois.

Assumo que resisti a esse conceito, assim como, mais tarde, fiquei incomodada com o nome da abordagem que mais influenciou a minha vida: Disciplina Positiva. Disciplina, rotina, regras, ordem, obediência, submissão, tudo me parecia ir na contramão do que nós lutávamos no início dos anos 80.

Para dar dois exemplos, as mulheres não eram mais criadas para o lar, e sim para conquistar seu espaço num mercado de trabalho predominantemente masculino e no mundo. Fomos às ruas pelas Diretas Já! Como nos submeter a regras ou normas em nossa vida? Admito que tinha essa crença errônea de serem manipuladoras e chatas, devendo ser evitadas.

Mal sabia eu que disciplina veio do Latim e significa "instrução, conhecimento, matéria a ser ensinada". E deriva de *discipulus*, "aluno, aquele que aprende", do verbo *discere*, "aprender". Só mais tarde essa palavra assumiu o significado de "manutenção da ordem".

Hoje, com mais de 50 anos e muito mais livre e feliz, principalmente por me importar menos com o que os outros vão pensar, posso garantir que a disciplina, a rotina e as regras nos ajudam nos difíceis papéis de educadora e mãe. São ainda mais eficazes sendo utilizadas de um jeito equilibrado.

Sabe aquelas situações nas quais não sabemos como lidar com os comportamentos desafiadores das crianças? Quando se recusam a fazer algo ou não nos ouvem e ainda fazem birra? Pois é, estudei tanto para formar pessoas empoderadas, autônomas, críticas, conscientes, empáticas, generosas; e nunca imaginei que, como mãe, desejaria tanto a submissão e a obediência.

Afinal, eu sou o adulto, né? E as crianças deveriam simplesmente obedecer e respeitar os adultos, não é assim? Muito confuso e difícil para minha geração educar de uma forma equilibrada.

Se eu não acreditava na submissão de mulheres em relação aos homens, nem na submissão de empregados em relação a patrões e tampouco na submissão de pessoas por serem de classes sociais ou culturas diferentes, por que acreditaria e até esperaria uma submissão das crianças em relação aos adultos?

Filha de uma mãe autoritária, controladora e exigente, aprendi rapidamente a me calar, ser "uma menina boazinha e bem-comportada", devido à crença de que é "o que as meninas educadas fazem". No fundo, se calavam e obedeciam para não apanhar.

Não queria reproduzir esse modelo como mãe e definitivamente não era assim como professora. Então, facilmente deixava as crianças fazerem o que quisessem. Às vezes, num mesmo dia, começava a aula cheia de regras, até que nem eu mesma aguentava tal rigidez e não cobrava. Ou até tentava, mas acabava "perdendo a mão" da turma.

Em outras situações, na ânsia de agradar as crianças, me via fazendo todas as vontades delas até que reinava bagunça, barulho e indisciplina, sem que eu enxergasse a minha responsabilidade nisso! Tão mais fácil culpar as crianças, os outros adultos, as instituições...

Muito difícil mesmo. Escolhemos a rigidez quando queremos controle, ordem, resultados, limites, firmeza. Mas a que preço?! Muita culpa, medo, vergonha, humilhação. Plantamos permissividade quando queremos afeto, liberdade, escolhas. Colhemos bagunça, falta de objetividade e de resultados, dificuldade para lidar com as frustrações. Fora a ilusão de que todo mundo está aí para satisfazer as vontades individuais, gerando pessoas folgadas e mimadas!

Aposto que, se você é mãe/pai ou docente, tem consciência que só por encarar esse desafio já é uma pessoa melhor. Você nem queria ser uma pessoa melhor, mas aconteceu. Começa a ser mais responsável, paciente, empática(o), consciente da sua influência na vida de outras pessoas, principalmente se são suas crianças. É o seu amor falando mais alto.

Lembra-se dos comportamentos desafiadores que mencionei anteriormente? Aqueles que acessam nosso cérebro reptiliano? Que nos fazem perder a cabeça, como "quando a mamãe vira monstro"? Só fui entender a importância de controlar melhor minhas emoções, a cuidar de mim mesma e a olhar para os desafios e erros como oportunidades com a Disciplina Positiva.

Meu propósito de vida é ajudar mães, pais e educadores a se conhecerem melhor e a aprenderem ferramentas que podem ajudá-los na educação de crianças e adolescentes. Por isso, apresento a seguir algumas dessas ferramentas práticas poderosas da Disciplina Positiva. Espero que você também se encante com essa abordagem e colha como resultados menos culpa e mais harmonia e empatia em suas relações.

Conexão leva à aceitação e importância

Princípio básico da Disciplina Positiva, conectar-se significa ajudar as crianças a desenvolver um senso de aceitação e importância. Alfred Adler, médico vienense do começo do século passado, cujas ideias influenciaram Rudolf Dreikurs, Jane Nelsen e tantos outros autores importantes sobre educação de crianças, acreditava que o objetivo primário de todas as pessoas é se sentir importante e pertencente.

Adler explica que as pessoas cometem todos os tipos de erros em seus esforços, a fim de superarem um senso de inferioridade. E que esses "erros" são vistos como "mau comportamento", baseados em diferentes crenças: "Eu vou me sentir bem se conseguir a atenção dos adultos que me cercam", "se for eu quem manda aqui", "se eu machucar os outros como me sinto machucado" ou ainda "se eu desistir e assumir minha inadequação".

Enfim, as crianças fazem o que fazem buscando conexão. Ao contrário de B. F. Skinner (que acreditava em mudança de "fora para dentro" e por isso utilizava de punição e recompensas), Adler defendia a motivação interna e o encorajamento como motivadores internos que ajudam uma pessoa a sentir pertença e significado. Estamos falando de tratar o outro (inclusive as crianças) com dignidade e respeito.

Rudolf Dreikurs, colega e seguidor de Adler, disseminou os princípios adlerianos para além de consultórios psiquiátricos, levando esses conhecimentos a mães, pais e educadores com livros como Children: the challenge (Crianças: o desafio) e outros. Dreikurs referia-se a uma forma de interação com as crianças mais "democrática" (ordem e liberdade ao mesmo tempo), e não "autoritária" (ordem sem liberdade) ou "anárquica" (liberdade sem ordem).

Tanto Adler quanto Dreikurs nos ensinaram que uma criança malcomportada é uma criança desencorajada. É a sua crença por trás do seu comportamento que deveríamos focar, pois representa sua real necessidade de "fazer parte". Anos depois, é fácil constatar como esse estilo parental que promove senso de importância e aceitação é também muito mais eficaz para criarmos pessoas mais equilibradas emocional e socialmente.

Portanto, não há correção, aprendizagem, sem antes estabelecermos um vínculo, um elo, uma aliança entre nós e as crianças: conexão antes da correção.

Gentileza e firmeza ao mesmo tempo

É outro critério importante da Disciplina Positiva. De mãos dadas, evitam os extremos da rigidez ou da permissividade. Mas... como ser gentil e firme na mesma situação? Usando ferramentas práticas da Disciplina Positiva:

- **Escolhas limitadas.** "É hora de escovar os dentes. Você quer essa pasta ou aquela? Você decide!"
- **Validar os sentimentos da criança.** "Estou vendo que você está com sono e preguiça de escovar os dentes. Vamos fazer isso juntos?"
- **Mostrar compreensão.** "Eu sei que você quer ir direto pra cama sem escovar os dentes. E isso não é uma escolha inteligente... Vamos lá, tirar logo essa sujeira dos dentes e dormir com a boca limpinha."
- **Fazer combinados e ser consistente.** "O que combinamos fazer depois do jantar?" (Pacientemente e em silêncio, ouça a resposta.)

- **Redirecionar.** "Você não quer escovar os dentes. E eu não quero gastar com cáries no dentista! Vamos ver quem chega primeiro no banheiro!"

- **Validar sentimentos,** fazer acompanhamento do combinado e dar uma escolha. "Eu sei que você queria continuar brincando no *iPad*. E já acabou seu tempo. Agora é hora de escovar os dentes. Você desliga ou eu?"

- **Mostre confiança** "Eu confio em você. E sei que você consegue escovar seus dentes direitinho."

Importante: de nada vai adiantar dizer as frases acima gritando ou humilhando. Tenha paciência até que se torne um hábito, use tom de voz respeitoso e "olho no olho" (se necessário, abaixe-se para falar na altura dos olhos da criança), seja exemplo, procure agir mais e falar menos. Às vezes, basta pegar na mão da criança e gentilmente ir com ela ao banheiro escovar os dentes, sem falar nada.

Observe que usei a mesma situação e diferentes alternativas. Ser só gentil pode não ser suficiente para que a criança escove os dentes e ser só firme pode ser desrespeitoso - ela pode até escovar por medo naquele momento, mas continuar resistindo ainda muitas vezes.

Somos gentis e firmes ao mesmo tempo quando, na mesma frase, somos gentis e firmes, colocamos os limites. Não usamos a palavra mas. Validamos, compreendemos e lembramos que valores temos na nossa família – quais são os limites e comportamentos esperados.

Não é necessário brigar, gritar, humilhar, "dar sermão"; ou ainda desistir e deixar a criança sem escovar. Se for necessário usar de mais firmeza, faça isso com respeito e dignidade.

"Firmeza refere-se ao seu comportamento em um conflito: dominação significa forçar sua decisão na criança."
Rudolf Dreikurs

Um erro comum de mães e pais que decidem usar a Disciplina Positiva é serem permissivos. Ser gentil não significa mimar, superproteger, agradar, dar muitas escolhas ou proteger a criança de todas as frustrações. Ser gentil é respeitar a si mesmo e a ela.

É desrespeitoso não ajudá-la a desenvolver os "músculos" da frustração. Não ter todos seus desejos atendidos, aprender a esperar a sua vez, compartilhar objetos e espaço a torna mais resiliente e preparada para a vida.

Nosso objetivo maior na criação dos filhos é ensinar habilidades de vida. Tais como respeito, preocupação com os outros, capacidades de resolução de problemas, cooperação. Como nossos filhos aprenderão a resolver problemas se estivermos sempre resolvendo para eles, fazendo por eles o que já conseguem fazer sozinhos?

A minha geração aprendeu a se culpar por não estar tão presente em casa, com seus filhos. Isso gerou uma necessidade de compensação da ausência física. Precisamos amadurecer para aprendermos a cuidar de nós mesmas (sem culpa) e também a dividir nosso tempo entre todas as prioridades da nossa vida – que vão incluir seus filhos, se você escolheu tê-los. Tempo especial, com conexão e atenção plena, de qualidade (importa mais que quantidade).

Rotina e segurança e transparência

Como eu disse, sou da geração do "a regra é quebrar a regra", "é proibido dizer não" e "é proibido proibir". Isso não funciona na educação e em várias outras áreas da vida, como política, econômica e emocional. Basta observar os resultados do "jeitinho brasileiro" de burlar as regras. Ineficaz, desrespeitoso, antidemocrático, desonesto e injusto.

Rotina é ordem, segurança, limites claros e transparência. Combinados verdadeiros são refletidos, discutidos e elaborados em conjunto. Eles podem ser revistos e recombinados novamente.

Considero a "reunião de família e de classe" (você encontra informações sobre essas reuniões no livro Disciplina Positiva) as ferramentas mais poderosas para desenvolver nas crianças e adolescentes habilidades imprescindíveis para a vida: saber falar e escutar, colaborar, ser proativo e empático, focar em soluções e não em culpados, aprender a resolver problemas, desenvolver respeito, interesse social e criatividade!

Antes de iniciar com essa rotina tão completa e estruturada da Disciplina Positiva, você pode começar com algo mais simples e bastante eficaz, o quadro de rotinas, fazendo com seu filho o seguinte:

• Listem ações importantes a serem repetidas (pode ser para um período específico do dia, como a hora de dormir);

• Tire fotos dos seu filho realizando-as;

• Coloque as fotos em sequência cronológica em uma cartolina e pendure-a no quarto ou na porta do armário da criança;

• Sugira que ele crie legendas, desenhos relacionados às ações, favorecendo que sinta que o quadro é dele;

74

• Deixe que esse quadro seja o "chefe", perguntando: "Filho, qual a próxima ação no quadro de rotinas depois do jantar?"

• Permita que seu filho desenvolva um senso de competência (Eu sou capaz) em vez de incluir prêmios ou punições.

As crianças se motivam a seguir as rotinas que elas ajudaram a estabelecer e organizar. Inclua uma participação ativa de seus filhos nas ações do dia a dia: eles só aprenderão a fazer suas lições de casa, a tomar banho, a guardar os brinquedos, a escovar os dentes, a se alimentar bem e tudo o mais se tiverem a oportunidade de praticar, errar e melhorar.

Cuidado com as altas expectativas: adquirir habilidades leva tempo e muita prática e persistência! E não é isso que você quer? Filhos que não desistam frente aos obstáculos? Comece com estas dicas: conexão, gentileza e firmeza ao mesmo tempo, sendo um exemplo de organização e disciplina.

Recomendo ler os livros de Disciplina Positiva, fazer cursos, colocar em prática na sua vida. Estamos falando de uma mudança de paradigma. Não existe uma ferramenta mágica que funcione todas as vezes, com todas as crianças. Daí a importância de conhecer várias alternativas para poder escolher alguma eficaz para você.

As ferramentas da Disciplina Positiva são baseadas nos princípios adlerianos mencionados acima e, se forem utilizadas apenas como um roteiro, perderão sua eficácia. É preciso acreditar nos princípios de respeito mútuo, encorajamento, conexão; e acrescentar sua sabedoria parental interna e amor incondicional para que funcionem!

Continue estudando, testando e aprendendo com seus erros - que serão muitos... Tenha coragem de ser imperfeito! Seu foco é melhorar e não ser perfeito. Isso não existe e nem seria desejável.

Usar a rotina e outras ferramentas da Disciplina Positiva para lidar com comportamentos desafiadores das crianças é um pequeno ganho se comparado à possibilidade de desenvolver nelas habilidades sociais e de vida valiosas para a formação de um bom caráter. Pense em longo prazo! Que pessoa você quer que seu filho se torne?

> Uma mãe que está sempre lembrando e fazendo coisas para a criança sem necessidade não só impede o desenvolvimento da responsabilidade nela, mas também se torna dependente do sentimento de importância como mãe. (Rudolf Dreikurs)

Referências

DREIKURS, Rudolf. *Children: the challenge*. New York: Plume, 1964.

NELSEN, Jane. *Disciplina Positiva*. São Paulo: Editora Manole, 2015.

NELSEN, Jane; CHERYL, Erwin; DUFFY, Roslyn Ann. *Disciplina Positiva para crianças de 0 a 3 anos*. São Paulo: Editora Manole, 2018.

NELSEN, Jane; LOTT, Lynn; GLENN, H. Stephen. *Disciplina Positiva em sala de aula*. São Paulo: Editora Manole, 2017.

SIEGEL, Daniel; BRYSON, Tina Payne. *O cérebro da criança*. São Paulo: nVersos, 2015.

76

8

Modelos e referências para desenvolver habilidades socioemocionais

A transmissão de conhecimentos e o desenvolvimento de habilidades decorrem das interações ao longo da vida. Neste capítulo, convido você a refletir comigo sobre a maneira como o ser humano interage com o mundo que lhe é inteiramente novo, de modo a criar consciência, adequação e autonomia emocional, ferramentas importantes para o seu desenvolvimento pleno desde a infância

Camyla Fernandes de Azevedo

Camyla Fernandes de Azevedo

Mãe do Bernardo, fundadora e diretora da Clínica PAR, coordenadora do setor de Neuropsicologia no TEAMM – UNIFESP, Psicóloga e Neuropsicóloga, especialista em Terapia Cognitivo Comportamental (TCC) pela UNIFESP e em Terapia de família e Casal pela PUC-COGEA, Educadora Parental Certificada em Disciplina Positiva pela PDA, *Parent Coach* e eterna apaixonada pelo comportamento humano.

Contatos
www.clinicapar.com.br
camylazevedo@uol.com.br
Instagram: clinicaparmoema
(11) 2922-9552

"Só deixarás de temer tudo que conheces quando conheceres tudo o que temes."

(Leon Idris)

A transmissão de conhecimento entre as gerações é o movimento principal na construção e sustentação da sociedade. Portanto, qualquer tentativa de se compreender os valores transmitidos (e o papel do indivíduo inserido nesse contínuo movimento) deve iniciar-se com o reconhecimento da importância do mecanismo intergeracional.

Ele é fundamentalmente composto pelas relações estabelecidas entre aqueles que ocupam a posição de educadores e aqueles que, sobretudo por causa da idade, se encontram dependentes, adentrando um sistema de normas e convenções que os precede.

Este é um tema que tem relação direta com o que podemos estudar sobre o comportamento humano, uma vez que a transmissão de conhecimentos e habilidades, como é o caso das habilidades socioemocionais, decorre das interações que o comportamento permite.

À medida que a psicologia desenhou o meu caminho profissional, lançou luz sobre novas práticas e entendimentos que descrevem o ser humano que me tornei. Compreendo que esse contato com o conhecimento teórico e a transformação que dele se desdobra é, em certa medida, comparável às transformações resultantes do contato diário entre as gerações.

Assim como o estudo acadêmico é capaz de situar o indivíduo em si mesmo e reposicioná-lo na sociedade, também o papel intergeracional, como o desempenhado por uma mãe, deve ser visto pelo ângulo da transformação. O "formar além" é o que podemos retirar do sentido etimológico da palavra. Formar um indivíduo é ir além de suas limitações, sem, contudo, ignorar a maneira pela qual ele interage com o mundo que lhe é inteiramente novo.

79

Cabe aqui repetir o seguinte ditado, que, mesmo tornado clichê, guarda a sabedoria que pode nos guiar: as crianças de hoje são os adultos de amanhã. Imprescindível é nos lembrarmos da rapidez com que esse amanhã deixa de ser futuro e passa a ser o dia de hoje. Daí o papel de uma mãe e de um pai transcender o educar.

Isso porque, embora haja na educação uma ideia de se arrastar os resultados a um futuro distante, educa-se no tempo presente. E os resultados? Acumulam-se logo no agora. A mãe e o pai, portanto, ocupam um lugar crucial e semeiam frutos urgentes, pois contribuem com a formação de um indivíduo que pertence desde já à sociedade.

No exercício de educar nossos filhos, estamos sempre preocupados com aspectos diversos. Almejamos oferecer bons estímulos, sejam pedagógicos, sejam alcançados por meio de recursos de lazer, por meio do que acreditamos ser uma boa educação alimentar e por meio de determinados cuidados com a vestimenta.

Nem sempre, contudo, os pais atentam aos modelos e referências para a consolidação de habilidades importantes no desenvolvimento infantil. Além de imaginar, por exemplo, qual profissão nossos filhos podem vir a escolher, devemos nos perguntar se eles terão habilidades e recursos internos para lidar com frustrações e conflitos, e para tomar decisões de maneira assertiva e saudável.

A fim de desenvolver competência socioemocional, precisamos conhecer nossas próprias emoções, saber nomeá-las e aprender a lidar com elas em momentos de desconforto.

O desempenho social competente pode ser identificado dentro destes três estilos reativos a situações desconfortáveis.

Reações não habilidosas passivas: quando predominantemente utilizamos comportamentos de não enfrentamento do incômodo.

Reações habilidosas: quando utilizamos comportamentos adequados à demanda, o que contribui para aumentar nossa competência socioemocional.

Reações não habilidosas ativas: quando nos expressamos predominantemente de forma agressiva física ou verbal como resposta às demandas interativas.

De forma mais didática, segue no quadro a seguir a descrição de algumas habilidades específicas, que, na infância, são de extrema relevância para a construção de um desempenho social competente.

1. Autocontrole e expressividade emocional	Reconhecer e nomear as emoções (próprias e as dos outros); tolerar frustrações; controlar a ansiedade; expressar os sentimentos de forma adequada.
2. Civilidade	Cumprimentar as pessoas; despedir-se e utilizar locuções como: por favor, desculpe, obrigada. Aguardar a vez; fazer elogios.
3. Empatia	Observar; prestar atenção; ouvir e demonstrar interesse pelo outro; reconhecer e inferir sentimentos; demonstrar respeito às diferenças; expressar compreensão pelo sentimento e experiência do outro; oferecer ajuda; compartilhar.
4. Assertividade	Falar das próprias qualidades e defeitos; concordar ou discordar de opiniões; fazer e recusar pedidos; lidar com críticas e gozações; resistir à pressão dos colegas.
5. Fazer amizades	Cooperar, iniciar e manter conversação; fazer perguntas pessoais; oferecer informação livre (revelar-se); sugerir atividade; cumprimentar; elogiar; aceitar elogios.
6. Solução de problemas interpessoais	Acalmar-se diante de uma situação problema, pensar antes de tomar decisões, identificar e avaliar alternativas de soluções.
7. Habilidades sociais acadêmicas	Capacidade de seguir regras e instruções; imitar comportamentos socialmente. competentes; aguardar a vez; oferecer e solicitar ajuda; cooperar; buscar aprovação; elogiar e agradecer elogios.

Estabelecidas essas considerações, podemos usar diversas oportunidades do cotidiano para estimular tais habilidades. Os pais e educadores podem contribuir muito para o desenvolvimento de habilidades socioemocionais.

Adquirir inteligência emocional não é fácil e requer treino e paciência. Muitas vezes brigar e chamar a atenção para comportamentos inadequados, além de não garantir bons resultados, restringe do repertório da criança.

Como exemplo, podemos pensar em uma situação comum para a maioria das famílias. Chamamos a atenção da criança na maior parte das vezes com discursos que enaltecem o que elas não devem fazer. "Não pode bater no seu irmão"; "é feio não emprestar o brinquedo para o seu amigo"; "não precisa chorar…". Essas frases recriminativas não ajudam a criança a entender o que deve ser feito no lugar daquilo que ela não deveria estar fazendo.

É importante que seja dado um modelo e uma alternativa para determinada situação. Trata-se de um auxílio na ampliação do repertório acessado no processo de tomada de decisão. Deve-se dizer aos filhos o que se espera deles em termos de comportamento, sem que sejam desconsiderados seu valor e seu pertencimento.

Também as capacidades cognitivas requerem atenção, pois devem ser avaliadas como compatíveis à faixa etária e ao desempenho esperado em determinado contexto.

A inteligência emocional capacita o indivíduo à boa interação consigo e com os outros. Saber administrar as próprias emoções, compreendendo como elas atuam, facilita tomar decisões e solucionar problemas, o que favorece o bem-estar pessoal e social.

O encorajamento é uma ferramenta poderosa que favorece a autonomia e o desenvolvimento de habilidades importantes para a vida.

Consciência emocional

Trata-se de uma das mais importantes capacidades a serem desenvolvidas. A meu ver, talvez a capacidade central, aquela que pode guiar as demais. Entretanto, é a menos estimulada na educação infantil.

Nós, adultos, sabemos nomear, reconhecer e perceber nossos sentimentos (na maioria das vezes). Porém, esse nível de elaboração se dá num processo complexo que, apesar de parecer intuitivo, foi apreendido à custa de muitas circunstâncias.

Para que haja adequação emocional, a base é criar consciência emocional. Podemos estimulá-la fazendo perguntas tais como: "Como você se sente?" Ou, ainda, nomeando as emoções diante da nossa percepção no momento do comportamento da criança, como: "Eu entendo que você esteja bravo"; "Me parece que você está triste".

Outra forma é reconhecendo as emoções de personagens ou pessoas em imagens disponíveis. Podem ser as do livro de histórias que a criança adora, as de um desenho animado preferido ou ainda as registradas em álbuns de fotos da família. Aproveite para conversar com ela sobre como possivelmente estão se sentindo esses personagens ou pessoas de carne e osso, de acordo com cada situação mostrada.

É possível ter em casa um modelo visual com expressões faciais e nomes das emoções e recorrer a eles para ajudar a criança a encontrar um sentimento adequado para cada expressão do desconforto ou do deleite. A ajuda se estende aos seus filhos, mas também pode servir à "criança interior", já que uma parte de si mesmo, adulto, pode ainda requerer aprendizado no processo de reconhecimento de emoções.

Adequação emocional

A capacidade de autogerenciar as emoções é de extrema importância na modulação do comportamento, tanto para controlar a intensidade do que vamos expressar, quanto para decidir como não sair do controle. Investir nessa capacitação traz a adequação emocional tão necessária em seus desafios e relacionamentos futuros.

O aprendizado da tolerância, da paciência e da calma, por exemplo, deve ser desenvolvido com estratégias. Uma delas é ensinar a criança a pensar antes de agir, sendo um bom exercício a ideia do semáforo, reproduzido caseiramente com papel mais rijo, canetas de três cores... Diante de algum conflito que atraia irritação, lance mão dele para:

• Mostrar a ilustração da cor vermelha indicando PARE (ensine a possibilidade de pensar por alguns segundos sobre a situação);

• Passando para a cor amarela, que representa RESPIRE FUNDO (aqui, a respiração tem o papel de acalmar as emoções, até poder passar para a próxima fase);

• E finalmente alcançar a cor verde, que quer dizer COMO SE SENTE (é o momento de conversar sobre a situação-problema e falar sobre o que foi sentido para que, então, se busque uma solução).

Autonomia emocional

Com maior amplitude, esta capacidade nos permite alcançar as emoções adequadas para cada momento. Sendo a autonomia emocional a construção de uma individualidade que interfere na nossa autoestima e autoconfiança e depende da autoimagem, constituída desde o nosso nascimento, a partir das mensagens que recebemos.

Não estamos acostumados a trocar encorajamentos, mas podemos ensinar tal prática de uma forma lúdica, com a atividade descrita a seguir. Começa por fazer, com a criança, uma lista de adjetivos qualificadores, detalhando o significado de cada um e possíveis sinônimos. O próximo passo é criar uma estrela com o nome da criança no meio e escolher daquela lista um atributo para ser colocado em cada ponta.

Essa atividade favorecerá nessa criança a ampliação e o reconhecimento das suas qualidades e uma maior valorização de si mesma. Também pode ser um ótimo exercício para reconhecer qualidades de outras pessoas, bastando que seja aplicada entre todos os integrantes da família. Significa praticar o incentivo para si e para quem se ama.

Sugiro outra tarefa que pode ser facilmente utilizada no contexto cotidiano de todas as famílias. É a tarefa do "Inventário das Conquistas Agradáveis", que estimula a criança a ter uma percepção mais positiva diante dos acontecimentos diários, elevando assim seu bem-estar e afastando o desânimo.

Consiste em convidar a criança a selecionar, dentre suas experiências diárias, aquelas que geram mais conforto e conquista, principalmente as que antes não eram percebidas ou valorizadas. Pode ser difícil, logo na primeira tentativa, que essas experiências sejam facilmente encontradas. Mas o exercício tem o propósito de, aos poucos, provocar uma mudança de foco, de atenção e de juízo de valor sobre as emoções.

Como efeito gradual, levará essa criança a ir cultivando uma postura otimista, atenta e emocionalmente positiva. Buscar o lado positivo das coisas pode ser ensinado em pequenas oportunidades. Diante de uma situação que, em princípio, nos parece ruim, qual é o lado bom a ser encontrado? Sempre temos a escolha de eleger um pensamento negativo e outro positivo sobre qualquer coisa.

A forma como falamos também denuncia o foco de nossa percepção. Por que dizemos mais facilmente "Falta muito para terminar… então, vamos deixar assim", em vez de "Falta muito para terminar… então,

84

vamos trabalhar." Até mesmo os defeitos podem ser transformados em qualidades. Uma pessoa teimosa pode ser vista como perseverante.

Ferramentas como as que procurei discorrer neste capítulo têm como propósito viabilizar nossas mais valiosas intenções na direção do crescimento pessoal e emocional. Sabendo que não há apenas uma maneira correta de se fazer isso, mas sim princípios que nos ajudam a seguir nessa jornada.

Nas palavras de Mario Quintana:

> Com o tempo, você vai percebendo que para ser feliz, você precisa aprender a gostar de si, a cuidar de si, e a gostar de quem gosta de você. O segredo não é correr atrás das borboletas, é cuidar do jardim para que elas venham até você.

Temos, acima de tudo, a ferramenta da intuição para nos ajudar a seguir em frente. E, sempre que houver dúvida, tomemos o caminho do afeto, ingrediente especial e nada secreto capaz de nos conduzir na receita do amor e do respeito.

Referências
DEL PRETTE, Zilda A. P. *Psicologia das habilidades sociais na infância: teoria e prática*. Petrópolis, RJ: Vozes, 2011.
GROP (Grup de Recerca em Orientación Psicopedagógica). *Atividades para o desenvolvimento da inteligência emocional nas crianças.* São Paulo: Ciranda Cultural, 2009.
PONS, Esteve Pujol I. *Valores para crescer.* São Paulo: Ciranda Cultural, 2009.

9

Onde foi que eu errei? A importância de desenvolver a autoconfiança

Se você fica se perguntando "onde foi que eu errei?" tem a chance, com este capítulo, de passar a se respeitar mais, se cuidar, até se perdoar para educar bem. Isso inclui baixar a autoexigência de querer acertar sempre. Quando somos mais confiantes, criamos filhos mais seguros. A autonomia que tanto desejamos está relacionada à nossa forma de pensar–sentir–agir–perdoar(-se)–agradecer

Cristiane Rayes

Cristiane Rayes

Mãe da Mariana e do Vitor. Casada. Psicóloga Clínica e Educacional há mais de 25 anos, atuando no atendimento de adultos, adolescentes, crianças; orientação familiar e de professores; desenvolvimento de projetos socioemocionais. Especialista em Orientação Familiar e Processos Psicoterapêuticos, Distúrbios de Aprendizagem e Terapia Cognitivo-Comportamental. *Coach* Parental com certificação pela Family Coaching (Portugal) e pela The Parent Academy (UK). Consultora e idealizadora de jogos e materiais para intervenções psicoterapêuticas em habilidades socioemocionais. Palestrante e atuação em mentorias.

Contatos
cristianerayes@gmail.com
Facebook: cristianerayes
Instagram: @crisrayes_psicologia
(11) 98573-0444
(11) 96346-6078

Se essa rua fosse minha eu mandava ladrilhar com pedrinhas de brilhantes
para meu filho passar...

P
arte dessa música revela o desejo de muitos pais: fazer o melhor pelos filhos, protegê-los, desejando um caminho pleno de conquistas, paz, realizações.

Queremos ser bons pais. Afetivos, bondosos, tolerantes, honestos. Ver nossos filhos felizes, acertarmos de primeira. Tirar o diploma de pais e criar filhos de forma eficiente, desejando que sejam responsáveis, autônomos, felizes, competentes, capazes de resolver problemas e muito mais.

Nosso desafio é enorme porque, nessa arte, não recebemos as regras, não dispomos de um controle remoto e nem temos só acertos. Pensamos demais, nossa mente não para. Estamos repletos de dúvidas, angústias, preocupações, ansiedades, medos, expectativas.

Por mais que disfarcemos, nós nos perdemos diante de tantas informações. Tememos errar na educação, sentimos culpa pelo que (não) fizemos. E não queremos ser julgados.

Fazemos comparações, buscamos parecer sempre fortes apesar de nossos desconfortos, noites mal dormidas, cansaço, tensões diárias, dupla jornada etc. Diante de tantos sentimentos negativos, fica fácil esquecemos tudo que fazemos de bom.

Mesmo assim, prosseguimos com amor cuidando da casa, inventando lanches para os filhos levarem à escola, auxiliando nas lições. Parece uma lista sem fim. Não é raro que surjam na mente pensamentos como:

- Onde foi que eu errei?
- Os outros vão pensar por que eu...
- Seria uma boa mãe se...
- Os filhos da vizinha já...

E como se tornar mais confiante e criar filhos mais confiantes? Convido você a refletir sobre esta história:

Fazia muito calor no sul da Itália, quando um pai e seu filho começaram uma viagem para visitar parentes numa cidade distante. O pai foi montado no burro, enquanto o filho caminhava ao seu lado. Passaram diante de um grupo de pessoas, e o pai escutou de uma delas:

— Olhem isso! Que pai cruel! Vai montado no burro, e seu filhinho a pé, num dia de tanto calor.

Então o pai, tentando corresponder às expectativas, desceu do burro e fez o filho subir. Assim, continuaram seu caminho. Passando em frente a outro grupo de pessoas, o pai escutou alguém dizer:

— Olhem: o pobre velho caminha em um dia de tanto calor, enquanto o jovem menino vai tranquilo no burro. Que educação é essa?

O pai, então, frente ao julgamento, pensou que seria melhor ambos subirem no burro; e assim continuaram seu caminho. Um pouco adiante, passaram por um terceiro grupo, quando o pai escutou:

— Observem que crueldade! Esse homem não tem pena do pobre animal que está carregando tanto peso num dia de calor.

Então, o pai já desorientado, desce do burro e faz o filho descer também, assim continuam caminhando. Mais adiante escuta de outro grupo de pessoas:

— Que imbecis esses dois! Em um dia de tanto calor caminham apesar de ter um burro para montar.

Você já se viu nessa situação? Sem saber escolher, pensar, decidir ou tentar suprir expectativas dos outros? Educar nos traz dúvidas, inseguranças, mas também a possibilidade de crescer, evoluir, rever valores, amadurecer e amar.

Para ter tranquilidade é importante saber que nossas escolhas não são eternas. Sempre é tempo de reajustá-las e reavaliá-las. Podemos traçar outro caminho, se necessário!

A maioria das pessoas tende a fazer escolhas baseando-se nas vantagens, no lado positivo de sua decisão, observando só os ganhos que vão ter - ou buscando a aprovação dos outros.

Para agir com maior consciência é essencial olhar para os dois lados, das vantagens e das desvantagens, sem a intenção de querer saber tudo. Sabendo ainda que toda escolha representa uma perda.

Inevitavelmente precisamos abdicar de algo. Sabendo disso, temos a chance de saber quais recursos, possibilidades, soluções, meios podemos usar para lidar com as desvantagens.

Pensar-sentir-escolher consciente!

Nossas escolhas devem se basear em nosso propósito, coração, valores. Descobrimos isso desenvolvendo a capacidade de refletir, questionar, ter discernimento, respeitar nossas necessidades, nossos limites, entender os sentimentos, rever os pensamentos.

Em suma, autoconhecimento e autoquestionamento são ferramentas fundamentais nesse processo, auxiliando na busca de soluções para muitos de nossos dilemas.

Temos um grande poder em nossas mãos, que é a capacidade de pensar-sentir-escolher. E essa escolha precisa ter sentido para nós. Decidimos de acordo com os recursos que temos naquele momento da nossa vida.

Por isso, para se sentir mais confiante diante de uma decisão a tomar, sugiro fazer o exercício de olhar para dentro de você e refletir sobre: 1. Qual é a sua situação no momento presente; 2. O que é mais importante a seu ver; 3. O que irá ganhar com cada possibilidade de escolha; e 4. Como deverá lidar com as desvantagens ou perdas.

Respeitando nosso tempo de decidir

A culpa aparece quando não avaliamos as desvantagens da nossa decisão, fazemos escolhas por impulsos ou nos deixamos levar pela opinião dos outros (já que agir somente com base no externo nos traz a sensação de estar enganando a nós mesmos).

Para minimizar os sentimentos negativos, precisamos ser capazes de encontrar formas de lidar com as desvantagens imediatas ou as de longo prazo, de respeitar nosso tempo para aceitar, decidir e agir.

Na busca por respostas mágicas ou aprovação, como o homem da história que relatei neste capítulo, prejudicamos nossa incrível capacidade de refletir e decidir. Consequentemente, ficamos com mais dúvidas ou até tomamos atitudes sem propósito e assertividade.

Adquirimos vários livros, buscamos as mais diversas opiniões, "compramos" a ideia dos outros, um pacote de benefícios... acreditando que essa será a poção mágica. No entanto, quando algo dá errado começamos a nos criticar e reclamar.

"Não sou capaz", "todo mundo consegue"; "não sou boa mãe" são algumas das frases que ecoamos mental ou oralmente. Afinal, disseram que tudo aquilo daria certo, e "eu não consegui".

Assim, passamos a sentir culpas, arrependimentos; a nos criticar e temer os julgamentos. Reclamamos e ficamos perdidos nesses pensamentos, sentimentos e medos, sem enxergar o que fazer ou para onde ir.

Nessas horas, praticar a autoescuta é uma ferramenta poderosa. Explico: pare para perceber e ouvir como você se comunica. Quando reclamamos, nos vitimizamos, também nos tornamos prisioneiros das nossas fragilidades.

Aprender a questionar pensamentos

Buscamos constantemente aprovação com sofrimento e angústia nos desdobrando, dando até o que não podemos, nos justificando para ir ao encontro do que acham que devemos fazer, ou do que os outros julgam ser melhor. Assim, raramente olhamos para dentro de nós e nos esquecemos de perguntar:

• Vale apena dar importância a esse fato, pensamento ou preocupação?

• Quem está me julgando?
• O que é realmente importante para mim?
• Do que eu quero ir atrás?
• Quais são as minhas necessidades?
• Quais são meus limites?

Aprender a pensar e questionar certos pensamentos é fundamental (como seria bom se aprendêssemos isso na escola!). Favorece nosso autocontrole e modifica nossas emoções. O que você pensa, você sente. Portanto, verifique se realmente está pensando de forma adequada.

Para avaliar seus pensamentos e aprender a corrigi-los, vale questionar-se:

• Estou certo(a) do que penso?
• Tenho evidências disso?
• Quem eu seria sem esse pensamento?
• Como poderia pensar diferente?

Mães e pais precisam se respeitar, se cuidar, estar bem para educar - deixando de lado tantas cobranças por perfeição. Há caminhos sem culpa. Para descobrir o seu, precisa atingir um ponto de amadurecimento. Ele nada tem a ver com a idade, e sim com a capacidade de sabermos gerir nossos pensamentos e decisões.

Podemos escolher como queremos olhar para as questões da vida, decidir de forma consciente e tranquila, tendo a capacidade (e a sabedoria) de nos perdoar. Podemos aceitar que: 1. A vida não oferece garantias a ninguém, 2. Nem tudo depende de nós; e 3. Não podemos mudar ou ficar controlando o comportamento do outros.

Nem tudo que escolhemos conhecemos por completo. Já pensou nisso? Não temos como prever e medir todos os caminhos e situações. A vida nos apresenta obstáculos, os quais enfrentamos junto com nossos filhos ou para ensinar algo de útil a eles.

Focar no que depende de nós mesmos, das nossas escolhas, diante dos próprios valores é poderoso na educação. Isso nos traz sabedoria, desprendimento e coragem. Por consequência, nos sentimos mais tranquilos e confiantes.

Mas... e quando agimos por impulso, sem pensar?

Esse é outro fator que nos traz culpa. Certamente, como pai ou mãe, você já se viu fazendo coisas que não queria com seu filho. Ou já se ouviu dizendo coisas das quais se arrependeu depois. Ficou de coração partido, sentindo-se a pior pessoa do mundo, até envergonhando-se do que fez.

Vale lembrar que não existem relações isentas de conflitos. Quantas vezes agimos no calor da emoção, fora de controle? Mesmo tendo lido muitos livros, feitos tantos cursos e com tantos recursos... melhor pensar que essa foi a única opção que soubemos usar naquele momento.

Perdemos a paciência, mas, se estivermos conscientes de nossos erros, podemos ter compaixão. A culpa consciente nos humaniza, nos dá possibilidade para nos desculpar, sabedoria, humildade e coragem para buscar novos caminhos, aceitando que podemos errar. Nem por isso somos péssimos pais.

Diante de tantos comportamentos inesperados (nossos e dos filhos), nos questionamos: "onde foi que eu errei?" Quantas vezes, por causa desses pensamentos negativos, nos aprisionamos em sentimentos de arrependimento, culpa, vergonha, tristeza, medo?

Esse tipo de pensamento nos domina de tal forma, que esquecemos tudo de bom que fizemos por nossas crias. E se diante dessa angústia você questionar: onde foi que acertei? Como me sentiria? Certamente, você terá mais força e confiança para agir da próxima vez. Ou até pensar: "que bom que errei!". E se perguntar:

- O que aprendi com meu erro?
- O que quero solucionar?
- Como posso fazer diferente da próxima vez?

No calor da emoção é necessário aumentar o espaço entre decidir e agir. Dar algum tempo para acalmar-se, distanciar-se da situação.

Tendo esse cuidado, vai poder agir de forma mais consciente, respeitosa e tranquila.

Além disso, temos a possibilidade e devemos ter humildade de pedir desculpa a nossos filhos. Esse é um grande aprendizado que transmitimos com o nosso exemplo.

Assim como é importante engajá-los nas questões que precisamos resolver. Decidir em conjunto, ouvindo suas opiniões com respeito e pensando nas consequências de cada escolha. Assumir responsabilidades e ter atitude são ensinamentos valiosos para o futuro deles.

Quantos poderes temos nas mãos! Somos protagonistas da nossa história e podemos escolher como queremos nos sentir. Quando somos mais confiantes criamos filhos mais seguros. A felicidade e autonomia que tanto desejamos a essas pessoas que amamos está relacionada à nossa forma de pensar–sentir–agir–perdoar(-se)-agradecer.

Quando os pais se avaliam pelo desempenho dos filhos

Importante alertar que muitos acham que receberão o diploma de boas mães e bons pais caso os filhos alcancem apenas sucessos na vida. A crença de que somos responsáveis por todos os comportamentos deles nos traz ansiedade e insatisfação.

Vemos pais tentando a todo custo evitar que os filhos experimentem frustrações, angústias e medos. O esforço para protegê-los desses sentimentos são motivados pelo amor, mas podem trazer consequências futuras de despreparo e falta de visão de realidade sobre o mundo em que vivem.

A frustração em si não causa danos, e sim a falta de habilidade para lidar com ela. Por isso, permita que seus filhos se frustrem, errem e se superem. Ver as dificuldades que já conseguimos vencer nos fortalece, nos dá confiança diante dos obstáculos. Se eu reconheço que já fui capaz, tenho força e coragem para prosseguir, enfrentar as adversidades.

Como garantir que tudo dará certo? A vida não oferece garantias, e o que é "tudo de bom" para um pode não ser para outro. Nossos filhos têm gostos, opiniões, desejos, responsabilidades, escolhas próprias. Que cresçam e busquem seus próprios caminhos.

Não devemos dar a nossos filhos a carga de realizar nossos sonhos. Respeitar, oferecer cumplicidade e afeto, acolher, incentivar, encorajar, amar é o melhor que podemos fazer diante das aflições que a vida nos traz. Como você lida com as adversidades da sua vida? Seu modelo, sua presença fará grande diferença. Só ensinamos o que já aprendemos.

Além de tudo que já foi dito, não podia deixar de lado a importância de contar com uma rede de apoio: família e bons amigos nos ajudam, apoiam e motivam. Senso de humor também é essencial na vida, para trazer leveza e até para rirmos de nós mesmos de vez em quando.

Cuide-se para poder educar com amor e propósito. Educar é formar mentes e corações.

Maneiras de desenvolver autoconfiança nos filhos

• Brinque. É quando temos a liberdade de experimentar o mundo de acordo com nossa imaginação. Sem crítica, julgamento; com liberdade de agir, estando todos plenos e felizes.

• Olhe de forma individualizada. Cada filho é um ser único em suas necessidades, forma de pensar e agir. Conheça as características, potencialidades e dificuldades de cada um.

• Crie cumplicidade, por meio do toque, carinho, afinidade, empatia, diálogo, voto de confiança no potencial dos filhos.

• Permita que seu filho confie em você. Não saia expondo para os outros as fraquezas, as dificuldades e os segredos dele. É muito bom ter em quem confiar!

• Respeite os gostos, opiniões, características, ritmo de desenvolvimento de cada um.

• Incentive seu filho a verbalizar os próprios sentimentos, sem desqualificar nem ridicularizar. Cada ser tem sua forma única de sentir. Compreenda!

• Estimule-o a resolver problemas, refletindo sobre suas consequências e escolhendo de forma consciente a decisão.

• Ajude a criança a contextualizar, atribuindo sentido as suas experiências de maneira adequada.

• Desenvolva uma comunicação positiva, escapando de rótulos! Nosso autoconceito também é formado por aquilo que as pessoas significativas disseram sobre nós.

• Elogie as atitudes, encoraje a ação.

• Permita que seus filhos façam escolhas e as respeite.

• Confie em seu filho: a falta de confiança dos pais nos filhos é uma forte repreensão e causa da baixa estima.

• Escute o que ele tem a dizer sem interromper.

• Compartilhe suas experiências. Os filhos adoram saber as histórias de seus pais!

• Reforce, diante de uma dificuldade atual, situações anteriores que seus filhos já conseguiram vencer.

95

• Incentive-o a descobrir seus valores e segui-los, ouvindo mais a voz do coração.

• Ensine a criança a se comparar com ela mesma (e não com os outros), para ter orgulho de seus progressos e se fortalecer para novas conquistas.

• Priorize fatos e soluções no lugar de fazer ameaças ao educar. Além de causar medo, quando tais ameaças são irreais facilitam que seus filhos desacreditem de você.

• Evite a pergunta: "o que os outros vão pensar de mim?". Adivinhar o que os outros estão pensando não nos leva a lugar nenhum, além de reforçar nossa autocrítica e nos fragilizar. É melhor querer saber o que você pensa disso.

• Ajude seus filhos a compreender que a vida também é feita de desafios, frustrações, obstáculos que nos fazem crescer. Dê chances para que aprendam com os erros.

• Ensine-os a pedir ajuda, se necessário. É um ato de humildade e coragem, não de fraqueza.

• Ensine o perdão – não há libertação maior!

• Pratique a gratidão. Agradecer nos torna mais felizes e confiantes!

Ao educar podemos escolher...
Da raiva demonstre paciência,
Do medo dê seu apoio,
Da culpa pratique o perdão,
Da crítica busque o elogio,
Da competição incentive a colaboração,
Da ansiedade estimule a reflexão,
Da agressividade dê seu amor,
Da guerra busque a paz,
Dos pensamentos negativos escolha como quer se sentir,
Da baixa estima olhe para suas potencialidades,
Das dúvidas encontre seu propósito,
Das dificuldades reveja suas capacidades,
Da perfeição, acredite que suas imperfeições te fazem crescer.

Recadinho final

Você é capaz de fazer escolhas conscientes! A partir delas, certamente, se sentirá mais confiante nessa grande arte de ser e de educar!

Mais maneiras de desenvolver autoconfiança nos filhos

• Incentive a reflexão. O questionamento de pensamentos é uma das maiores capacidades que temos; e nos transforma!

• Tempo: separe um tempo para vocês, façam juntos atividades prazerosas. A presença dos pais engrandece os filhos!

• Dissemine o espírito cooperativo. Colaborar com os outros nos fortalece e nos sentimos úteis.

• Destaque o que é positivo. Você pode elaborar com seu filho uma lista de habilidades, competências, dons que ele tem... para que consiga ver suas potencialidades. Conhecer-se é fundamental!

• Mantenha o bom humor. Não só para aliviar qualquer *stress*, mas para ajudar a lidar de forma mais leve com a vida em família.

• Cultive as boas amizades. Como é bom ter amigos!

97

Vocês, meus filhos, o que fazem para se sentir mais confiantes?

"Procuro focar nos meus objetivos. Não me importar com as divergências de opiniões. Observar meu potencial. Corrigir meus pensamentos." Mariana Rayes

"Ter pensamentos positivos. Lembrar das minhas qualidades. Pensar que tenho minha família e pessoas que me apoiam. Ter atitudes, pensando nas diversas possibilidades." Vitor Rayes

E você, o que faz para se sentir mais confiante?

10

Os desafios da estrutura familiar e do desenvolvimento infantil em um mundo superestimulado

Nunca houve tantos avanços tecnológicos em tão pouco tempo na história do ser humano. Essa rapidez vem trazendo transformações significativas nas relações, na forma de nos comunicarmos e de trabalharmos. Mas há uma área sendo impactada diretamente: a familiar. Será que, em meio a tantas demandas, estamos tendo tempo de refletir e investir nos valores essenciais que nutrem e sustentam uma família?

Damiane Côrtes Turquetti Porto

Damiane Côrtes Turquetti Porto

Psicóloga baseada em Relacional Sistêmica, *Mindfulness* e Psicologia Positiva pela CATREC (Argentina), especializando-se em Neuropsicologia Aplicada à Neurologia Infantil pela UNICAMP. Possui vasta experiência com pais e crianças nas áreas hospitalar e jurídica. Palestrante formada pelo médico Roberto Shinyashiki, aprofundou seus estudos sobre Inteligência Emocional em imersão com o Psicólogo Daniel Goleman, Pai da IE. *Coach* de Pais e Filhos, tendo diversas formações com Lorraine Thomas pela The Parent Coaching Academy (UK).

Contatos
www.familyfirstbrasiloficial.com
dami@familyfirstbrasiloficial.com
Instagram: @dradopensamento e @familyfirstbrasiloficial
(19) 98278-0960

Sabe aquelas deliciosas tardes da infância em que era possível rolar na grama, observar a dança das nuvens no céu, andar horas de bicicleta pelo bairro, subir em árvores? E aquela sensação de tomar banho de chuva, correr descalço na terra, acompanhar o trajeto das formigas carregadeiras e depois ver o sol se despedindo no horizonte?

Talvez você, assim como eu, tenha tido o privilégio de viver essas experiências quando pequeno. Mas, para as crianças de hoje, isso tem se tornado algo raro em sua rotina.

O mundo evoluiu, nos últimos 50 anos, numa velocidade gigantesca em termos de tecnologias. Da tevê colorida, artigo de luxo dos anos 70, demos um salto para os computadores, aparelhos de telefone móvel e *Internet*. As fronteiras foram quebradas principalmente na área da comunicação, com visíveis benefícios.

Temos acesso às informações e notícias do mundo praticamente de forma instantânea. Também facilitou a proximidade e a interação com aqueles que estão distantes. Tamanha praticidade deveria nos trazer descanso, por nos poupar tempo, principalmente de deslocamento físico.

Entretanto, o que observamos é exatamente o contrário. O mundo está acelerado. A pressão por fazermos cada vez mais coisas em menor tempo tem nos levado à exaustão e à frustração. Nem sempre nos damos conta. Somos bombardeados de informações por todos os lados e nos tornamos vítimas da pressa.

A forma de trabalhar também se modificou. O modelo profissional com horários demarcados durante o dia para trabalho, lazer e descanso ficou ultrapassado. Não existe mais um limite sinalizando a mente de que é o momento de relaxar. Estamos conectados 24 horas por dia. Com isso, trabalhamos praticamente o tempo inteiro.

Levamos trabalho para casa, para o fim de semana, para o passeio, para o casamento, para a família através de nossos aparelhos eletrônicos. Quando olhamos para a maioria das famílias atuais, vemos adultos cansados, estressados, impacientes, apressados. E as crianças, cada vez mais sozinhas.

Sua família vive a síndrome dos 3 Ts?

Diante do quadro atual das famílias, observo que elas têm sofrido do que nomeei de Síndrome dos 3 Ts: Trabalho, Tempo e Tecnologia. Considerando síndrome um termo bastante utilizado na Medicina e Psicologia para caracterizar sintomas que definem determinada condição ou patologia, essa se refere à combinação exacerbada desses 3 Ts que afetam a saúde física e psíquica, gerando efeitos negativos à estrutura familiar como um todo.

Costumo me referir à Família como uma das Empresas mais valiosas que um ser humano pode ter na vida. Para que ela tenha sucesso é preciso investir em ferramentas que potencializem seu desenvolvimento e estimulem a aprendizagem de novas habilidades.

Tal qual uma Empresa, a Família depende da boa gestão de seus "diretores" e de seu relacionamento com a sua equipe. Para que obtenha resultados excelentes que beneficiem a todos, faz-se necessário o gerenciamento constante de diferentes aspectos.

Se os "diretores" forem negligentes, agirem somente pensando em si, ignorarem os sinais que prejudicam o rendimento da empresa, ela certamente irá à falência. O Sistema Familiar funciona da mesma forma, sendo que esta "fábrica" produz cidadãos para o mundo.

O ponto de partida para a construção de um ser humano de sucesso, em todos os aspectos, é ser fruto de uma Família bem-sucedida. Como você imagina ser uma família ideal para atingir essa meta? O que ela precisa ter e conquistar? Peço que gaste alguns instantes escrevendo sobre isso. Pense em todos os detalhes.

A grande maioria de nós, quando pensa em uma família ideal, deseja que tenha ingredientes como amor, segurança, união, carinho, respeito, conexão. Mas quanto nos dedicamos, de fato, a esse fortalecimento diário?

Algumas focam mais em um pilar de sustentação, como o dos recursos financeiros. Entretanto, será que isso consegue suportar todo o peso das necessidades familiares? Será que com o tempo não surgirão rachaduras, colocando em risco toda a estrutura?

Equilíbrio é essencial.

Quando queremos entrar no mercado de trabalho, primeiro adquirimos os recursos necessários para atuar na profissão. Caso contrário, não teremos renda. Se desejamos ter bons resultados em um concurso, em uma maratona, buscamos profissionais experientes para melhorar o que já temos de bom - e aprender o que não sabemos.

E quando se trata de sua vida pessoal, você possui a mesma atitude diante de cada nova fase? Pois saiba que não se preparar para viver as mudanças e os desafios familiares é como ir para uma guerra sem jamais ter estudado as possíveis armadilhas. As famílias estão indo assim para as batalhas da vida, de peito aberto e sem ferramenta alguma para se defender. O fracasso é inevitável.

Muitas pessoas investem na aparência para conquistar um novo amor, mas investem em autoconhecimento para alterar padrões que as fazem repetir os fracassos nos relacionamentos? Noivos passam meses assessorados pela cerimonialista, mas têm assessoria para auxiliá-los na preparação de uma vida a dois; nos desafios normais da convivência, dos novos papéis e da dinâmica familiar?

Os pais levam os filhos todos os meses ao pediatra e para tomar vacinas, cuidam da saúde física deles incansavelmente. Mas vão ao psicólogo para receber orientações sobre as melhores estimulações psíquicas de cada mês, equilibrar as relações parental e conjugal no dia a dia, saber como educar com limites fortalecendo a conexão?

Agora, gostaria que refletisse e também escrevesse: quais as características de uma pessoa de sucesso. Que aptidões precisa adquirir? O que deve possuir? Como deve ser? Para seu filho ter sucesso na vida, do que ele mais necessitará?

O conceito de sucesso é bastante relativo, assim como o de felicidade. Ao imaginarmos uma pessoa de sucesso, visualizamos alguém que conquistou abundância em sua vida. Essa abundância pode estar relacionada a tudo aquilo que o dinheiro pode conquistar ou ao valor de ter o que dinheiro nenhum é capaz de comprar.

Quando um bebê nasce, desejamos que tenha muita saúde e uma vida feliz. Os pais projetam o ideal de família que está estruturado em seu consciente e fazem o possível para reproduzir esse modelo. Porém, com o passar do tempo, a estrutura familiar real torna-se a que está enraizada em seu inconsciente, oriunda tanto de suas famílias de origem quanto da sociedade.

Vivemos em uma comunidade que estimula o consumismo, comportamento que sustenta o mercado capitalista. Com a tecnologia avançada surgiu também o *marketing* e a publicidade desenfreada, que associam o conceito de sucesso e felicidade ao ter. Somos persuadidos, de maneira subliminar, a pensar que é mais feliz quem tem mais coisas e pode comprar mais.

Sendo assim, nós, adultos, alimentamos a mesma fonte que nos esgota. Estamos expostos a tantos estímulos externos, que acabamos consumindo compulsivamente e confundindo o prazer de viver com o ato de comprar. Esta compulsão é sintoma de uma sociedade que está distorcendo os valores e, com isso, levando à destruição principalmente de pilares importantes da família.

Comprar algo novo e jogar logo fora quando estragar torna-se comum. Entretanto, o comum não é normal. Quando as crianças transferem tais hábitos aos seus brinquedos, objeto simbólico no qual elas exercitam suas relações afetivas, iniciam um processo de desapego que irá contribuir para relações fugazes e sem solidez no futuro.

Logo, a felicidade instantânea gerada por adquirir algo, em pouco tempo será tomada pela insatisfação. Assim, as pessoas e relações passam a ser medidas pelo que possuem, não pelo que elas são de fato.

Recebemos informações de diversas ordens através das mídias, inclusive de como devemos ser, parecer e nos comportar. Para nos sentirmos aceitos socialmente, de forma inconsciente tentamos nos enquadrar nesses padrões impostos, o que nos afasta de quem realmente somos.

Quando estamos distraídos, ativamos o modo Piloto Automático Cerebral e ficamos sem filtro algum, apenas absorvemos o que vemos. Para dar conta de tantos desejos que sentimos, precisamos de mais dinheiro, trabalhando cada vez mais e olhando para dentro cada vez menos.

Se nós adultos, devidamente desenvolvidos, somos manipulados por tantos estímulos, imaginem as crianças?! É como se as deixassem no meio de uma avenida movimentadíssima. Nossos hábitos influenciam de maneira integral a construção da identidade infantil.

Os pais se esforçam para dar o melhor aos filhos e focam no conceito de que felicidade é ter. Moram numa casa maravilhosa, dão os melhores brinquedos, matriculam na melhor escola possível. Com isso, pouco participam do crescimento das crianças e nem sequer têm tempo para si no final de semana – quanto mais para o convívio em família.

Há uma linha muito tênue que separa o desejo da necessidade real. O trabalho que faz bem, e garante os recursos financeiros para bancar o conforto, também rouba sua presença em momentos essenciais. Já ouvi criança dizer que preferia estudar numa escola pior, mas poder contar com o pai no dia a dia.

Esse pai está fazendo um grande sacrifício para pagar a melhor escola que pode, pensando que esse é o maior investimento a fazer. Se pensarmos nas possibilidades de realização profissional, com certeza. Porém, será apenas isso que fará uma criança crescer e ter sucesso em todas as áreas de sua vida? Pela minha experiência e conhecimento, afirmo que não.

Muitos pais ficam desesperados, sem saber o que fazer com seus filhos quando entram na adolescência e falam aquela famosa frase "eu dei tudo, eu fiz de tudo, ele sempre teve tudo". Alguma coisa faltou. Se não foi amor ou presentes, podem ter sido limites ou estar presente.

A intervenção da autoridade dos pais no dia a dia é como o ar que respiramos. Adultos que correm insaciavelmente atrás da felicidade são apenas crianças grandes em busca da falta de carinho, afeto e atenção que não receberam o suficiente na infância. Eles se desenvolveram fisicamente, mas continuam presos a carências que não foram supridas nas fases iniciais da vida.

Quando deixamos as crianças passarem a infância expostas por horas diante dos aparelhos tecnológicos, como televisão, celular, *videogame* e *tablet*, permitimos que estranhos invadam as nossas casas e digam o que é melhor para as suas vidas.

Os valores "vendidos" são de que os relacionamentos afetivos devem ser medidos pelas relações de consumo, convencendo as crianças de que o mais importante é ter e não ser. Elas observam os hábitos e comportamentos daqueles em quem confiam e concluem que, se os adultos vivem conectados a esses objetos, é sinal de que eles fazem bem.

Como a criança faz de tudo para ser aceita e amada, ela buscará reproduzir os padrões que vê nos desenhos, nos comerciais, no que os adultos consideram importante. Com isso, perdem a oportunidade de expressar quem são na essência para se encaixar nos modelos.

Os pais chegam exaustos em casa e só querem que os filhos os deixem fazer as tarefas domésticas e descansar. Porém, uma criança "quietinha" diante de alguma tela está sendo bombardeada de estímulos que lhe roubam vivenciar momentos e ensinamentos preciosos do convívio com os pais e familiares.

Colocar limites, dizer não aos desejos faz parte de uma educação saudável. Não ter e não poder fazer tudo o que deseja fortalece a capacidade de tolerância à frustração, tão comum nos altos e baixos da vida adulta. Uma das consequências de uma educação permissiva demais é a falta de persistência para conquistar os seus objetivos.

Criamos crianças que desconhecem as emoções e seus efeitos no corpo. Não sabem como lidar e controlar seus impulsos e, por consequência, ficam desprotegidas diante de tantas informações externas. Como elas não possuem maturidade psíquica para julgar o que é bom ou ruim, certo ou errado, apenas armazenam de forma inconsciente os conceitos que lhes são apresentados.

É preciso incentivá-las a expandir o autoconhecimento, mas é essencial dar bons exemplos. Quanto menos nos conectamos com o lado de dentro, mais nos tornamos dependentes do que vem de fora. Será que estamos estimulando o desenvolvimento de todas as áreas cerebrais infantis ou focamos apenas na cognição?

Vale ressaltar que a manifestação de nossos padrões de funcionamento, pensamentos e comportamentos está totalmente ligada ao inconsciente. Estes, por sua vez, possuem ligação direta com as emoções e não com a cognição. Quando não aprofundamos a individualidade, nos tornamos vulneráveis às interferências ditadas pelos sistemas em que estamos inseridos.

Trabalhando com crianças e famílias desde a faculdade, eu pude observar o quanto ambos sofrem por falta de conhecimento dos recursos disponíveis para promover saúde e sucesso familiar. Sendo assim, me inspirei em criar uma linha de programas específicos de prevenção chamado Family First Brasil Oficial.

Gerenciar as emoções e fortalecer a presença no aqui e agora, para sair do piloto automático, auxiliar pais e filhos a se tornarem mais conscientes nas escolhas, baseando-as em seus reais valores, apesar do bombardeio de estímulos, aprofundar as conexões familiares. Eis os objetivos desses programas.

São as ferramentas adquiridas para o desenvolvimento de habilidades que constroem pilares firmes e fortes dentro de cada um. O sucesso de uma pessoa em todas as áreas de sua vida não está baseado na escola que estudou, e sim em como ela se sente em relação às experiências de sua vida. Depende da maneira que reagiu às adversidades, das lições que tirou de suas dificuldades e dos caminhos que escolheu para seguir em frente.

Os investimentos ao desenvolvimento mental devem acompanhar aos do desenvolvimento físico e material, pois são eles que governam esses dois últimos, não ao contrário.

A geração de Pais e Avós passada educou conforme seus pais lhe ensinara e baseada nas poucas informações que tinha do mundo, pela dificuldade de acesso ao conhecimento. Criava filhos no molde natural, solto, conforme o "achismo". Hoje temos uma realidade completamente diferente. Porém, a educação segue perdida, aos extremos de rigidez e permissividade.

A orientação com um profissional especializado na área sempre será a melhor escolha, pois cada caso é um caso - e cada família, ser humano e história é singular. O sofrimento por falta de investimento não deve ser mais tolerado, pois agora o conhecimento está disponível a todos. Manter-se na cegueira é opcional.

Quando unimos as forças dessas estruturas internas e aprendemos a desfrutar momentos únicos em família com atenção plena, entramos em contato com a felicidade genuína. Aquela que trazemos conosco quando nascemos e vamos perdendo ao decorrer da caminhada.

Tenho um *voucher* VIP para você fazer meus programas e *workshops*, tanto *online* como presenciais – FAMILY FIRST BRASIL OFICIAL, entre em contato comigo por *WhatsApp* ou *e-mail*, que seguem em meus contatos lá na minha biografia.

107

11

Como nossos pais... Sendo a nossa melhor versão

Você já pensou no ser humano que se tornou? Nas influências externas que absorveu? E no que aprendeu quando era filho(a) e agora transmite como mãe ou pai? Quando estamos maduros, temos maior clareza do que nos serviu (ou não). Mas, será que queremos passar tudo isso a nossos filhos? E será que eles querem receber? Este capítulo convida a essa e outras reflexões, com exercícios para pôr logo em prática

Daniele Coelho

Daniele Coelho

Arte-Educadora pela Faculdade de Artes Alcântara Machado (FAAM), pós-graduada em Marketing Promocional pela ESPM. Formação em *KidCoach* pelo ICIJ - Instituto de Coaching Infanto-Juvenil e *Parent Coach* pelo Parent Coaching Academy (UK). Contadora de Histórias pelo SENAC-SP. Técnica em Artes Gráficas pelo SENAI-SP e Palestrante. Durante anos, administrou sua empresa de eventos corporativos, produzindo convenções, feiras e cenografia. Reencontrou-se com a área de educação ao fazer a formação em *Coaching* para Crianças, quando vivenciou uma dificuldade com sua filha mais nova. Encantou-se com o propósito do *KidsCoaching*, fez uma mudança total de rota e de vida, passou a ter momentos maravilhosos ao lado de crianças, incluindo suas filhas. Um novo capítulo da história de Daniele se iniciou: muito mais claro, tranquilo e, por que não dizer, mais feliz.

Contatos
danicdemoraes@hotmail.com
www.facebook.com/danielecoelhokidscoach
Instagram: @danielecoelho_kidcoach
(11) 98643-8122

"Não importa o que fizeram com você. O que importa é o que você faz com aquilo que fizeram com você."
(Jean Paul Sartre)

V enho, aqui, para contar um pouco sobre a realidade da vida contemporânea, como mãe, mulher e empreendedora. E os desafios com os quais lidamos no dia a dia para enfrentar essa jornada.

Primeiramente, se você tem filhos, assim como eu, está se dando a oportunidade de crescer, saber suas habilidades, adquirir outras e se conhecer de verdade. E quer ser o melhor pai ou mãe possível, investindo sempre em si.

Como mães e pais, uma de nossas grandes preocupações é com o futuro de nossas crianças. Hoje vivemos num mundo bastante complicado, turbulento. Muitos de nós se sentem cansados diante da demanda do dia a dia e preocupadas, ou até mesmo frustradas, com a educação dos filhos.

Muitas vezes, não conseguimos lidar com tudo isso. Ficamos perdidos, exaustos e achando que damos conta de tudo. Porém, precisamos encarar birras, choros, desobediências, mau comportamento em casa, na escola...

Aí, o quadro que se pinta é de ameaças, gritos. Ficamos nervosas e dizemos coisas das quais nos arrependemos depois. Os filhos também vão ficando nervosos, nos enfrentam, choram e acabam entrando nessa roda hostil, que acaba se tornando um ciclo repetitivo.

Saímos do prumo - e nossos filhos também.

Parece até que não existe saída. Não tem como querer sossego. Simplesmente é difícil dar conta de tudo. Passam pela cabeça os pensamentos do tipo:

- Isso tudo teve um começo, mas quando será que terá fim!?!
- Não estou sendo uma boa mãe ou será que não tenho bons filhos?

111

Mas, eu pergunto: o que será que estamos querendo mostrar a eles? Qual a mensagem diante de todos esses acontecimentos? Vamos voltar ao tempo, quando éramos filhos...

Quero, com este capítulo, ajudá-la a encontrar o seu EU, a sua história de vida e os recursos para lidar com isso.

Qual a sua história de vida?

Conheça estas:

"Eu me lembro, uns bons anos atrás, que vivia numa casa bastante confortável com meus pais, meu irmão e minha cachorra. Tinha alguns hábitos e também, porque não dizer, manias. Dormia cedo, senão acordava mal-humorada. Gostava de ter tudo em ordem, no lugar; até hoje sou assim. Honestidade e planejamento sempre foram valores marcantes na minha vida. O meu nome foi uma coisa que aprendi a preservar, graças aos ensinamentos de meu pai. Ele dizia que isso seria a única coisa que levaria até o fim da vida."

Depoimento de uma professora e mãe de duas meninas

"Durante a minha infância, minha mãe sempre falou para eu nunca depender de ninguém. Isso ficou tão latente em mim que, aos 16 anos, fui trabalhar (mesmo tendo uma família com condições financeiras sadias), a fim de evitar ter o 'carma' de depender de alguém. Já meu pai me orientou a ser honesta e justa. Muitas vezes, acabei 'tomando as dores' de outros nas discussões de escola, quando achava que alguém não estava sendo correto."

Depoimento de uma farmacêutica e mãe de uma menina

Podemos perceber, nesses dois relatos, alguns valores bem explícitos, além de crenças herdadas dos pais. Quando você tem clareza de quais são seus valores, tudo parece mais evidente. Você consegue saber quais caminhos seguir, quem estará ao seu lado. Por consequência, sua vida segue um rumo que faz mais sentido.

Na primeira história, você percebe claramente o valor da rotina, da honestidade e do tempo de individualidade, quando a professora conta que tinha horário preestabelecido para dormir e que dava suma importância à preservação do nome de família.

Para alguns casais esses valores divergem, e isso gera discussão ou contratempo por conta de terem "importâncias" diferentes para seu dia a dia.

Na segunda história, da farmacêutica, você percebe o valor da independência, da honestidade, da família e do respeito pelo próximo. Quando os valores de honestidade estão implícitos, o "jeitinho brasileiro" fica de lado. O valor da família tem prioridade, entrando em primeiro lugar nas decisões.

Proponho aqui um exercício para evidenciar quais são os valores que existem em sua vida hoje. E que podem ter sido cultivados quando você ainda era criança, na posição de filho ou filha.

Para ajudar, siga esse exemplo, que deve ser feito por pai e mãe, separadamente, porque cada um vem de um sistema familiar diferente. Talvez aí esteja uma das explicações para tantos conflitos entre pais, famílias e gerações.

Muitas vezes, o conflito na casa vem das diferenças entre os valores que temos como prioridade, herdados de nossa família. Cada um com seus principais e importantes valores.

Analise uma situação de briga em casa, para que possa sentir essa situação comigo.

Vou relatar abaixo uma história vivida por uma família próxima, cuja esposa desabafou: "Meu marido vive dizendo que irmão não serve para nada". Esse cônjuge tem irmãos; porém, não são próximos. Cresceram juntos até que, num momento da vida foram separados por divergirem em alguns pontos de vista ao longo da jornada.

A situação da esposa é exatamente oposta: tem uma ligação muito forte com seu irmão, de cumplicidade, troca, divisão... E é essa mensagem de irmandade que deseja passar como mãe às filhas. Quer transmitir que podem e devem ser melhores amigas, dividirem situações difíceis, trocarem ideias, sonhos e o que mais a vida permitir...

O que será que vai prevalecer nessa situação familiar: o referencial do pai ou da mãe? Afinal, podemos perceber valores divergentes de uma família para outra.

Vejo aqui um grande ponto de discordância entre os casais de hoje. Eu mesmo vivencio muitas coisas dentro da minha própria casa, com meu marido. São valores herdados, cada qual pela respectiva família e pelo meio vivido na infância e juventude, mas que influenciam totalmente em nossas decisões atuais e na pessoa que nos tornamos.

Por isso, ressalto a importância de termos esses valores bem claros para nossa jornada. Lembrando que não necessariamente serão os de nossos filhos.

113

Exercício de valores

A seguir, listo mais de 40 valores, para que você selecione cinco, de acordo com a forma como você vive. Valores determinam nossas atitudes e comportamentos.

ALEGRIA	EVOLUÇÃO
AMIZADE	TOLERÂNCIA
AUTOCONTROLE	EXCELÊNCIA
COMPARTILHAMENTO	FAMÍLIA
COMPREENSÃO	FÉ
CONFORTO	FIDELIDADE
CONGRUÊNCIA	FLEXIBILIDADE
CONSCIÊNCIA	SUCESSO
COOPERAÇÃO	HONESTIDADE
CORAGEM	INTUIÇÃO
CRIATIVIDADE	JUSTIÇA
CUIDADO	UNIÃO
SAÚDE	MOTIVAÇÃO
CURIOSIDADE	ORIGINALIDADE
TERNURA	PAZ
DECISÃO	PRAZER
DISCERNIMENTO	SENSATEZ
DISCIPLINA	PROSPERIDADE
ENERGIA VITALIDADE	RESPEITO
ESPIRITUALIDADE	RESPONSABILIDADE
ESPONTANEIDADE	SOLIDARIEDADE

Algumas perguntas que podem ajudar:

- Como você se motiva?
- Quais são as coisas mais importantes para você?
- Qual sentimento tudo isso traz para você?

Depois de selecionar os valores, coloque-os em uma hierarquia, sendo o mais importante primeiro. Procure refletir bem sobre esses valores.

Agora que você já tem claro quais são os seus valores, trazidos dos aprendizados de seus pais enquanto estava no papel de filho, reflita sobre o que você está passando para seus filhos: qual a influência de seus pais na formação de sua família?

Sim, você hoje é fruto de uma história construída desde seu nascimento. Ser filho(a) dos seus pais lhe ajudou a existir, e isso tem influência em como você é hoje e na forma como se relaciona com o mundo. Ser filho(a) deles contribuiu na sua existência, assim como na sua essência. E isso certamente lhe trouxe muito aprendizado.

Agradecer ao universo pelas ações conosco na infância, manifestar sua gratidão aos seus pais, pelas oportunidades ou pelas dificuldades que passou na vida, é entender que sua história não seria a mesma e que você não teria crescido, aprendido e se tornado essa pessoa extraordinária que é hoje.

Conhecendo nossas habilidades, conseguimos ensinar nossos filhos a reconhecer as deles.

Ao longo da vida, somos influenciados pelas pessoas à nossa volta, pelo lado positivo ou negativo, assim como pelas experiências do nosso dia a dia. Nossos pais são nossas principais referências; e suas palavras e ações têm um peso muito grande.

Desse modo, vamos construindo nosso modelo mental. E, assim, também nascem nossas crenças limitantes, que podem influenciar na nossa autoestima.

Conte a melhor história, da sua história!

Agora chegou o momento de revivermos a nossa história!

Quem nós fomos, como nossos pais foram para nós, de quem fomos filhos, qual foi nossa história de vida e que filho/a nos tornamos.

Quando você reconhece sua verdadeira história de vida, tudo faz mais sentido.

> "Sou filho, logo existo."
> José Roberto Marques

Parece até meio óbvia a frase acima, mas aceitar que "sou filho, logo existo" é ter o poder de mudar esse cenário e viver relações positivas. É necessário tomar a iniciativa, as rédeas da própria felicidade, ter atitude e ir em busca do resgate da alma humana daqueles que convivem com você: seus familiares, pais, amigos. Enfim, de todos que são importantes na sua vida.

Qual herança você quer deixar para seus filhos? Não estou falando de bens materiais, mas sim socioemocionais.

Vamos exercitar...

Anote aí em duas colunas, uma para seu pai e outra para sua mãe, algumas características deles. E depois as identifique em você.

Relacione em cada coluna pelo menos 10 características.

Depois disso, relacione as características deles, que também são suas. Certamente, existem características ou de um ou do outro em você.

Segue modelo abaixo.

PAI	MÃE	VOCÊ

116

Agora complete as sentenças abaixo, pensando na sua história, em você. Escreva tudo de que se lembrar. Revisite seu passado, seus momentos com eles, suas relações, como era o clima entre as pessoas...

• A história que tive com meus pais e meus irmãos [se você os tiver] foi assim...

• Meus pais queriam que eu fosse...

• Quando criança eu era...

- Na minha adolescência eu era...
- E hoje eu me tornei...

Quando ainda somos bebês, não temos a menor noção do mundo que nos espera. Somos quem somos. Nossos pais é que nos apresentam o mundo, pelo ponto de vista deles, da forma como querem que sejamos e nos comportemos.

Os adultos querem que as crianças nos atendam, nos obedeçam, sejam comportadas. E as crianças? O que elas querem?

Querem ser aceitas e amadas, mas também querem conhecer o mundo como ele é, aprender, dar vazão à criatividade. Experimentar a vida, com suas possibilidades. É aí que vem o desencontro... Os dois lados vão ficando contrariados; e muitas vezes o lar se torna um verdadeiro lugar para onde não se quer ir.

Nessa hora, precisamos nos adaptar e ter consciência dos nossos atos.

Somos o resultado de nossas experiências e histórias. Acostumamos a nos tratar como fomos tratados em nossa infância; e isso impacta diretamente na autoestima. Algumas crianças ficam com dificuldade em aprender, se relacionar. Ficam agressivos com colegas, pais, até mesmo com professores. Alguns se retraem.

Nascemos dotados de recursos emocionais, intelectuais, espirituais em um corpo físico, e temos que trabalhar isso, para ajudar nossos filhos a conhecer esses recursos também.

Como diz a frase do escritor Daniel Goleman: Emoções fora do controle fazem pessoas espertas, estúpidas.

Vamos fazer mais este exercício...

Anote aí em duas colunas, na coluna da direita coloque: quem eu sou/ faço. Na outra coluna, da esquerda: ainda quero ser/ fazer.

Descreva pelo menos cinco ideias, olhando para seu momento atual. Lembre-se de quem você se tornou, do que sempre desejou para sua vida e que ainda pode sentir e realizar.

O que as pessoas diziam que você fazia bem e gostaria de repetir? Quais suas habilidades, talentos do tempo de criança que acabaram adormecidos ou sufocados? E agora, o que você anda fazendo bem?

Quanto mais soubermos quais são nossos talentos e habilidades, mais longe estarão os conflitos e frustrações de nossa existência. Muitos de nós passamos a vida sem identificar e perceber isso.

Procure sempre contar a história de sua vida para seus filhos, trazendo fatos relevantes. Não podemos controlar a história de nossos antepassados, e nem as decisões de nossos pais! Mas certamente somos influenciados de alguma forma. Ao ganharmos consciência disso, podemos controlar como lidar com essa "herança" e decidir o que fazer com ela.

Honre e respeite a sua bagagem. Foi ela que te trouxe até aqui, e a história que você decide contar é o que vai te levar ao seu destino.

"A história que contamos da nossa história é mais importante do que ela própria..."
(José Roberto Marques)

Espero ter cumprido minha missão de transmitir recursos para que você busque sua melhor história e sua melhor versão todos os dias, como pais, homem e mulher. Isso mesmo, não perca sua existência.

E ainda, se você não conhece o Princípio 90/10 de Stephen Covey, autor do *bestseller Os sete hábitos das pessoas altamente eficazes*, anote aí: diz que apenas uma pequena parte dos acontecimentos de nossas vidas depende das circunstâncias.

Para ele, somos nós que decidimos o que vai acontecer conosco. O que ocorre é que nunca podemos controlar 10% das coisas que acontecem em nossas vidas. Mas os outros 90% são o resultado de nossas reações. O resultado de como nos comportamos em um momento de estresse é o que não podemos controlar.

Isso porque somente 10% dos acontecimentos da sua vida estão relacionados com o que se passa com você. Os outros 90% estão relacionados com a forma como reage ao que se passa com você. Por exemplo, não pode evitar que uma filha tenha alguma dificuldade na escola, mas pode escolher como vai lidar com a questão.

Pensar nisso alivia um bocado de estresse na sua história que quer contar da sua vida.

Referências
COVEY, Stephen R. *Os 7 hábitos das pessoas altamente eficazes*. 29 ed. Rio de Janeiro: Editora Best Seller.
MARQUES, José Roberto. *Sou filho, logo existo – coaching e espiritualidade*. São Paulo: Editora IBC.
MACIEL, Sueli. *Palestra O futuro de seus filhos, para o desenvolvimento das competências socioemocionais*, Coach educacional, no Congresso de Educação, 2017.
Filme como nossos pais, da diretora de cinema Laís Bodanzky, 2017.

12

Criando filhos resilientes para que floresçam nas adversidades

Como pais, podemos ensinar aos nossos filhos importantes competências que farão a diferença em suas vidas. A resiliência é um valioso atributo que nos ajuda a enfrentar os desafios, possibilita uma rápida recuperação frente a situações adversas e disposição para persistir em alcançar os objetivos a longo prazo. Para ajudar nossos filhos a se tornarem resilientes, devemos ser a sua melhor referência

Danielle Gomes

Danielle Gomes

Mãe, Psicóloga, *Coach*, Mentora e Educadora Parental. Especialista em *Coaching* para Famílias e Escolas. Certificada em *Professional & Self Coaching*, Analista Comportamental e 360° pelo Instituto Brasileiro de Coaching (IBC - SP), *Leadership and Coaching* pela Ohio University College of Business (USA), Mentoring pelo CAC – Center for Advanced Coaching (USA), *Practitioner* SOAR - *Soar Advanced Certification Program* pela Florida Christian University (USA), *Coaching* para Pais pela Parent Coaching Academy (UK), *Kids Coaching* pela Rio Coaching (RJ) e Educadora Parental pelo Positive Discipline Association (USA). Possui MBA em Gestão de Pessoas e Especialização em Docência. Apaixonada por ajudar pais e professores a serem os melhores *coaches*, para que as crianças floresçam suas habilidades e aproveitem a incrível oportunidade que é viver.

Contatos
www.daniellegomescoach.com.br
danielle@daniellegomescoach.com.br
Facebook: @daniellegomescoach
Instagram: dialogo.materno
YouTube: Danielle Vieira Gomes
(11) 98615-1975

Desejamos fazer o melhor para garantir que nossos filhos cresçam saudáveis, se sintam aceitos, valorizados, amados, seguros e respeitados. Que desfrutem de relacionamentos significativos, de uma vida de qualidade e feliz. Mas, na prática, temos muitas dúvidas quanto ao nosso papel para que isso ocorra:

- Será que estamos sendo efetivos?
- Estamos tomando as melhores decisões?
- As estratégias que estamos usando são as mais eficazes?

A missão de educar filhos

Educar um filho é um grande desafio para pais e cuidadores. Normalmente buscamos fazer o nosso melhor, contando com os recursos emocionais, intelectuais, materiais que possuímos. Não nascemos sabendo ser bons pais; mas é confortador saber que as habilidades parentais efetivas podem ser aprendidas.

Filhos não vêm com manual. Cada pessoa é única e possui necessidades específicas. Portanto, precisamos ser mães e pais diferentes para cada um de nossos filhos, ajudando-os a realçar o que há de melhor em sua essência e a utilizar todo o seu potencial.

Na educação de filhos, não existem fórmulas prontas. Entretanto, existem caminhos e possibilidades que nos permitem educar de forma mais leve e equilibrada, o que aumenta as chances de alcançarmos melhores resultados no curto e no longo prazo.

Pais e cuidadores devem ter o apoio necessário para ampliar seus conhecimentos e habilidades sobre a parentalidade. Acima de tudo, devem existir amparo e compaixão no lugar de críticas e julgamento.

A família é o ambiente principal para o desenvolvimento das capacidades emocionais, psicológicas e cognitivas. A ela cabe fornecer o substrato para que a criança estabeleça relações saudáveis e construtivas com seus semelhantes.

A conexão que construímos com os filhos é um importante elo e uma poderosa referência, que influencia suas escolhas e a forma como se relacionam consigo mesmo e com o mundo exterior. A confiança é a chave para promover a resiliência.

Existem algumas características que normalmente desejamos que nossos filhos desenvolvam. Queremos que eles se tornem confiantes, corajosos, responsáveis, comprometidos, honestos, éticos, respeitosos, compassivos. Desejamos que cultivem bons relacionamentos, que se sintam realizados e sejam felizes.

É importante que aprendam habilidades para gerenciar as próprias emoções e os sentimentos, e que também percebam as emoções do outro, estabelecendo interações pessoais saudáveis. Precisam compreender o impacto que suas ações causam nas outras pessoas, responsabilizando-se pelos resultados que obtêm e sendo protagonistas da própria vida.

Muitas vezes não paramos para pensar que momentos são mais propícios para desenvolver e ensinar as habilidades que queremos que nossos filhos carreguem. Nas ocasiões em que surgem os comportamentos desafiadores é justamente quando temos a oportunidade de ensinar os valores que desejamos que eles levem para a vida toda.

Como mães e pais, temos a missão de educar nossos filhos e lhes ensinar habilidades. Mas, qual é o objetivo de disciplinar?

• **A curto prazo:** é fazer com que eles cooperem e tomem boas decisões.

• **A longo prazo:** visa capacitá-los para lidar com os desafios e frustrações que enfrentarão em suas vidas. Podemos fazer isso com conexão, respeito, amorosidade e de forma consistente.

Aprendizados importantes ocorrem nos relacionamentos

As interações da criança com seus pais ou cuidadores desencadeiam o desenvolvimento e o fortalecimento de conexões neurais no cérebro, entre as regiões que controlam as emoções, a cognição, a linguagem e a memória.

Quando em seus primeiros anos de vida a criança conta com cuidadores sensíveis às suas necessidades, ela será capaz de desenvolver um apego seguro. Sensibilidade parental significa a capacidade para reconhecer as necessidades dos filhos, compreendendo os estados de cada um, para conseguir interpretar e responder adequadamente.

Ao se sentir segura por ter suas necessidades atendidas, a criança será capaz de explorar o mundo, sabendo que pode contar com um alicerce seguro. Consequentemente, torna-se mais autônoma e independente, podendo recorrer à sua base, sempre que sentir necessidade.

As crianças estão se desenvolvendo; e muitas vezes exigimos delas comportamentos que não correspondem à sua capacidade, que ainda está em evolução. Crianças se comportam como crianças.

Felizmente, com os avanços da neurociência e por meio das tecnologias de mapeamento cerebral, houve uma ampliação do conhecimento sobre o funcionamento do cérebro. Isso vem possibilitando aos estudiosos entender os comportamentos infantis sob a perspectiva de seu desenvolvimento e de sua prontidão.

Saber disso nos ajuda a compreender melhor nossos filhos. Deixamos de esperar que tenham comportamentos não correspondentes à sua constituição biológica, que ainda está em evolução. Algumas habilidades controladas pelo córtex pré-frontal, como planejamento, autorregulação, tomada de decisão, autopercepção e empatia, só serão adquiridas com o tempo e com sua maturidade.

Portanto, determinadas atitudes da criança não são somente um ato de contrariedade ou algo que ela faz propositadamente. Existem certos comportamentos e capacidades que serão adquiridos ou consolidados conforme a criança se desenvolve. O que não significa que devemos deixar que o tempo se encarregue dos maus comportamentos.

As experiências desafiadoras podem ser ótimas oportunidades de gerar aprendizados e desenvolver habilidades.

Promovemos uma maior conexão com nossos filhos e estabelecemos uma relação de confiança quando:

1. Estamos emocionalmente presentes na vida deles;

2. Cultivamos um ambiente familiar que seja acolhedor e seguro;

3. Oferecemos espaço para uma escuta ativa, valorizando as opiniões e promovendo o diálogo orientador; e

4. Somos pacientes, demonstramos cuidado afetuoso e proximidade, o que contribui para que eles se sintam amados, valorizados e dignos de confiança.

As crianças se desenvolvem por meio dos relacionamentos e das experiências que vivenciam. Em decorrência de suas interações com o meio, aprendem novas formas de agir para modificar comportamentos, aumentar seu repertório de respostas e adquirir maior domínio de suas ações.

Por isso é tão importante que pais e cuidadores sejam congruentes. Somos um exemplo e ajudamos nossos filhos quando buscamos ter a coerência necessária entre o que falamos e o que fazemos. É possível construir uma relação respeitosa, agindo com firmeza, afeto e consistência ao mesmo tempo.

Não existem pais e filhos perfeitos

Enquanto mães e pais, experimentamos muitas emoções - podendo ir de um extremo ao outro, da rigidez à permissividade.

Em determinados momentos, podemos ser autoritários, altamente exigentes, punitivos e críticos quando os filhos falham, o que pode vir a acarretar ansiedade, desamparo e distanciamento. Em outras situações, podemos ser permissivos, fazendo por eles aquilo de que já são capazes, tentando protegê-los das adversidades, dos sofrimentos e não colocando limites claros.

Encontrar o equilíbrio é a chave para uma relação mais harmoniosa e respeitosa. Os pais devem usar sua autoridade com firmeza e amorosidade para conduzir, direcionar e orientar a educação dos filhos. Isso inclui fornecer limites claros, estabelecer em conjunto as regras, utilizar uma comunicação assertiva, transmitir valores e ter consistência em sua conduta.

Numa visão *coaching* de educação de filhos, não se julga, não se culpa. Ao invés disso, utilizamos a curiosidade para entender o comportamento da criança. Desse modo, é possível identificar as necessidades por trás dos comportamentos.

A conduta que a criança utiliza muitas vezes reflete a solução que ela encontrou para lidar com determinada situação e que, sendo apropriada ou não, está funcionando.

A punição não ajuda a criança a compreender suas atitudes e a alterar seu comportamento. Muito pelo contrário. Ela pode até deixar de fazer algo por medo, mas não fará com que internalize o conceito para modificar o comportamento. Pode funcionar a curto prazo, mas não é efetivo a longo prazo. Não ajuda a criança a adquirir autocontrole e a refletir sobre as consequências de suas ações.

Os filhos ficam mais receptivos a aprender quando somos capazes de nos conectar com eles e validar seus sentimentos. Compreender suas emoções possibilita ajudá-los a redirecionar seu comportamento e encontrar novas soluções.

Isso ajuda a desenvolver um maior repertório de respostas, tornando-os capazes de identificar o que poderia ter sido feito de forma diferente.

Ao passarem por momentos similares, poderão escolher a forma mais adequada de responder às situações adversas.

O medo de errar nos faz criar várias estratégias para não fazer, não arriscar, procurando evitar as frustrações. Somos humanos. Não há pais ou filhos perfeitos. Cometemos muitas falhas no processo de educar, com a intenção de acertar.

No lugar de evitar que nossos filhos fracassem, devemos ensiná-los a lidar com os erros e aprender com as consequências das próprias ações. Podemos compreender nossos erros como oportunidades de crescimento e aprendizagem e ajudá-los a fazer o mesmo.

Em vez de criar uma expectativa de perfeição ou nutrir o sentimento de culpa, devemos desenvolver maior conexão com nossos filhos. O ponto de partida, para começar a promover a resiliência, é demonstrar que é natural cometer erros e que podemos aprender com eles.

Quando acolhemos e aceitamos nossa própria vulnerabilidade, assumindo que somos imperfeitos e passíveis de falhas, permitimos que nossos filhos também aprendam a responder positivamente às frustrações e decepções, tornando-se mais resilientes.

Desenvolvendo a resiliência

Crianças que desenvolveram um apego seguro possuem uma boa base e tendem a lidar melhor com a própria resiliência. Estar resiliente significa ter a capacidade de se recuperar ou voltar à forma original.

> A capacidade humana para enfrentar, vencer e ser fortalecido ou transformado por experiências de adversidade. (Grotberg, 2005)

Somos mais resilientes quando nos recuperamos rapidamente das dificuldades, somos capazes de nos adaptar às circunstâncias adversas e estamos dispostos a lidar com os riscos.

Barbosa (2010) descreve que, para lidarmos com nossa resiliência, precisamos ter equilíbrio entre as áreas que constituem a própria resiliência. E assim desenvolver um comportamento ou reação adequada diante das adversidades:

1. Autocontrole: capacidade de regular as emoções, administrar os comportamentos de modo apropriado em diferentes contextos de vida favorecendo a flexibilidade;

2. Leitura corporal: desenvolver o autoconhecimento para encontrar mecanismos de desenvolver resiliência e ter equilíbrio em nossos comportamentos;

3. Análise de contexto: interpretar o ambiente, analisar as razões e motivos dos acontecimentos e planejar soluções;

4. Otimismo para vida: capacidade de olhar com esperança, enxergar novas oportunidades e buscar alternativas para a resolução dos problemas;

5. Autoconfiança: confiança em suas habilidades para solucionar problemas e conflitos, capacidade de superação e realização;

6. Conquistar e manter pessoas: cultivar relacionamentos, tornando-os consolidados e duradouros e preocupar-se com o outro;

7. Empatia: expressar-se de modo claro, facilidade de conversar e identificar o sentimento de outro;

8. Sentido de vida: razão de viver, avaliação de riscos, significado e propósito para a vida.

Esses modelos de crenças que determinam o comportamento resiliente podem ser aprendidos, praticados e ensinados. Ao utilizarmos, ensinamos nossos filhos a fazerem o mesmo.

Cada pessoa tem características e crenças que a fazem enxergar o mundo e os desafios de forma particular. Podemos ter uma percepção diferente sobre uma mesma situação adversa. A resiliência se desenvolve por meio de um processo de aprendizagem.

Não ajudamos nossos filhos a desenvolver resiliência quando:	Ajudamos nossos filhos a desenvolver resiliência quando:
• Fazemos pela criança o que ela já pode fazer sozinha; • Punimos o erro; • Não permitimos que eles falhem; • Minimizamos suas preocupações e dores; • Elogiamos demasiadamente. • Elogiamos de forma generalizada.	• Ouvimos na essência; • Validamos seus sentimentos; • Encorajamos dando espaço para que aprendam com as falhas; • Estimulamos a autonomia; • Identificamos nossas projeções; • Somos exemplos de resiliência para eles.

As crianças aprendem quando lhes é dado espaço para explorar, podendo experimentar sem medo de errar. Crianças que se sentem plenamente vistas, aceitas, amadas e pertencentes, desenvolvem segurança emocional e tornam-se capazes de assumir a autoria da própria vida e a responsabilidade pelos próprios resultados.

Se não oferecemos aos nossos filhos a oportunidade de superarem os desafios, eles não serão capazes de encontrar seus próprios recursos para explorar seu universo com ousadia e coragem. A determinação é fundamental para que, mesmo enfrentando alguns obstáculos no caminho, se consiga encontrar o entusiasmo necessário para seguir adiante.

Ao encorajarmos a autonomia e a autorresponsabilidade em nossos filhos, construímos um relacionamento baseado no respeito mútuo e na cooperação. A longo prazo, eles serão capazes de desenvolver a confiança necessária para que sejam bem-sucedidos, possam conquistar uma vida próspera e plena de propósito.

Convido você a refletir sobre como tem exercido a sua parentalidade:

• Está conseguindo ajudar seu filho a desenvolver habilidades sociais e de vida que o tornem mais resiliente?

• Qual será seu primeiro passo na direção da transformação que você deseja obter?

Uma pequena mudança já é suficiente para começarmos a transformar o que é necessário e por meio de novos entendimentos e atitudes, alcançar o que desejamos.

Nossos filhos precisam saber que, independente do que aconteça, poderão contar conosco para ajudá-los a superar seus desafios e aprender a partir de seus erros e sucessos. Sempre haverá uma nova chance de recomeçar. O que realmente importa são os laços que construímos.

Referências

BARBOSA, G. S. *Resiliência em professores do ensino fundamental de 5ª a 8ª Série: validação e aplicação do questionário do índice de resiliência:* Adultos Reivich-Shatté/Barbosa. Tese (Doutorado em Psicologia Clínica). São Paulo: Pontifica Universidade Católica, 2006.

GROTBERG, Edith Henderson. *Introdução: novas tendências em resiliência.* Porto Alegre: Artmed, 2005.

NELSEN, Jane. *Disciplina Positiva.* 3 ed. Barueri, SP: Manole, 2015.

SIEGEL, Daniel J.; BRYSON, Tina Payne. *O cérebro da criança.* 1 ed. São Paulo: nVersos, 2015.

13

Autoeducação familiar: criando bebês com o coração

A oportunidade que ganhamos ao receber esse presente é de valor inestimável a qualquer ser humano. Bebês trazem frescor para a relação amorosa, que ganha novos propósitos e sensações. Neste capítulo, você fará reflexões, receberá dicas e ferramentas para uma criação com amor, presença, conexão e afeto

Erica Dutra

Erica Dutra

Mãe da Melissa, Leka, como também é chamada, tem 20 anos de experiência no ensino formal escolar como educadora de bebês. *Coach* de mães e pais certificada por Lorraine Thomas, CEO da The Parent Coaching Academy (UK). Ministra *Workshops* para mães e pais de bebês, presta Consultoria e oferece Treinamento para instituições que trabalham com primeiríssima infância (0 a 3 anos). Certificada pela Positive Discipline Association (EUA). Idealizadora do projeto Educando fora da Caixa, que abrange artigos lúdicos, brinquedos e atividades para bebês.

Contatos
lekadutra.com.br
lLoja: educandoforadacaixa.com.br
leka@lekadutra.com.br
Instagram: leka_dutra

> O que se diz a criança, o que se ensina a criança, não a impressiona. Mas como você realmente é, se você é bom e expressa essa bondade em seus gestos, ou se você é bravo ou raivoso ou expressa isso em seus gestos, em suma, tudo que você mesmo faz prossegue dentro da criança. Isto é essencial.
>
> A criança é, toda ela, um órgão sensorial, ela reage a todas impressões que são estimuladas nela por outras pessoas. Portanto, é essencial que não se pense que a criança seja capaz de aprender (pela razão) o que é bom, o que é ruim... mas é essencial que se saiba que tudo que é feito na proximidade da criança é transformado no organismo infantil em espírito, em alma e em corpo. A saúde da criança durante toda a vida vai depender de como nos portamos em sua proximidade. As tendências que a criança desenvolve dependem de como nos comportamos perto dela. (Rudolf Steiner)

Tem um bebê na nossa vida! Quando esse serzinho chega, toma conta da vida do casal e ocupa um espaço e uma energia que precisam ser dosados. Desde então, vivemos um *restart* na vida individual e afetiva.

É como se fosse zerado tudo que entendíamos sobre o funcionamento da rotina e da convivência com o parceiro. O casal precisa reaprender como garantir o bem-estar e o equilíbrio da vida a dois com os novos desafios.

Minhas principais dicas como *coach* para esse primeiro momento são:

1. Dividam tarefas! Pai não é ajudante de mãe, é muito mais. As demandas com o bebê são enormes. Se o casal não divide as tarefas, sobrecarrega um dos dois (geralmente a mãe), e esse custo é alto demais nesse momento. O sentimento de desvalorização desse trabalho árduo e relevante só atrai discussões sem fim e mágoa acumulativa.

2. Sejam empáticos com a nova condição do parceiro. Não há manual, mas existem leituras, cursos, até mesmo *workshops* para novos pais. Mesmo assim, a prática trará surpresas e desafios. O casal vai precisar adquirir habilidades, estratégias, jeitinho mesmo, para lidar com as exigências. E cada um descobrirá sua própria maneira de fazer isso. Observe, ajude quando solicitado, libere seu companheiro para tentar se adequar. Criticar não ajuda! Cada pessoa terá suas facilidades, dificuldades, ideias de como agir... Não existe certo e errado na execução de tarefas.

3. Reservem um tempo para o afeto. Não deixe para "a hora que der", porque ela não existe. Inclua minutos de afeto, olho no olho, conversa íntima, carinho na sua agenda. É preciso existir um compromisso com isso na vida de vocês de vez em quando, e pode ser na forma de um passeio, um jantar romântico...

4. Criem tempos individuais. Os dois vão precisar muito disso, principalmente quando um dos dois fica em casa com o bebê por muitas horas diárias. É valioso poder curtir períodos de atividade solo, de silêncio, de falar com os amigos, de lazer individual, de atividade física leve, de *hobby*...

Esse primeiro momento com um recém-nascido em casa – esse integrante "hiperdemandante" e ainda não muito sociável que muda completamente a rotina da família –, passa num piscar de olhos. E logo aquele pequeno ser se torna um bebê totalmente participativo dentro da vida dos pais.

Existe uma delicadeza sendo vivida pelo trio. Ouvir com amor e falar com mais amor ainda farão a diferença para essa família lidar melhor com os possíveis conflitos. Se há amor de verdade, poderá fortalecer ainda mais, junto com o desejo de ajeitar as coisas e aparar as arestas.

Compartilhar essa vivência cria um vínculo de entendimento e confiança necessário à nova família. Favorece enxergar como é importante o papel que cada um desempenha dentro da casa e na criação dos filhos, e isso é um passo imprescindível!

A paciência ganha uma dimensão decisiva. E quando ela é desenvolvida, traz para a família uma nova forma de expressar amorosidade e cumplicidade.

Por isso, casal, reafirme o compromisso amoroso, deixe claro que os dois continuam importantes e que esse bebê só vai elevar a vida e o casamento a um patamar muito melhor, de muito mais amor e completude. Passada a fase de ajustes, a vida fica muito mais bonita com esse novo integrante na família.

Bebês trazem frescor para a relação, que ganha novos propósitos e sensações. Nesse momento, vale fazer uma reflexão importante:

132

- O que faz você se sentir feliz, rir, relaxar, recarregar as energias?
- O que faz seu companheiro(a) se sentir feliz, rir, relaxar, recarregar as energias?

Coloque uma atividade dessas uma vez por semana na agenda do casal, a fim de que cumpram esse compromisso a dois.

Tem muita vida no nosso bebê

Bebês pequenos, que começam a se estabelecer enquanto pessoa e aprendiz no mundo, precisam receber, acima de tudo, amor incondicional. No entanto, devemos ter muita ponderação e senso nessa fase.

Digo isso porque o que mais acontece em muitos lares, nesse primeiro momento de vida, são ações executadas (ou desprezadas) em nome do amor. A longo prazo, surgem alguns efeitos indesejáveis dentro dessa justificativa. Cito alguns exemplos:

"Trabalho 24 horas por dia para dar tudo do melhor ao meu bebê."

"Deixo o meu bebê fazer o que quiser. Afinal, ele não entende as coisas ainda."

"Compro sempre os lançamentos de jogos e brinquedos, para que meu bebê tenha muitas atividades."

"Deixo meu bebê chorar, assim entende desde cedo que na vida não se pode ter tudo".

Faz sentido para você e para seu bebê pensar assim?

Todos nós, mães e pais, passamos a sentir um amor avassalador por nossos bebês. Lidar com esse sentimento tão intenso, e com a responsabilidade que vem junto, pode ser aterrorizante e exaustivo. Justamente por isso, é importante demais cuidar das escolhas, agindo com consciência.

Amar verdadeiramente diz muito respeito ao que queremos como valor e comportamento em nossos filhos, assim como o que nos retorna enquanto exemplo de educação.

"As mesmas qualidades que queremos para nossos filhos como adultos podem tornar a vida mais desafiadora quando eles são pequenos."

Essa frase do livro *Disciplina Positiva* para crianças de 0 a 3 anos é tão importante, profunda e, ao mesmo tempo, perturbadora! Ou seja, o que eu quero que meu filho seja (e não deve ser pouco!) terei que me tornar em situações nas quais tudo que sei sobre educação de bebês será testado.

Habilidades para a vida são adquiridas por meio da observação dos bebês. Eles são imitadores natos. Então, com certeza, como edu-

133

cadores, passaremos longo tempo ensinando-os uma forma adequada de estar no mundo, pertencer, contribuir e amar.

Muitas vezes, desenvolver essas habilidades também é desafiador para os próprios bebês. Lidar com as emoções em contraponto às ações adequadas é um aprendizado para a vida toda. Imagine o início disso!

Explorar sua empatia nesse momento é primordial. Assim como usar suas habilidades de ponderação, encorajamento, respeito e gentileza. Além de tomar atitudes que despertem autovalor e resiliência.

Cabe, aqui, fazer esta reflexão importante:

1. Faça uma lista de valores que você considera importantes na sua vida e são inegociáveis.

2. Agora faça com seu parceiro a lista dele ou o convide a fazer.

3. Comparem e discutam as duas listas de valores. A partir daí sairá um importante guia de educação parental familiar.

Eu me educo para educar o meu bebê

Começo esta parte do capítulo com uma frase primorosa de Rudolf Stainer:

> Não há, basicamente, em nenhum nível, outra educação que não seja a autoeducação. [...] Toda educação é autoeducação. E nós, como professores e educadores, somos, em realidade, apenas o entorno da criança educando-se a si própria. Devemos criar o mais propício ambiente para que a criança eduque-se junto a nós, da maneira como ela precisa educar-se por meio de seu destino interior.

Essa é a riqueza fundamental de educar bebês com consciência e conexão. Bebês nos convidam à reavaliação da nossa forma de existir no mundo e de nos conectarmos com as coisas e pessoas.

A oportunidade que ganhamos ao receber esse presente é de valor inestimável a qualquer ser humano. Podemos ver de perto a chegada de um novo ser, com toda sua potencialidade, criatividade, curiosidade e vontade de viver experiências. E ainda somos chamados a experimentar essas e outras tantas sensações que estavam perdidas dentro de nossa rotina apertada e vida corrida.

Bebês nos convidam à presença, ao "aqui e agora" o tempo todo. Famílias que sabem aproveitar isso de maneira amorosa, com certeza, se tornam muito mais incríveis do que antes; e isso acontece com a chegada de cada bebê.

Por tudo isso, aproveite ao máximo todos os momentos com seu bebê. Conecte-se, pois bebês foram feitos para a conexão desde o nascimento. Eles aprendem por meio dos relacionamentos humanos.

Nos três primeiros anos de vida, todo desenvolvimento e habilidades adquiridas estarão ligados ao seu contato com pais e cuidadores. Confesso que me parece tão assustador quando os momentos de conexão profunda com bebês são tidos como "reprovados"!

Carlos González, em seu livro *Besame Mucho*, descreve muito bem o sentimento materno desejoso de conexão e vínculo, quando diz:

> O proibido parece ser a parte mais agradável da maternidade: ninar seu bebê no colo, cantar para ele e desfrutar de sua companhia. Talvez seja por isso que criar filhos se afigure tão difícil para algumas mães. Todos esses tabus fazem com que as crianças chorem e também não deixam os pais felizes.

135

Nesse momento de decidir como nos educarmos, para podermos educar nossos bebês ou filhos bem pequenos, entramos num terreno amplamente estudado, que recebeu no nome de criação com apego.

No fundo, pela própria natureza humana, toda criação de bebês será uma configuração de apego, sendo que existem dois tipos principais: o apego "seguro" e o "inseguro".

Bebês que desenvolvem o apego seguro – que também pode se configurar como um alto senso de aceitação – conectam-se bem com eles mesmos e com os outros. E constroem facilmente relações saudáveis, também oportunizando para si equilíbrio para desenvolver relações sociais futuras.

Não existe nada mais seguro e firme para um bebê que a construção de vínculos que lhe apresentem amor, confiança e aceitação incondicional. A criação com apego, a longo prazo, apresenta uma lista maravilhosa de benefícios:

- Motivação para a aprendizagem.
- Desenvolvimento escolar com empenho.
- Autoestima boa.
- Construção de relações saudáveis fora de casa.

Apego seguro também diz respeito ao ambiente. Bebês são pequenos desbravadores e precisam de encorajamento para suas empreitadas e descobertas. Como pais e educadores, nossa missão principal é manter o ambiente seguro e, assim, poder incentivar as aventuras no lugar de censurá-las.

A exploração segura gera frutos de grande valor para o enfrentamento dos percalços da vida. O bebê ou criança pequena que se sente encorajada, também se sente preparada e capaz de criar soluções.

Sabendo como funciona um cérebro humano – ou seja, um cérebro em sua essência flexível enquanto bem jovem – , calcula-se que tudo que os bebês aprendem em seus primeiros anos de vida determinará sua forma de agir diante de todas as situações futuras (há mais informações sobre o cérebro dos bebês em www.parentsaction.org).

Outra informação que gera muita dúvida nos pais de bebês se refere à quantidade de atividades. Eles precisam estar o tempo todo fazendo algo? Definitivamente não. Bebês também carecem de momentos sozinhos, com exploração apenas de si mesmos e para si mesmos.

A dica nesse contexto é equilíbrio, nem hiperestimular nem deixar de estimular o seu bebê com coisas interessantes acerca do mundo.

Enfim, conhecer seu bebê, saber que tipos de ferramentas usar, qual estratégia ou método educacional aplicar tornou-se um luxo dos dias modernos.

Vivemos numa era em que toda informação sobre os assuntos de interesse de pais, mães e cuidadores estão disponíveis. Tudo de que precisamos é de uma boa curadoria de informações (para escapar das equivocadas ou falsas), da ajuda de bons profissionais para uma orientação eficiente, quando necessário, e de muito amor.

Por fim, deixo minha última lista para você, com atividades simples, mas que precisam ser cumpridas e vividas dentro dos primeiros anos do bebê. Adianto que o tempo com ele passa rápido demais para a quantidade de coisas que traz para a gente aprender:

- Conecte-se profundamente.
- Selecione cuidadosamente o ambiente onde seu bebê viverá.
- Cuide de si mesmo e do seu relacionamento amoroso.
- Seja um(a) educador(a) encorajador(a), permita a busca e a aventura segura.
- Cante, dance, converse muito com seu bebê.
- Pratique uma criação com apego seguro.
- Brinque junto, entre no mundo do seu bebê.
- Ame muito e deixe que esse amor dê as respostas quando parecer que não existe resposta.

Referências

GONZÁLEZ, Carlos. *Besame mucho: criando seus filhos com amor.* Madri: Editora Pergaminho (da Bertrand Editora), 2005 e 2013.

WILLIANS, Glenn & Natalie. *Socorro, tem um bebê na nossa cama!* Traduzido por Susana Klassen. São Paulo: Editora Mundo Cristão, 2007.

NELSEN, Jane; ERWIN, Cheryl e DUFF, Roslyn Ann. *Disciplina positiva para crianças de 0 a 3 anos.* Barueri, SP: Editora Manole, 2018.

LANZ, Rudolf. *A pedagogia Waldorf - Caminho para um ensino mais humano.* São Paulo: Editora Antroposófica, 2016.

14

Meditação em família, uma oportunidade de conexão entre pais e filhos

Criança medita? É possível reunir a família para um momento em que todos estejam conectados e verdadeiramente presentes? Quais são os impactos positivos que a prática da meditação pode trazer para seu convívio familiar? Neste capítulo, você encontrará as respostas para essas perguntas e dicas para começar a meditar com sua família! Vamos embarcar nessa deliciosa experiência?

Fernanda Chiarelli

Fernanda Chiarelli

Mãe da Mariana e do Gabriel. Fonoaudióloga pela Universidade São Camilo e Mestre em Fonoaudiologia pela Pontifícia Universidade Católica de São Paulo. *Coach* Escolar, de Pais e Filhos. Formada pelo Instituto de Coaching Infantojuvenil (*KidCoach* e *TeenCoach*) e *Parent Coach* certificada por Lorraine Thomas, CEO da Parent Coaching Academy (UK). Treinada em *Mindfulness* para crianças e adolescentes pela Mindful Schools (EUA), facilitadora do Programa Educação Emocional Positiva e Educadora Parental pela Positive Discipline Association (EUA).

Contatos
www.fernandachiarelli.com.br
contato@fernandachiarelli.com.br
Facebook: Fernanda Chiarelli Educação Parental e Coaching

Algumas pessoas acreditam que não são capazes de meditar sozinhas e, quiçá, em família. Eu também pensava assim! Essas crenças equivocadas podem surgir pela falta de conhecimento do que seja a meditação. E também pelas falsas ideias de que é preciso ter muito tempo para isso e de que não é possível fazer com que as crianças parem o que estão fazendo para meditar.

Eu tinha esses mesmos pensamentos até o dia em que levei um "puxão de orelha" da vida. Há alguns anos, vivi certas situações estressantes que provocaram reflexos em minha mente e em meu corpo, abalando meu equilíbrio físico e emocional. Então, procurei pela meditação - e tudo isso mudou!

Esse momento foi mágico, pois percebi que a meditação, além de ser uma prática acessível, havia me proporcionado inúmeros benefícios.

Já que eu tinha sido tão auxiliada por essa prática, pensei em aplicá-la nas crianças com as quais trabalhava. Minha aspiração era levar os benefícios da meditação aos pequeninos.

Depois de pesquisar sobre o assunto e fazer alguns cursos nessa área, passei a introduzir a meditação em nossos encontros. A aceitação das atividades por parte das crianças foi incrível; e as mudanças pelas quais passavam eram evidentes.

Meditação x *Mindfulness*

Meditação e *mindfulness* são a mesma coisa? Antes de entrarmos na prática, acredito ser importante fazer uma pequena diferenciação entre meditação e *mindfulness*, pois nem sempre esses conceitos estão muito claros em nossa mente. E isso pode gerar dúvidas em algumas pessoas.

Os autores Cebolla e Demarzo (2016) fazem a seguinte observação:

> Embora *mindfulness* seja frequentemente confundida com meditação, essas práticas não são exatamente o mesmo. A meditação inclui um número enorme de práticas diferentes, mas nem todas têm como ob-

jetivo aumentar ou treinar a capacidade de *mindful-ness* ou atenção plena. Portanto, *mindfulness* não é o mesmo que meditação, ou seja, é possível meditar sem praticar *mindfulness* e é possível praticar *mind-fulness* sem fazer a meditação formal.

No entanto, você irá encontrar muitos livros que tratam o *mindfulness* como um tipo de meditação, mais especificamente como a meditação da atenção plena.

Neste capítulo, usarei o termo meditação para falar das práticas de atenção plena, que é nossa capacidade de trazer a atenção ao momento presente, sem julgamento e com abertura à experiência.

Os benefícios da meditação

Alguns dos benefícios proporcionados pela meditação se expressam na forma de bem-estar, tranquilidade, felicidade, melhoria da concentração, do foco e da memória.

Além disso, também aumentamos a conexão conosco, com nossos pensamentos e sentimentos e melhoramos a conexão com as outras pessoas.

E tem mais! Um dos maiores benefícios dessa prática, no meu ponto de vista, é a possibilidade de criarmos um espaço entre o que acontece e a forma como vamos agir. Ou seja, criamos um espaço para escolher como agiremos em vez de simplesmente reagirmos a uma situação.

Mindfulness

Para Vitor Friary (2018), *mindfulness* refere-se a:

> um estado de atenção às experiências que surgem de momento a momento, dentro e fora de você, não de qualquer maneira, e sim com uma gentileza especial e com uma intenção de compaixão e amizade.

À definição acima, podemos acrescentar que essa atenção plena significa estar verdadeiramente presente no momento, com uma postura mental de abertura, aceitação e ausência de julgamentos.

Além disso, Padraig O'Morain (2015), diz que "*mindfulness* tanto é prática quanto atitude".

Esse é o ponto que proporcionará a transformação em nossa família! E, sim, a meditação em família é uma prática possível e que trará mudanças positivas e benéficas nas atitudes, emoções, formas de pensar e até de amar.

A transformação proporcionada pela prática da atenção plena traz como principais ganhos uma maior abertura para a experiência vivenciada no momento presente, o não julgamento, a curiosidade e, consequentemente, a conexão entre os integrantes da nossa família e também com aqueles com quem estabelecemos convívio diário.

Posso garantir a você que praticar a meditação *mindfulness* mudou a minha vida como mãe e educadora. Vamos entender, então, como ela também poderá impactar a sua!

O que nos motiva a praticar

A primeira questão que devemos considerar pode ser expressa nestas reflexões iniciais:

• Qual é a nossa real motivação ao querermos introduzir a meditação em nossa vida, na vida das crianças e da família como um todo?

• Desejamos nos conhecer, encontrar estratégias para gerenciar nossas emoções, tranquilizar nossa mente e ter uma família mais harmoniosa?

• E em relação às crianças? Desejamos que elas aprendam a se concentrar e a ter foco nas atividades? Que sejam menos ansiosas e mais tranquilas? Que saibam encontrar meios para lidar com suas emoções?

As motivações podem apresentar inúmeras facetas, pois cada um de nós tem uma meta ou um resultado que deseja alcançar.

Susan Kaiser Greenland, no seu livro *Meditação em ação para crianças*, diz que:

> enfatizar um resultado pode comprometer a prática em si. Ao fazer uma avaliação realista do que você espera obter ao ensinar a prática da atenção plena a seus filhos e o motivo pelo qual deseja fazê-lo, permite equilibrar esses dois objetivos por vezes concorrentes.

Vale lembrar que nossas chances de progredir aumentam se não tivermos sempre a expectativa de chegar a algum lugar com a meditação. Quando simplesmente praticamos, a cada dia vemos um movimento diferente em nossa mente, que não é certo ou errado, bom ou ruim. São vivências e experiências únicas que devem ser contempladas com uma postura aberta, curiosa, de aceitação e sem julgamentos.

Preparação com simplicidade

- Como meditar?
- Como deve ser o ambiente e a nossa postura?
- Como fazer com que as crianças cessem suas atividades e permaneçam quietas e interessadas nisso por algum tempo?
- E se nem todos da família quiserem participar desse momento?

São muitas as perguntas para uma prática que tem a simplicidade como base.

Para o momento da meditação, podemos preparar o ambiente para que ele esteja mais propício à prática. Entretanto, não necessariamente precisamos ter um espaço em casa destinado à meditação.

Podemos meditar em cima de tapetes ou cobertores e usar almofadas, para que todos se sintam mais confortáveis e acolhidos. Os aparelhos eletrônicos devem estar desligados para que não atrapalhem o seu momento ou o da família.

Não há necessidade de penumbra, mas se você gostar de um ambiente menos estimulante, experimente diminuir a luz.

Podemos praticar sentados ou deitados. Se você preferir a postura sentada, experimente usar uma cadeira ou mesmo o sofá, procurando deixar o bumbum bem encaixado e as costas afastadas do encosto. Dessa forma, evita cair na tentação de relaxar demais.

As pernas e os pés devem permanecer paralelos, as mãos sobre as coxas ou joelhos e a coluna reta. Imagine que um fio puxa sua cabeça para cima, fazendo com que seu queixo fique um pouquinho elevado e voltado para frente.

Você também pode optar por se sentar no chão utilizando uma pequena almofada, colocada preferencialmente da metade do bumbum para trás, pois assim terá maior estabilidade corporal. No mercado, existem almofadas específicas para meditação e talvez seja interessante adquirir uma dessas se você for praticar com frequência.

Quando optar por se sentar no chão, as pernas podem estar cruzadas uma sobre a outra, ou simplesmente cruzadas como "pernas de índio", igual ensinamos às crianças. As posturas da coluna, das mãos e da cabeça são as mesmas descritas acima.

Um ponto importante sobre a estabilidade do corpo é que, quanto mais estável ele estiver, mais estável ficará nossa mente.

Se você optar por meditar deitada, fique de barriga para cima e mantenha as pernas, os pés e os braços um pouco distantes e paralelos ao corpo. As mãos devem, preferencialmente, estar com o dorso voltado para o solo. Como essa posição facilita o sono, pode ser mais interessante meditar sentada caso você esteja muito cansada.

Importante: nenhuma posição deve causar dor ou desconforto. Se isso acontecer, procure outra mais confortável.

Outro ponto que provoca dúvidas é: como vou ficar sem pensar?

Confesso que, quando fui aprender a meditar, fique aliviada em saber que não é preciso frear os pensamentos! A natureza da nossa mente é ser tagarela. Portanto, ela sempre estará em atividade.

Podemos compará-la a um macaco que fica incessantemente pulando de galho em galho. Assim como esse macaco não para, os pensamentos também não cessam.

Mas, como é possível meditar com uma mente tagarela? Aplicando a generosidade e compaixão para conosco. Você deve estar se perguntando mentalmente "como assim?". Sempre que percebermos que nosso foco (na respiração ou em outro elemento) se perdeu para acompanhar os pensamentos, nós voltaremos amorosamente ao que estávamos focando. Simples assim!

Como envolver as crianças

- Como fazer com que as crianças interrompam suas atividades para o momento da meditação?
- Será que elas vão se interessar e entender o que é para fazer?
- Qual a idade ideal para meditar?

Essas são algumas perguntas que costumamos nos fazer ao pensarmos em estender essa prática para nossa família.

Em primeiro lugar, precisamos considerar que somos modelos para nossos filhos. Por isso, é desejável que tenhamos comprometimento com a prática da meditação. Como poderemos querer que elas pratiquem, se nunca nos observaram meditando? Como poderemos instruí-las, se não temos o mínimo de experiência? Talvez seja interessante praticar por um tempo, antes de convidar os filhos a praticarem junto.

As crianças vivenciam uma curiosidade natural e costumam estar realmente "presentes no momento". Isso as leva a se envolverem facilmente nas atividades propostas, mas precisamos pensar em alguns pontos.

Além do ambiente preparado, o ideal é que as crianças não estejam cansadas ou com fome. Também devemos considerar se o horário escolhido não coincide, por exemplo, com o momento exato em que o desenho favorito delas passa na televisão.

As práticas com as crianças podem ser iniciadas desde muito cedo. Porém, sempre devemos levar em consideração o seguinte: quanto mais novas de idade, menor deve ser o tempo da atividade, podendo começar com apenas um ou dois minutos.

Não devemos ter a ilusão de que os pequeninos permanecerão longos minutos em silêncio como os adultos, principalmente quando são novinhos e iniciantes nesse tipo de atividade.

A duração da meditação naturalmente vai sendo ampliada conforme se habituem. Para não corrermos o risco de errar, podemos considerar esta fórmula simples: as práticas devem ser breves, simples, lúdicas e divertidas.

A meditação nunca deve ser forçada ou utilizada como uma forma de disciplinar uma criança. Àquela que for convidada, mas não quiser participar, podemos dar a opção de ler um livrinho de estórias ou pintar um desenho, sem que atrapalhe as outras pessoas que estão meditando.

É recomendável que estabeleçamos um dia e horário para que todos possam se organizar para esse momento. Se na sua família houver interesse para que os encontros sejam diários, aproveite essa oportunidade!

E nunca nos esqueçamos: a meditação deve ser um momento prazeroso, de tranquilidade e de conexão com a família.

A atenção plena como atitude de conexão

Foi com a atenção plena como atitude que consegui alcançar uma maior conexão com minha família e, especialmente, com meus filhos.

A partir do momento em que aprendemos a estar presentes, com uma postura mental de aceitação, curiosidade e ausência de julgamentos, transpomos essas habilidades para as mais variadas situações do dia a dia.

Se essas habilidades forem aplicadas dentro de casa, o relacionamento familiar pode se transformar em algo muito bom!

Quantas vezes nos pegamos respondendo de qualquer maneira às indagações dos filhos, porque estamos ligados em outras atividades? É lógico que há momentos nos quais precisamos estar 100% envolvidos em uma tarefa, mas nem sempre essa é a realidade.

Será que a louça para lavar não pode esperar nosso filho contar como foi o dia dele na escola? Será que as infinitas notificações do celular precisam ser imediatamente checadas enquanto nossa filha vem nos mostrar o desenho que ela fez?

Pode acontecer de virem nos mostrar algum vídeo que realmente não nos interesse. Mas, o que é mais importante: o conteúdo daquelas imagens ou o prazer de participar daquele momento, gostando de estar junto de nossos filhos?

Pois as habilidades trazidas pelas práticas de atenção plena nos proporcionam a possibilidade de nos conectarmos com esses seres que tanto amamos, com a família que formamos, com uma presença realmente interessada e, muitas vezes, livre da necessidade de julgar e colocar nossos interesses e necessidades acima dos deles.

Permita-se estar realmente presente em sua vida e com sua família. Isso é transformador!

Vamos praticar com a família?

As sugestões de atividades contemplam tanto as práticas com caráter mais formal, como também aquelas que permitem a exploração do momento presente de diferentes maneiras.

Levando em consideração nossa fórmula de práticas breves, simples, lúdicas e divertidas, passemos às atividades.

Contando as respirações

Essa prática de atenção plena pode ser aplicada em todas as idades, com duração inicial de apenas um ou dois minutos. Conforme a concentração e o foco forem aumentando, esse tempo poderá ser estendido.

Peça para que todos se sentem, sintam-se relaxados e respirem normal e silenciosamente. Para os adolescentes e adultos, orientamos que a cada inspiração ou expiração eles contem mentalmente um, dois, três... até dez, e voltem ao início. Se o foco na contagem for perdido, podem voltar amorosamente ao número um e recomeçar a contagem.

Para crianças menores, podemos ajudá-las ditando a contagem ou orientá-las para que contem nos dedos das mãos.

Meditação da estrela

Uma atividade bem lúdica é pedir para que as crianças fiquem deitadas e imaginem uma estrelinha da cor que elas queiram. Agora vá conduzindo essa estrela por diferentes partes do corpo, começando pela testa e indo até os pés. A cada ponto que a estrelinha tocar, a criança deverá sentir a região relaxada e molinha.

Para adolescentes e adultos, podemos nomear cada parte do corpo e pedir que percebam as sensações nas partes que estão sendo nomeadas.

Essa atividade pode servir como um relaxamento para uma noite tranquila.

Bondade amorosa

Peça para que todos pensem em alguém de quem gostem bastante, imaginando que essa pessoa está feliz, sorrindo e tranquila. Agora, todos nós vamos desejar o seguinte para ela:

Que .... (nome da pessoa) seja feliz,

Que......... (nome da pessoa) tenha saúde,

Que......... (nome da pessoa) esteja em paz.

Sinta-se livre para incluir seus melhores desejos nessa atividade! Para crianças menores, por exemplo, é possível incluir o bichinho de estimação, o melhor amigo da escola e a própria criança.

Para adolescentes e adultos, podemos incluir toda humanidade e as pessoas com as quais temos dificuldades de relacionamento. Isso é importante para que essas relações sejam pacificadas, e consigamos interagir de forma mais tranquila e amorosa com as mesmas.

Ao final da experiência, aproveite para perguntar como as crianças se sentiram enviando bons sentimentos e desejos. Alguns chegam a falar que sentiram o coração "quentinho".

Na natureza

Aproveite as situações de passeio em locais abertos e convide as crianças para que sintam o perfume das flores, o canto dos pássaros, a movimentação das nuvens e tudo mais que favorecer a experimentação do momento presente.

Brinque de detetive, sugerindo a elas que observem as semelhanças e diferenças entre folhas, flores e pedras.

Também podemos aproveitar esses momentos para que elas percebam quais sons estão ouvindo ou mesmo como é gostoso escutar o silêncio. Essas vivências podem ser realizadas com você caminhando com seu filho ou mesmo com vocês sentados ou deitados na grama.

Palavras finais de uma praticante realizada

Desejo de coração que possamos, por meio da meditação, experienciar e saborear as delícias que a conexão com nossas famílias é capaz de nos proporcionar. Esse é um hábito que pode fazer parte da sua vida e da vida de seus filhos. Que você e sua família sejam muito felizes!

Referências

CEBOLLA I MARTI, Ausiàs, GARCÍA-CAMPAYO, Javier, DEMARZO. Marcelo (org.). *Mindfulness e ciência: da tradição à modernidade*. São Paulo: Palas Athena Editora, 2016.

FRIARY, Vitor. *Mindfulness para crianças*. Novo Hamburgo, Rio Grande do Sul: Sinopys Editora, 2018.

GREENLAND, Susan Kaiser. *Meditação em ação para crianças*. Teresópolis, RJ: Lúcida Letra, 2016.

GREENLAND, Susan Kaiser; HARRIS, Annaka. *Mindful games: activity cards*. Boulder, Colorado: Shambhala, 2017.

O'MORAIN, Padraig. *Atenção plena: mindfulness*. São Paulo: Fundamento Educacional, 2015.

15

Era uma vez... O poder de contar histórias em família

Contar histórias é um hábito tão antigo quanto a história da humanidade. Resgatar ou construir esse hábito em casa pode transformar a relação familiar, com benefícios às crianças e também aos pais. Eu acredito no poder das histórias de criar memórias de momentos felizes para sempre! Dedico este capítulo à Giovanna, princesa-heroína que me inspira a escrever os melhores capítulos da minha história!

Flávia Gama

Flávia Gama

Mãe da Giovanna, palestrante, *storyteller*, é a *coach* das histórias. Criadora do programa *online No Curso das Histórias*. Contadora de histórias. *Parent Coach* com certificação pela The Parent Coaching Academy (UK) e pelo Laboratório de Talentos. *Professional Coach Practitioner e Advanced Coach Practitioner* certificada pela Abracoaching. *KidCoach* certificada pela Rio Coaching. Graduada em Comunicação Social com habilitação em Relações Públicas, possui mais de dez anos de vivências em palestras e apresentações, incluindo grandes eventos ao vivo: Transformo Gerações (junho de 2017 e abril de 2018) e Canção Nova (Maio de 2018). Autora dos livros eletrônicos *O poder das histórias - 10 verdades e 1 mentira sobre a arte de contar histórias, A lista das histórias certas* e *5 dinâmicas para iniciar apresentações*. Flávia é uma pesquisadora apaixonada pelo universo do *Storytelling*. Sua missão é encantar e inspirar as pessoas a evoluírem, vivendo suas melhores histórias. Utiliza *Storytelling* e *Coaching* como ferramentas poderosas para construir relacionamentos mais amorosos, saudáveis e felizes.

Contatos
www.flaviagama.com.br
flavia@flaviagama.com.br
Facebook: flavinha.gama
Instagram: flavinha.gama
YouTube: Flavinha Gama

Era uma vez…

Quem resiste a essas palavras mágicas, que abrem as portas do fantástico mundo da imaginação? Para compreendermos o poder das histórias, faço este convite a você, que atingiu a vida adulta e hoje é mãe ou pai, para acessar suas memórias e responder a si mesmo:

- Quando era criança, costumava ouvir histórias?
- Qual foi a primeira que ouviu, consegue se lembrar?
- O que você sentia quando ouvia histórias?
- Qual a principal sensação de pensar nisso agora?
- E quem contava histórias a você?

O vínculo que criamos com quem nos contava histórias é muito mais forte e significativo do que simples admiração. Se você investigar a fundo os sentimentos envolvidos nesses momentos tão simples, perceberá algo muito importante sobre o que era compartilhado ali.

153

Carinho, presença, entrega, valores, verdade, apoio, troca, olho no olho, sorrisos, curiosidade, cumplicidade, amor! Já parou para pensar que tudo isso é exatamente o que, hoje, sentimos falta no mundo e que queremos proporcionar aos nossos filhos?

Apesar de o senso comum associar as histórias a uma atividade somente feita por adultos com crianças pequenas (e, infelizmente, a mídia reforça essa crença), vale ressaltar que seus poderes vão muito além do encantamento e da diversão. E mais: são importantes em todas as idades, garantindo momentos de prazer e conexão a filhos, pais e avós.

Seu papel é fundamental nos processos de aprendizagem, desenvolvimento da linguagem e amadurecimento emocional das crianças. É dentro do vasto universo da fantasia que elas têm maior liberdade de acessar o que conhecem e entendem, começam a identificar seus medos e dificuldades, as qualidades e características que precisarão desenvolver para vencer as próprias limitações.

Há histórias que se revelam ferramentas de auxílio na aprendizagem de conteúdos e de valores. Tanto crianças quanto adultos podem se projetar nas situações vivenciadas pelos personagens (como as angústias e superações, ou mesmo a derrota e as suas consequências) e fazerem suas próprias associações e reflexões. Ao experimentarem tais vivências, exercitam escolher quais modelos e alternativas podem ter utilidade na própria vida.

O mundo da fantasia tão presente nos enredos promove a compreensão de si mesmo e do próprio mundo, permitindo que cada pessoa experimente as emoções de forma segura (através do outro) e ainda exercite a empatia ao escolher se identificar com aqueles que mais representam o cenário de sua vida.

Por isso, as histórias também têm função terapêutica. Cada um que se conecta com a história processa dentro de si a compreensão, conforme a sua necessidade naquele momento da vida. Por intermédio delas e dos aprendizados de seus personagens é possível para a criança (e também o adulto) experimentar sentimentos e vivências, e assim resolver seus conflitos de forma leve e lúdica.

O fantástico mundo da imaginação

O que você vai ser quando crescer? Essa pergunta foi feita a crianças de 6 anos em uma escola. Ninguém escolheu ser uma fada, um rei, uma princesa ou um cavaleiro do Rei Arthur. Toda a turma escolheu profissões de "verdade", como médico, engenheiro, advogado. Porém, não sabia explicar o porquê.

E isso é preocupante!

Se não for permitido à criança viver a fantasia no tempo necessário e sem censuras, pode ser que ela cresça fechada em seus conflitos. Ou talvez busque uma forma de compensar isso no futuro, tentando acessar o mundo da magia por meio de drogas, gurus, seitas ou alguma tecnologia que proporcione fantasiar.

A criança precisa desenvolver primeiro a capacidade de pensar de forma abstrata, de fazer suposições e de construir as situações em seu pensamento, para então sentir e entender tudo ao redor de forma realista. Dependendo da idade e do processo de maturidade em que se encontra, ela ainda não consegue distinguir o mundo real do mundo da fantasia. Inclusive, há uma explicação fisiológica para esse fato.

Quando nascemos, nosso cérebro não está totalmente formado. A capacidade cognitiva é limitada a emoções básicas. Nossas reações estão associadas ao atendimento de nossas funções biológicas:

comer, dormir, descansar e tudo mais que está relacionado à nossa sobrevivência. Nosso sistema racional, que é mais elaborado, não está pronto no nosso nascimento. Ele vai se desenvolvendo em nosso cérebro e se formando ao longo da vida, à medida que crescemos e experimentamos o mundo, vivenciando situações.

Aliado a esse fator biológico, vale saber que o pensamento da criança é animista. Ou seja, para ela é perfeitamente normal e possível que todos os seus brinquedos, as plantas e os animais, as pedras e demais objetos "falem" e tenham "sentimentos" como ela. Aos poucos, ela vai construindo o pensamento abstrato e desenvolvendo a capacidade de entender situações vividas por outros; e começa a separar o que é realidade do que é fantasia.

Por tudo isso é mais fácil para uma criança entender através do que ela sente, experimenta, vivencia. Ela se conecta com o que faz parte do seu universo infantil, da sua capacidade de compreensão, dentro da própria realidade – e não a dos adultos que a cercam, como seus pais e professores.

Um conto de fadas, por exemplo, pode ser algo ilógico, trazer situações impossíveis e absurdas, para um adulto. Mas, para a criança é perfeitamente aceitável. Ela é capaz de se identificar com as situações e personagens, assim como confia no que eles dizem e no que ela experimenta através deles, pois aquilo tudo faz parte do seu universo.

Não é adequado privar a criança dessa possibilidade de encontrar alívio e identificação com o que ela vive em cada fase, forçando-a ao pensamento realista e racional. Se insistirmos em explicações lógicas que estão acima da sua capacidade de compreensão, podemos gerar nela uma sensação de frustração e de incapacidade intelectual.

Muito melhor é ajudá-la a construir suas próprias respostas e seu entendimento a partir do que ela é capaz de reconhecer e sentir. Que essa criança possa explorar sua imaginação e criatividade, sua expressividade sem censuras racionais, para que não tenha travas e impedimentos na sua capacidade cognitiva.

Dar essa liberdade de fantasiar livremente na infância é uma forma de ajudá-la a desenvolver de maneira saudável e segura o seu interior, a sua essência. E quanto mais segura, menos egoísta e mais empática ela será, conseguindo sem grandes dificuldades se colocar no lugar do outro.

Quando uma criança tem a permissão dos pais para adentrar no mundo da fantasia – melhor ainda: sendo guiada pelas pessoas que ela conhece, com os adultos entrando junto neste mundo em que ela se identifica – ela aprimora a sua confiança enquanto mergulha na história contada, tirando dessa experiência algum caminho para desvendar os mistérios e botar ordem nas confusões que vivencia em seu interior.

Por meio das aventuras e desventuras dos personagens, a criança vai aos poucos encontrando as soluções para seus dilemas existenciais, entendendo as contradições da vida. Além disso, encontra conforto ao perceber que, assim como o personagem da história, ela também será capaz de se compreender e viver feliz para sempre.

Benefícios para mães e pais contadores de histórias

Contar histórias é uma forma descomplicada e eficaz de ensinar pelo exemplo. E isso é um alívio para os pais! Eles nem sempre terão a oportunidade de vivenciarem junto com o filho todas as situações cabíveis de exemplo, para que ensinem valores e proporcionem amadurecimento.

A propósito, mães e pais são, sem sombra de dúvida, os melhores contadores de histórias para os filhos. O canal de confiança estabelecido pela própria relação materna/paterna já propicia, naturalmente, captar a atenção das crianças para a atividade.

Há, então, um fortalecimento do vínculo afetivo e o cultivo de momentos de presença e prazer em família.

Entretanto, entrar no mundo da fantasia pode ser, para alguns adultos, algo extremamente desconfortável e desconcertante. Os motivos são inúmeros. Muitos pais não tiveram referências dessa atividade quando crianças. Outros foram tolhidos na fase imaginativa e ensinados a ver a fantasia como algo depreciativo e inútil, associando as experiências lúdicas a imaturidade e perda de tempo.

Alguns acreditam que precisam preparar os filhos para a "dura realidade da vida". Dessa forma, optam por uma educação realista e isenta de fantasias, por não compreenderem a importância delas na construção do desenvolvimento emocional e afetivo.

Além disso, os padrões da nossa sociedade mudaram – e a configuração das famílias também, com mulheres e homens sendo pais cada vez mais maduros, dedicando-se avidamente aos estudos e à carreira. Eles assumem um perfil de comportamento condizente com essa necessidade: mais formal, concentrado, produtivo (sendo que, muitas vezes, produtividade é sinônimo de usar o tempo em coisas "úteis" e realistas, que dão resultados rápidos e evidentes).

Com isso, há um distanciamento por parte dos pais daquela criança que um dia foram e que ainda vive dentro deles; fora a grande dificuldade de acessar esse universo infantil.

Quando os adultos se permitem revisitar a sua criança interior por meio da maternidade/paternidade, têm a chance de compreender (e até mesmo ressignificar) dores e traumas do passado. E, não me canso de dizer, as histórias tornam-se poderosa ferramenta para o resgate, a conexão e a cura da criança interior, proporcionando presença e momentos da mais genuína felicidade.

Outro grande benefício para os pais é desenvolver na família o hábito de ouvir de forma consciente. Explico: quando a criança recebe a voz dos pais de forma positiva e prazerosa no momento de ouvir a história, consegue decifrar os códigos da linguagem e associá-los ao que ela sente, acaba se dispondo também a receber os pedidos dos pais em outras situações.

Até mesmo a fala dos pais recebe a influência positiva do ato de contar as histórias. A comunicação passa a ser mais assertiva, clara, entusiasmada e carinhosa. Forma-se o hábito de falar com os filhos em situações mais leves, e não somente com o peso de orientar e corrigir.

Eles podem, inclusive, utilizar falas e exemplos das histórias que já contaram para explicar algo importante (por exemplo, a necessidade de perdoar, de respeitar os mais velhos, de não mentir, ou não deixar arrumar o próprio quarto). Serão mais facilmente compreendidos e precisarão repetir menos os pedidos, reduzindo o *stress*, o nervosismo e o desgaste de toda a família.

E mais: a atividade de contar histórias pode ser uma aliada na batalha contra o excesso do uso das tecnologias, por parte dos filhos e também dos pais. Por mais atrativas que sejam as telinhas, que roubam nossa atenção e das crianças em grande parte do nosso dia, o contato humano (através da sonoridade da voz, do sorriso e do olhar) proporciona uma experiência intensa nos relacionamentos. E tanto pais quanto filhos experimentam a presença plena e real, a profundidade do contato humano.

Quando, como e quais histórias contar

Contar histórias é uma prática tão inclusiva e democrática, que não há contraindicações nem restrições de idade: de bebês ainda no ventre a vovôs, toda a família pode se beneficiar.

No passado, era comum e mais fácil conseguir reunir a família na sala ou mesmo em volta da fogueira, para ouvir as histórias da vovó. Não havia tantos estímulos e nem competição com os aparelhos eletrônicos. Hoje, por inúmeros motivos, é crescente a quantidade de pais com dificuldade de achar o momento e a forma adequada para esta prática. A fim de facilitar e incentivar a contação de histórias em família, preparei estas dicas:

• **Criando um hábito:** para potencializar os efeitos e benefícios das histórias, é importante que seja uma prática presente na rotina da família. Escolham em conjunto os dias e horários de contar histórias e procurem cumprir – dessa forma criarão um hábito e perceberão os resultados desta prática. Que seja um momento de total presença e dedicação de todos! É recomendável desligar celular, TV, rádio e tudo mais que possa competir com esse momento precioso entre vocês.

• **Preparação lúdica:** escolha o local especial da casa para ser o lugar de contar as histórias. No quarto? Na sala? Ou no quintal? Que tal utilizar alguns elementos que remetam ao lúdico? Chapéus, tecidos coloridos, um boneco ou pelúcia que tenha um significado especial para a família; ou ainda porta-retratos com fotos de avós que contavam ótimas histórias para os pais, para criar um clima especial para este momento.

• **É preferível contar a ler um livro:** a opção de contar a história permite olhar nos olhos, gesticular exageradamente, fazer caras e bocas, brincar com a voz, usar onomatopeias (imitar o som dos animais), prender a atenção de todos, promover diversão e aumentar o vínculo do momento. Porém, é melhor ler do que deixar de contar. Portanto, se você não estiver se sentindo à vontade para contar a história sem o uso do livro, comece lendo até se sentir confortável para contar sem o livro.

• **Figuras e imagens:** dê preferência a livros sem elas, ou deixe para mostrá-las no final. Assim, você permite que a criança crie as próprias imagens e estimule a criatividade, use e desenvolva novas áreas do cérebro. Outra boa alternativa é optar por livros que contenham apenas figuras, estimulando que a criança crie a história e conte para você, ou podem fazer isso junto. Melhor ainda é escrever essa nova história para recontarem depois!

• **De volta às origens:** embora este capítulo tenha frisado bastante sobre a importância da fantasia, as histórias reais vividas pelos pais e sobre a origem da família, incluindo as dificuldades e superações, as conquistas e situações engraçadas, também devem fazer parte do repertório. Todas as famílias têm histórias a partilhar, que se tornam as preferidas sempre. Por exemplo, sobre como os pais se conheceram, a infância deles, o nascimento dos filhos, a escolha dos nomes e as expectativas e emoções dos familiares. É muito importante que a criança conheça suas origens e se envolva com elas, para antes de tudo respeitar sua própria história.

• **Contos tradicionais:** se a ideia é estimular a criatividade e a imaginação, você pode deixar que a criança escolha a história da vez e também inverter os papéis, pedindo que ela conte. Os contos de fadas tradicionais são muito importantes, pois os seus símbolos auxiliam a criança a acessar seu mundo interno, identificando suas próprias questões e compreendendo melhor o que ela vivencia. Por isso, não recomendo censurar nenhuma história, seja de princesas, seja de ogros valentões.

Caso tenha dificuldade de selecionar as histórias, eu convido você a acessar meu livro eletrônico *A lista das histórias certas*, para auxiliar na escolha ideal.

• **Quando repetir é preciso:** a criança é o melhor indicador de que a história está adequada a ela. Portanto, observe seus sinais de (des)interesse; e sempre que possível atenda ao pedido de repetir. Isso demonstra que a história se conectou com algo na criança que precisa ser compreendido e melhor processado. Se não puder fazer isso novamente naquele momento, combine quando o fará e cumpra.

• **Vamos "viajar":** mães e pais precisam se entregar à experiência também e vivenciá-la junto com os filhos. Para isso, devem se lembrar dos benefícios que esta atividade vai proporcionar a toda a família. E usar este momento precioso para se divertirem. Permitam-se acessar e libertar a sua criança interior para desfrutar dessa "viagem".

Por fim, pense que este momento de contar histórias é uma espécie de férias em família: todos podem viajar e experimentar deliciosas aventuras sem sair de casa.

Que vocês usufruam de lindas histórias juntos e se permitam viver felizes para sempre!

Referências

BETTELHEIM, Bruno. *A psicanálise dos contos de fadas.* Rio de Janeiro: Editora Paz & Terra, 2017.

BRENMAN, Ilan. *Através da vidraça da escola – formando novos leitores.* Belo Horizonte: Editora Aletria, 2012.

MEDEIROS, Adriana; e BRANCO, Sonia. *Contos de fada – vivências e técnicas em arteterapia.* Rio de Janeiro: Editora Wak, 2012.

MELLON, Nancy. *A arte de contar histórias.* Rio de Janeiro: Editora Rocco, 2006.

SISTO, Celso. *Textos & pretextos sobre a arte de contar histórias.* Belo Horizonte: Editora Aletria, 2012.

SUNDERLAND, Margot. *O valor terapêutico de contar histórias: para crianças, pelas crianças.* São Paulo: Editora Cultrix, 2005.

16

Ancoragem para o coração do meu filho

Muitas mães e pais desejam intensamente poder segurar a mão de seus filhos e guiá-los no caminho que serão felizes, realizados, plenos... Garantir isso é possível? Bem, devido aos desafios que encontramos enquanto pais, se faz necessário conhecermos técnicas e estratégias eficazes e é isso que venho compartilhar com você! Vamos lá!

Graci Queiroz

Graci Queiroz

Mãe, Professora, *Coach* de Pais, Crianças e Professores, Educadora Emocional, *Coach* Escolar. Especialista em Educação e Palestrante. Atuante na Educação em ONGs e instituições como voluntária desde 2001. Graduação em Pedagogia pela UNOPAR. Pós-graduação em Alfabetização e Letramento pela Faculdade Europeia de Vitória - ES. Pós-graduação em Educação: Currículo e Ensino pela Instituição Federal do Espírito Santo. Certificação Empretec pelo SEBRAE. Certificação em Dinâmica da Educação Infantil pelo Instituto de Desenvolvimento de Educação e Arte (IDEA). Formação em *Kids Coaching* pela Rio Coaching Course. Certificação Internacional em *Parent Coaching* pela Parent Coaching Academy (UK). Certificação em Curso Terapia ABA pelo Centro de Pesquisas e Estudos Psicopedagógicos. Formações continuadas em: Fundamentos da Educação Especial, Didáticas e Técnicas de Ensino, Informática na Educação, Educação a Distância, Ensino de Artes, Comunicação Assertiva e Educação. Certificação em *Kid Coaching Escolar* pela Inspira Coaching Treinamento e Desenvolvimento Humano.

Contatos
www.graciqueiroz.com
treinamentoludico@gmail.com
Facebook: graciana.queiroz / coachingparaafamilia
Instagram: coachgraci.queiroz
(28) 99298-0744

Um sentimento muito comum entre mães e pais é garantir que seu filho será exatamente aquilo que eles se esforçaram para torná-lo. Você também pensa assim? Aí você dedica tempo, recursos, investe de todas as formas para que seu filho se torne um jovem centrado e, consequentemente, um adulto bem-sucedido, feliz...

É louvável ver pais tão comprometidos com o futuro de seus filhos! Mas então, você tem total garantia de como será seu filho na juventude e vida adulta?

É certo que nós, pais, não temos o total controle sobre o futuro de nossos filhos. Porém, podemos, sim, impactar profundamente seu desenvolvimento. A partir de agora, nós vamos buscar meios para você identificar como vem realizando esses esforços, fazendo uma análise sincera sobre o educador que você tem sido na vida do seu filho. Ok?

Sabemos que a pessoa se forma e reforma pelas vivências que tem. Então, reflita por um tempo e escreva sua resposta em um caderno:

• Quais momentos você teve com seu filho ontem ou hoje de que se lembre? (Cite pelo menos três).

• Esses momentos vivenciados provocaram quais sentimentos e pensamentos nele?

• O que espera que seja formado em seu interior com essas vivências que você ofereceu?

Sobre as vivências que oferecemos a nossos filhos, me lembro que quando o Moisés nasceu, meu primogênito, eu recebi a visita do capelão do hospital, Rev. Caruso Godinho, que trouxe esta mensagem da Bíblia: "Os filhos são como flechas nas mãos do arqueiro" (Salmos 127:4).

Fiquei pensando sobre aquilo por algum tempo. Como eu poderia desejar lançar meu filho para longe de mim? Pensei: "Quero-o exatamente aqui!".

Nos primeiros anos de sua vida, ele percebia bem isso e certamente correspondia às minhas expectativas, pois eu oferecia vivência que transmitiam a mensagem de que ele deveria ser meu, total dependente meu, pois eu o amava de tal modo que jamais desejaria perdê-lo. Minhas ações construíam pensamentos que resultavam num comportamento inadequado, trazendo complicações em ambientes coletivos e até causando constrangimentos.

Somente alguns anos atrás, eu fui compreendendo que posso – e devo – "lançar" meus filhos sem que eu os perca. E assim poderia permitir a eles, e a mim, seguir o curso de vida de cada um. A estratégia usada foi e é a ancoragem para seus corações.

A ancoragem é uma ferramenta usada no *coaching*, ela funciona como uma âncora para o barco ou navio: mantê-lo seguro, fixado em um ponto. A ancoragem para o coração deverá manter seguro o coração dos nossos filhos, apesar das intensas investidas desse mundo em criar e recriar conceitos e filosofias das mais perversas.

Sendo assim, a ancoragem fixará um ponto de apoio para o descanso permanente, que os manterá longes de tormentas e próximo daquilo que gastamos tanto tempo para ensiná-los.

Longe dos olhos e perto do coração

Sabemos que nem sempre será possível ter os filhos fisicamente por perto. Então, precisamos manter seus corações próximos de tudo o que acreditamos, da essência e dos valores que firmamos neles enquanto se desenvolviam ao nosso lado.

Eu consigo perceber claramente esse processo, pois minha mãe faleceu há alguns anos, e eu sinceramente não imaginava que era possível viver sem a presença dela. Essa perda parecia ser tão dolorosa e inimaginável! Porém, resolvo encarar não como uma perda, mas um afastamento físico, na verdade é como se apenas eu não a pudesse ver.

A ancoragem que minha mãe firmou em mim e minhas irmãs prevaleceu de modo que eu sabia exatamente (e ainda sei) o que ela me diria nas situações que preciso de aconselhamento. E, às vezes, não exatamente as palavras, mas o sentimento que move minhas motivações é influenciado pelo sentimento das instruções e valores que ela trabalhou em mim.

Essa ancoragem realizada por minha mãe me mantém firme e me faz caminhar seguramente, apesar de, às vezes, levar uns tombos. Essa ancoragem foi feita lá no fundo, na minha alma, e enraizou todo o meu ser.

Enquanto seu filho está ao seu lado, esse é o tempo para a ancoragem do seu coração. E estou aqui para ajudar você nesse processo. Conte comigo!

A ancoragem e os valores

Você não conseguirá guiar as escolhas de seu filho, mas os princípios e as verdades que você firmar nele servirão como bússola para o seu caminhar. Seu filho precisa assimilar bem esses princípios e valores. Porém, para cada criança há um processo mental de assimilação das experiências vividas. Sendo assim, não haverá um padrão preestabelecido para garantir a assimilação; e é por isso que você deverá proporcionar diferentes vivências que permitirão que em algum momento aconteça a assimilação pretendida.

Atenção! Se você desconhece os valores que guiam a sua vida, ficará mais difícil desenvolver essa técnica de ancoragem. Pois a ancoragem firma-se em valores conscientes para, a partir daí, elaborar essas vivências. Então, busque firmemente as verdades que orientam sua vida para então elaborar suas estratégias de ancoragem.

Como nossa proposta é garantir que nossos filhos aprendam nossos princípios e valores, de modo a ficarem ancorados em seus corações, não vamos medir esforços! Afinal, ou será a influência do mundo ou seremos nós, pais, que faremos a diferença na vida deles.

Para garantir a eficácia da aprendizagem pretendida, a ancoragem deve apoiar-se nas emoções de nossos filhos. E eu não estou falando de chantagem emocional, como muitos pais insistem em fazer por verem resultados rápidos, mas que com o tempo ficará banal. Estou falando de acionar nele a emoção certa e do modo certo.

Se, quando vocês estão em família, as sensações que seu filho tem são positivas, agradáveis, é bem provável que ele cresça com o valor de família, pois registrou que isso o faz bem, traz prazer. Por outro lado, uma criança em um ambiente hostil, de constante conflito familiar, interiorizará esses sentimentos em sua memória, o que a impedirá de construir, de modo saudável e natural, o valor família.

Além de trabalhar como *coach*, também sou professora, e minha experiência em sala de aula me faz compreender que as crianças cujas famílias validam os estudos com participação ativa e incentivos possuem índices mais elevados de aprendizagem. Mesmo as que apresentam alguma dificuldade, conseguem superá-la e obter bom êxito, diferentemente das que não vivenciam este estímulo familiar.

Isso ocorre porque, incontestavelmente, as crianças estão todo o tempo buscando acionar boas emoções em si mesmas por meio das relações estabelecidas com o vínculo familiar. Sendo assim, precisam encontrar associação entre o afeto familiar ao bom êxito escolar, dando um sentido maior ao estudo. Ou seja, elas sentem prazer em estar ladeadas por familiares que acompanham seu rendimento escolar, auxiliam em suas dificuldades, dialogam sobre sua vida estudantil, incentivam seu progresso e validam seus estudos.

Ressalto que as emoções desencadeadas são o ponto-chave dessas vivências, então, se houver uma assimilação negativa, provocadas por excessivas cobranças e crítica destrutiva acontecerá o oposto, causando aversão ou desânimo pelo estudo. Por outro lado, premiar e dar grande ênfase por terem realizado sua tarefa é desnecessário e maléfico, uma vez que o cumprimento daquilo que é devido pode passar a ter outros significados. Seu filho necessita apenas da sinceridade de sua alegria (sem exageros) por estar seguindo no caminho correto, por fazer as escolhas corretas, e isso deve ser encarado com naturalidade, ainda que você esteja explodindo de orgulho.

Aproveite as oportunidades

Moro próximo à área central da minha cidade, e aqui por perto vivem pessoas com uma realidade muito triste, e outro dia eu estava um tanto incomodada com minha falta de atitude para minimizar o sofrimento dos moradores de rua. Então, ao voltar da escola com minha filha Letícia, a caçula, já era quase noite, avistei um morador de rua e fiz com que ela também percebesse a necessidade daquele ser humano. Eu disse:

— Veja aquele homem no chão Letícia! Está tão frio! Será que ele já comeu hoje?

Letícia teve a curiosidade aguçada, e sugeri irmos perguntar se ele havia se alimentado. Ela concordou, animada. Próximo ao senhor, eu perguntei e recebi como resposta um "não". Então, me comprometi a ir buscar algo. Letícia acompanhou tudo e quis me ajudar a preparar uma quentinha. Quando eu me preparava para ir entregar estava escuro e caía uma chuva forte. Pedi que ela ficasse, mas insistiu que queria muito ir. Ainda bem, pois foi uma ótima oportunidade para ensinar este valor: o de servir ao próximo.

Entregamos, fiz uma oração e voltamos para casa. No dia seguinte, adivinhe... Letícia, empolgada, me perguntou:

— Mãe, tem outra pessoa para darmos comida hoje?

Certamente, a emoção acionada nela foi muito positiva e impactante, de modo que desejava isso novamente. Portanto, para reforçar esse valor, eu devo planejar outras vivências que possibilitem o ato de servir e estar atenta a situações não planejadas nas quais eu possa aproveitar para trazer a reflexão e acionar a emoção sobre como cuidar do próximo é prazeroso.

A escolha dos valores

Que tipo de filho ou filha você quer formar?

Essa pergunta faz toda a diferença, pois será a partir de sua resposta que você escolherá os valores a serem trabalhados. Nos dicionários e sites de significados, encontramos a definição de valores como o conjunto de características de uma determinada pessoa ou organização, que determinam a forma como a pessoa ou organização se comportam e interagem com outros indivíduos e com o meio ambiente.

O autoconhecimento é a base para você identificar seus valores, editá-los e reeditá-los sempre que julgar necessário. Ter essa clareza é extremamente importante, pois são eles que governam as nossas decisões. Sendo assim, não é possível desenvolver um valor em seu filho se você não o tem em si mesmo ou não trabalhar isso em você primeiro.

Atividade: reflita e escreva sua resposta sinceramente

- O que faz você se sentir bem, seguro, encorajado e ter orgulho de si mesmo?
- O que as pessoas dizem sobre a percepção que têm de você? (Coisas positivas e negativas).
- Quais aspectos você reconhece que são qualidades e habilidades muito boas em você?
- Quais aspectos reconhece que são pontos a melhorar em si?

Leia essa listagem de valores a seguir e destaque com lápis de cor os que são visíveis em você, que fazem sentido e estejam em congruência com a maneira como está vivendo. Atenção, não são os que gostaria de ter, mas os que de fato você tem hoje. Os que definem quem você é hoje.

Se, por acaso, você perceber que falta algum valor que considera importante, além dos mencionados na tabela, fique à vontade para completar.

Abundância	Eficiência	Influência	Rapidez
Aceitação	Fama	Justiça	Realismo
Atividade	Família	Juventude	Sacrifício
Beleza	Fé	Lealdade	Saúde
Bem-estar	Felicidade	Liderança	Satisfação
Caridade	Generosidade	Otimismo	Trabalho
Comodidade	Gratidão	Orgulho	Trabalho em time
Dependência	Habilidade	Originalidade	Tranquilidade
Desafio	Heroísmo	Passividade	Valentia
Descumprimento	Humor	Perfeição	Verdade
Educação	Independência	Perseverança	Vida
Efetividade	Individualidade	Racionalidade	

Diante do resultado dos valores que identifica estarem em si, como você se sente? Expresse-se escrevendo sua autoanálise.

É certo que os valores destacados estão exercendo grande influência sobre a vida de seus filhos:

• Você já consegue perceber isso?

• Quais desses valores são percebidos? Cite dois ou três momentos.

Você está formando ancoragem no coração de seu filho, e isso é evidenciado no que ele faz, sente e diz.

Olhando positivamente para esse fato, se você escolhe fazer uma ancoragem de modo consciente e estrategicamente planejado, precisa tornar-se modelo daquilo que quer ver em seu filho. Então, escreva seus passos numa rotina semanal que propicie a vivência e a emoção esperada nele. Avalie se a emoção resposta foi a pretendida e dialogue sobre a situação em questão. Você pode registrar essa assimilação fazendo com ele um desenho ou escrevendo algumas palavras em um diário de pais e filhos que vocês podem criar juntos.

Vejamos seis passos da ancoragem nesta situação fictícia

1. João é pai de Lucas e um de seus valores é o trabalho (que seja equilibrado).

2. Lucas tem 6 anos de idade e vê pouco o pai, que está sempre trabalhando e só retorna para casa quando o pequeno já está dormindo.

3. João deixa recadinhos de afeto em uma caixa de brinquedos de Lucas. E todas as manhãs, depois que o filho acorda e se despede do pai, corre para os brinquedos a fim de encontrar o bilhete (associação do prazer do brincar com a leitura do bilhete do pai).

4. Nos finais de semana, João não mexe com trabalho. Leva Lucas para passear e compra para ele pipoca, picolé ou outra guloseima que criança adora. Também diz que com o trabalho que ele faz tornou possível adquirir aquilo (que lhe dá prazer), e que está feliz em participar da vida do filho nos finais de semana e poder comprar o que ele precisa e deseja.

5. Também aproveita e, às vezes, assistem uma reportagem que mostre pessoas desprovidas de trabalho para dialogar sobre as consequências disso.

6. João ainda brinca com o Lucas de descobrir as diferentes profissões das pessoas que cruzam o caminho dos dois.

Essa situação fictícia de ancoragem é valiosa para o filho pensar em trabalho como algo bom e necessário. Assim como saber que seu pai saía todas as manhãs por um excelente motivo. Logo, o sentimento da criança a respeito do trabalho está sendo lapidado, e está sendo ancorado com as vivências que lhe são oferecidas.

Por fim, deixo um esquema que pode ser desenvolvido por você, pai ou mãe, para construir ancoragem no coração de seu filho:

Para construir ancoragem no coração de seu filho

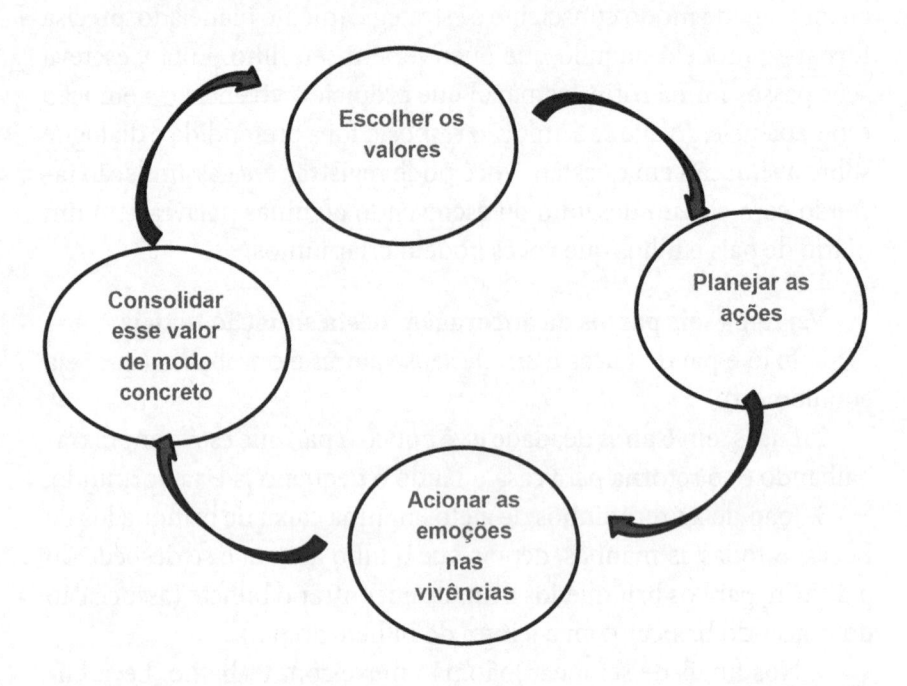

Escolher os valores

Planejar as ações

Acionar as emoções nas vivências

Consolidar esse valor de modo concreto

170

Referências
CURY, Augusto. *Vá mais longe treine sua memória e inteligência*. São Paulo: Gold Editora, 2014.
MEYER, Joyce. *Eu e minha boca grande*. Belo Horizonte: Bello Publicações, 2010.
SIEGEL, Daniel J. *O cérebro da criança: 12 estratégias revolucionárias para nutrir a mente em desenvolvimento do seu filho e ajudar sua família a prosperar*. São Paulo: nVersos, 2015.
TRIPP, Tedd. *Pastoreando o coração da criança*. São José dos Campos, SP: Editora Fiel, 1998.

17

Famílias generosas criam filhos melhores para o mundo

Convido você a vivenciar uma experiência repassada nestas breves linhas, para refletirmos sobre ter parâmetros, sugestões, aprendizados e considerações que possam ser aplicadas em seu ambiente familiar. Abordaremos o trabalho social, o voluntariado e os impactos capazes de contribuir para nossa família e a sua participação neste mundo

Jacqueline Lubaski

Jacqueline Lubaski

Tia de Barbara, Geovana, Otávio, Maria Clara, Paola e Camila e com 40 anos de experiência. Formação em Pedagogia pela Uniesp, Jornalista pela Faculdade Aems, *Master Coach* pelo IBC e especialista em *Kids* e *Teen Coaching* pela Rio Coaching e *Parental Coaching* por Lorraine Thomas. Hipnoterapeuta pelo Instituto Brasileiro de Hipnoterapia, Analista Comportamental Disc, Treinadora Comportamental pelo IFT, com especialização em *Leadership* pela Universidade de Ohio (EUA). Trabalha há 21 anos com Gestão de Pessoas, desenvolvendo lideranças, estudantes, cuidadores e pais, a fim de que potencializem seus talentos. Orienta escolas e famílias para uma educação de autorresponsabilidade, usando o *coaching* como linguagem.

Contatos
www.lubaskidesenvolvimento.com.br
jacqueline@lubaskidesenvolvimento.com.br
Instagram: lubaskidesenvolvimento
Facebook: @lubaskidesenvolvimento
(65) 99933-5492

Quando ouvia "Vamos deixar um mundo melhor para nossos filhos!", sempre me questionava: que filhos podemos deixar para o mundo? Uma pergunta como essa me faz refletir diariamente sobre o contexto de que a vida nos devolve tudo que damos a ela.

Trabalho muito com programas sociais e em áreas totalmente escassas de informações, tecnologias, estruturas remotas e precárias. Porém, vejo que o aprendizado, as dificuldades, as deficiências e problemáticas são as mesmas de todos os contextos, estruturas e famílias de diversas classes sociais.

Convivo hoje com profissionais totalmente atribulados de atividades e com vários problemas em casa. Problemas esses que se tornam muito naturais em contextos como deste pai abaixo:

173

> Foi de repente que a minha menina de 12 anos se tornou arredia, sarcástica em casa, desrespeitando e reclamando de tudo que falamos. A minha menininha parece já querer ser adulta. Quer namorar, quer fugir de casa, diz não amar mais o pai. Em meu desespero, esbravejei, falei palavras que não devia. Não sei o que fazer. Minha esposa e eu brigamos constantemente, pois não consigo me controlar e nem mesmo ter paciência com meus filhos, mas em especial com essa menina iniciando a vida adolescente.

O que realmente aconteceu com esse pai, que não percebeu a mudança em sua filha? Onde ele estava que não viu todas essas transformações acontecerem com ela "debaixo do seu próprio nariz"?

Esse pai procurou um profissional porque não percebeu fatos concretos que estavam acontecendo em sua casa. Somente se deu conta quando já estava em uma proporção muito grande. Com três simples perguntas, foi possível levá-lo a enxergar onde estava o problema:

— Quando foi a última vez que você sentou com sua filha e disse que a amava? Qual foi o último momento em que teve somente voltado a ela, falando de pai para filha, sem nenhum julgamento? Qual a última vez que disse: conte comigo, estou aqui para ajudá-la e apoiá-la; me diga de que precisa e quais são suas dúvidas?".

Histórias como essas são muito naturais em comunidades com condições financeiras e principalmente culturais precárias, onde a escolaridade ficou em segundo plano para esse adulto de hoje. Mas, não só nessas circunstâncias. Pode acontecer com qualquer família.

Trabalho em área rural com gestão de pessoas e, claro, quando falo de pessoas, não estou falando do trabalho meramente dito, mas sim de tudo que faz parte dele, inclusive a família, que é a área que merece uma atenção especial. Pois para gerir pessoas que mantenham seu foco e motivação é preciso estar com tudo funcionando como um relógio, inclusive seu bem maior: sua família, seus filhos.

Não sou mãe. Sou tia de seis sobrinhos, entre crianças e adolescentes, e trabalho com essa faixa etária desde muito cedo, o que me fez presenciar as mesmas coisas, as mesmas reclamações. Infelizmente, dentro desse contexto, o que mais identifico é o julgamento baseado numa visão "míope".

Infelizmente, esse é um fator muito forte na vida das famílias atuais. Normalmente, o julgamento traz sentimentos e emoções que deixam os adultos bastante ansiosos. E toda essa explosão de sentimentos, quando aflorada, vem dessa ansiedade, que não controlada provoca vários estragos.

Entretanto, quando temos preparo e maestria para lidar com esses julgamentos, quando temos habilidade para lidar com tudo isso, a vida flui com naturalidade e leveza. O autocontrole de se perceber e se colocar no lugar do outro é sempre uma opção poderosa e transformadora.

Com a correria do dia a dia, e cada vez mais as empresas pressionando "bata a meta, bata a meta!", seus profissionais trocam o momento de lazer e descanso com a família para focar no trabalho. Esse é um dos fatores que dão início aos problemas que nem sempre serão vistos em tempo hábil ou com rapidez. Às vezes demoram semanas, meses e até anos. Porém, as consequências já estão se manifestando em seu ambiente familiar.

É que toda essa pressão provoca intensa exaustão físico-emocional, e é muito comum ver cenas de isolamento e de compensação material. O que mais esses pais que chegam em seus lares exaustos querem é descansar e ter um momento só deles. Momento esse que seria o único a compartilhar com seus filhos. Daí, tentam compensar suas constantes ausências com barganhas e presentes – e infelizmente muito deles são para gerar mais isolamento, mais ausência e mais compensações, num círculo vicioso.

Muitos pais acham que o melhor presente que podem dar aos filhos é o celular, o *tablet*... enfim, tecnologia, pensando tratar-se de uma ferramenta que fará com que os filhos os deixem em paz. Falta olhar para os prejuízos psicológicos que isso pode causar se não for controlado, tendo efeitos colaterais irreparáveis.

Diante de todos esses fatores, não conseguimos fazer com que esses futuros adultos consigam lidar com a frustração quando o limite é imposto. Eles não estão acostumados com o "não", porque têm tudo, ou melhor, acreditam ter tudo, menos o principal, que é a atenção, o amor e a educação que deveriam ser dados pelos pais.

Se o grande poder ou privilégio de ser criança é ser livre e transcender sua alegria e contagiar o mundo, esses valores estão se perdendo, simplesmente porque os pais não querem se indispor com os filhos. Preferem acatar qualquer tipo de pedido, que, mesmo incompreendidos, são aceitos para ajudá-los em seu tempo individual e satisfazer um momento de "alegria" que logo passa.

Só que a um preço alto, pois os valores são invertidos, tais como a troca da afetividade pelo bem material, a saciedade de prazeres momentâneos em troca de uma criança com princípios, sem que esses pais pensem nos resultados catastróficos que podem acontecer, por consequência.

A pesquisa do IBGE de 2015 aponta que crianças brasileiras com idade entre 5 a 9 anos têm sobrepesos e até mesmo obesidade, pois não fazem exercícios físicos, não brincam, não correm, não jogam futebol. Uma das causas é por estarem ligadas nas redes sociais e em jogos eletrônicos.

Além disso, elas têm dificuldade de relacionamento interpessoal, pois não trocam palavras ditas, apenas digitadas, até mesmo com seus pais. A tecnologia é uma excelente ferramenta, porém o distanciamento é um fator cada dia mais presente na vida das famílias.

Qual foi a última vez que perguntou ao seu filho:

- Como foi o seu dia na escola?
- O que podemos fazer juntos para que eu possa contribuir com seu crescimento na escola?
- Estou tão feliz com estas atitudes suas, sabia?
- Posso contar com você, filho, para fazermos um final de semana extraordinário só nosso?
- De que precisa para eu ajudá-lo a melhorar seu desempenho na escola?

Eu teria muitos exemplos para contar, mas seria necessário mais de um capítulo de livro para isso. Porém, a maior reflexão de todas deve ser: até que ponto nos doamos por inteiro não só para nossos filhos, mas para a sociedade? Como quero deixar filhos melhores para o mundo, se não dou bons exemplos?

Podemos citar exemplos muito simples capazes de nos trazer algumas respostas, tais como: jogar lixo no lixo, ajudar um idoso a atravessar a rua, dar um lanche ou prato de comida a alguém carente, oferecer um copo d'água somente por gentileza.

Pais gentis educam filhos gentis, e essa prática não existe em um livro de receitas, nem mesmo em um procedimento padrão que podemos ler para nossos filhos e incentivá-los a seguir. Só existe uma forma realmente: demonstrar no dia a dia, com seu exemplo, a importância de se doar. Doar não apenas bens materiais, mas seu tempo, seu momento de lazer.

Nos contextos de uma família de baixa renda, receber uma doação é sinônimo de felicidade. E isso é percebido imediatamente no rosto da criança quando recebe do "amiguinho" de mesma idade um carinho, um olhar fraterno, uma palavra amiga, um brinquedo usado, um tênis que já não usa mais. Esse simples gesto tem um valor tão especial e de peso, que somente a gratidão daquele que recebe transcende ao que se dá. Com certeza, gestos como esses não têm preço e tornam o mundo melhor.

Para criar pessoas melhores para o mundo, desperte nelas o desejo de ver as outras pessoas bem, doando-se e contribuindo com a sociedade. É isso que fará com que seus filhos cresçam. A importância do trabalho social para as famílias está em proporcionar um crescimento sem tamanho, pois é dentro de casa que se aprende e se determinam valores, se desenvolvem as atitudes e posturas de seus filhos frente ao mundo e para o mundo.

As crianças que aprendem valores dentro de sua casa, juntamente com os pais, serão adultos comprometidos e responsáveis pelos seus atos. Pois nós aprendemos muito mais com ações e exemplos do que apenas com palavras.

Portanto, pais precisam se perguntar: quais exemplos, ou tipo de educação querem deixar aos filhos? Quais são os exemplos que eles próprios estão dando? Não podem permitir inconsistências em suas ações que só confundem os filhos.

Também há o outro lado da moeda: ressalto que não devem ficar obcecados para serem exemplos. Ou seja, tudo isso deve acontecer naturalmente. O que precisa ficar muito bem entendido é que a educação maior dos filhos deve ser feita com amor: e só podemos dar amor... amando.

Se pararmos para pensar, as configurações familiares vêm mudando de acordo com o momento e época que a sociedade nos impõe. Nesse contexto, trabalhos sociais fazem com que criemos laços tanto com as famílias quanto com o próximo.

Famílias que trabalham juntas são mais propensas a se colocar na "pele" do outro, podendo identificar e valorizar ainda mais seu bem maior, que é o seu próprio vínculo familiar e seu lar. Elas aprenderão a se respeitar mais, por meio dos limites e divergências culturais com as quais vão se deparar nesse tipo de trabalho. Desenvolverão ainda saúde mental e emocional, de forma individual e coletivamente.

Saúde emocional não é apenas uma palavra da moda, mas sim um tema extremamente relevante nos dias atuais. Nesse cenário poderemos colocar nossa família para refletir, nossos filhos para pontuarem a importância de trabalhos sociais para o seu crescimento emocional. O diálogo é a melhor forma de conexão para isso. Aproveite-o para gerar reflexões como:

• Qual a sensação de estar fazendo com que outras pessoas possam ser felizes por um momento?

• Quais foram os sentimentos gerados na pessoa para quem você doou o seu tempo, ao brincar com ela?

• O que identificou no momento que doou seu brinquedo a uma criança?

• Quais foram os sentimentos que você sentiu no momento que identificou esses sentimentos na outra pessoa?

• Cite três coisas desse momento que fizeram valer a pena o dia.

Essas reflexões podem ter surgido por meio de pequenas atitudes de doação, como contar uma história para um idoso.

> A Inteligência Emocional é a capacidade de perceber, avaliar e expressar emoções com precisão; a capacidade de acessar e/ou gerar sentimentos quando estes facilitam o pensamento; a capacidade de entender as emoções e o conhecimento emocional e a capacidade de regular emoções para promover o crescimento emocional e intelectual. (MAYER; SALOVEY, 1997, p.401 apud VALLE, 2006, p.33)

Quando trabalhamos as emoções com nossos filhos, podemos, sim, gerar sentimentos que poderão agir profundamente tanto em seu desenvolvimento emocional quanto intelectual, preparando-os para uma vida mais realista e que valha a pena.

Vários autores, como Daniel Goleman, citam em suas abordagens que as emoções que nos são geradas têm suma importância no nosso processo evolutivo, pois são elas que nos fazem pensar e refletir para a tomada de decisões. Cada uma delas exerce uma função essencial, que faz nosso cérebro posicionar nosso corpo em total atenção para o fato (por exemplo, o medo nos faz pensar e nos colocar em defensiva; já a felicidade faz com que esqueçamos momentos ruins e consequentemente deixemos as preocupações ou situações que nos chateiam de lado).

Aproveite os momentos atuais com seus filhos, pois eles jamais irão se repetir novamente. O tempo não volta. A responsabilidade de educar é nossa, não delegue à TV, Internet ou mesmo desconhecidos dar exemplos que somente vocês, pais, sabem dar.

Ninguém melhor do que vocês para saber o que é melhor para seus filhos; e o melhor que se encaixa nos valores da sua família. Então, corram, brinquem, dancem, cozinhem, leiam, se doem, se abracem, vejam o pôr do sol. Por mais que sejam momentos simples, eles se tornam inesquecíveis e prazerosos!

Educar é garantir liberdade e autonomia, buscando sempre a compreensão do desenvolvimento humano no contexto sociocultural, bem como a promoção das potencialidades do indivíduo em sua interação com o outro.

> Educação não é só ensinar, instruir, treinar, domesticar; é, sobretudo, formar a autonomia do sujeito histórico competente, uma vez que, o educando não é o objetivo de ensino, mas sim sujeito do processo, parceiro de trabalho, trabalho este entre individualidade e solidariedade. (DEMO 1996, p. 16)

> Educação não transforma o mundo. Educação muda as pessoas.
>
> Pessoas transformam o mundo. (Paulo Freire)

Separei um presente especial para você, pai e mãe, que contribuirá muito com esse momento de contato com cada filho. Convido vocês a vivenciarem essas experiências juntos. Convido-os a aprenderem com ele por meio dessa atividade simples.

Dinâmica solidária

Vamos imaginar que você é pai, mãe, cuidador ou responsável por disseminar esses futuros exemplos de cidadania, tais como: voluntariado e, principalmente, gentileza com pessoas que nem sempre precisamos conhecer, mas sim honrar suas histórias.

Objetivo: fazer com que todos os participantes reflitam e sugiram opções para realizar como atividades voluntarias e solidárias.

Descrição:

1. Peça para seu filho, seus amigos e todos que estiverem participando que façam sugestões de lugares, entidades, ONGs, projetos, hospitais, bairros ou igrejas, entre outros. Cada um escreverá em um papel o local indicado.

2. Logo abaixo do nome do local privilegiado, cada um terá que sugerir o que fazer lá.

3. O passo seguinte é fazer a defesa do seu "projeto". Um sorteio poderá decidir quem será o primeiro a apresentá-lo, quando deverá esclarecer: qual é o local e sua principal necessidade, como poderão colaborar, com qual objetivo e ganho. Passe para o próximo; e assim sucessivamente.

4. Em um *flip-chart*, cartolina ou papel que tiver em casa, liste com algumas palavras todos os projetos apresentados, para que iniciem uma votação. Aquele que obtiver maior número de votos será o projeto realizado pelo grupo.

5. Marquem data e preencham um plano de ação, que podem chamar de "Plano de Projeto Gentileza". Segue um modelo de preenchimento.

O quê?	Quem?	Quando?	Como?	Por quê?	Qual o ganho?

Após preencherem a planilha, mãos à obra, sem perda de tempo! Boa sorte! Façam um trabalho extraordinário!

Cito a seguir exemplos de como iniciar engajando a todos num projeto. São sugestões para que possam usar a inspiração, deixando a imaginação e criatividade fluir.

Chame os seus filhos para uma brincadeira e pergunte inicialmente:

- Quais brinquedos que não tem usado mais e podem doar às crianças do .... (nome de uma instituição que acolhe crianças abandonas, movimento que atua em bairros humildes ou entidade assistencial do governo ou privada).

- E que tal separarmos algumas histórias que possamos contar para os idosos do .... (escolha um lar de um bairro próximo)?

Montem juntos uma atividade de culinária no estilo *Master Chef* (montar cachorro-quente, biscoitos ou *minipizzas*), para tornar mais saboroso o domingo das crianças do abrigo ....

Importante: não tolha a criatividade de seus filhos, deixe-os "viajar" nas possibilidades, para que juntos possam ter bons exemplos para contar.

Gratidão e até a próxima.

18

Meu filho virou um adolescente, e agora?

Você já parou para pensar sobre o que faz realmente a diferença no sucesso ou fracasso dos filhos? Já se pegou perguntando por que muitos jovens, mesmo com tanto amor dado pelos pais, chegam à adolescência com problemas emocionais e comportamentais? Se fôssemos um computador, eu diria que é quando os pais mais precisam atualizar a sua versão, fazer um *upgrade*. Vou mostrar como

Jacqueline Vilela

Jacqueline Vilela

Master Coach, com certificação em parentalidade consciente por The Parent Coaching Academy (UK). Fundadora da Parent Coaching Brasil, empresa pioneira em certificar e formar profissionais em *Coaching para Pais, Teen Coaching, Coaching Escolar e em Grupo*. Apaixonada por esse universo, leva o *coaching* vocacional para as escolas com o programa "Do Meu Futuro Cuido Eu" e é a idealizadora do primeiro curso *online* para pais de adolescentes, chamado "Meu filho cresceu, e agora?". Certificada pela Sociedade Brasileira de Coaching (em *Life Coaching, Executive, Extreme e Master)*, com MBA em *Coaching* pela FAPPES.

Contatos
www.jacquelinevilela.com.br
www.parentcoachingbrasil.com.br
contato@jacquelinevilela.com.br
Facebook: @laboratoriodetalentos.com.br
(11) 94495-9313
(11) 99696-0373

Eu acredito que é a partir da reaproximação dos pais que os filhos adolescentes conseguirão florescer para a vida. E compartilho a conclusão a que chegou Jonh Gottman, após acompanhar por 20 anos a dinâmica das famílias, desde a infância dos filhos até a chegada à vida adulta.

Esse Ph.D americano constatou: ter sucesso na educação de um filho não está necessariamente na dedicação e no amor que os pais sentem, muito menos no grau de instrução dos pais ou no padrão de vida. Mas, sim, na disposição dos pais de caminharem lado a lado, aprendendo sobre o que é ser um adolescente no mundo moderno e usando esses conhecimentos para liderar o filho.

Por este motivo, começarei fazendo uma pergunta:

• Você chama adolescente de "aborrescente"?

• Quando você pensa em adolescência, vem logo a imagem de rebeldia, apatia, preguiça, falta de interesse e distanciamento?

• Você acredita que é "apenas uma fase" e tudo o que precisa fazer é deixar passar?

• Você sente medo do que se passa pela cabeça do seu filho adolescente, mas não se atreve (ou não sabe) estabelecer uma conversa com ele?

Se a resposta foi positiva para uma dessas perguntas, eu o convido a ampliar o que você sabe sobre adolescência. Para uma melhor compreensão, vou dividir o texto em duas partes: 1. O que você precisa aprender sobre adolescência; e 2. O que fazer com o que você aprendeu sobre a adolescência.

Eu garanto a você que isso pode salvar a sua relação com o seu filho adolescente. E mais: garantir mais equilíbrio de vida familiar.

O que você precisa aprender sobre a adolescência

O livro *Os sete hábitos das pessoas altamente eficazes* ensina no seu quinto hábito: "Procure primeiro compreender, depois ser compreendido".

Existe uma consciência coletiva equivocada sobre a adolescência e que vem sendo passada de geração em geração. Ensinamentos que diminuem a adolescência a uma fase complicada, de rebeldias, dores de cabeça e ingratidão. Durante muito tempo a adolescência não pôde ser estudada e apenas recentemente os neurocientistas começaram a divulgar pesquisas reveladoras sobre o cérebro do adolescente e sobre a dinâmica entre pais e filhos.

Por esse motivo, não é de se espantar que você (assim como 99% dos pais de adolescentes) não tenha acesso às informações que virão a seguir. A vida familiar nunca é estática, ela transita com o tempo, conforme os filhos crescem, e o início de adolescência é uma dessas fases de transição.

Antes o seu filho era pequeninho, fofinho e as birras até soavam engraçadas. Mas agora ele se tornou uma moça ou um rapaz, às vezes maior do que você, com a voz mudando e o corpo também, e com uma figura física que está mais para adulto.

Quando os filhos adolescem, os pais automaticamente entram em uma fase de incompetência e vulnerabilidade, na qual o que foi construído/mantido no ciclo anterior precisa, agora, ser repensado.

Lidar bem com a adolescência está na capacidade que a família tem de conviver com as crises geradas na fase da adaptação, até que um novo equilíbrio seja reencontrado. Se fôssemos um computador, eu diria que é quando os pais mais precisam atualizar a sua versão, fazer um *upgrade*.

Os ciclos da infância são internos, onde pais e filhos aprendem com a convivência familiar e se voltam para dentro das relações. Já na adolescência, as necessidades se expandem para liberdade e autonomia, sendo preciso um investimento na flexibilidade das fronteiras familiares para que o jovem possa explorar melhor a comunidade que o cerca.

Duas coisas acontecem com muita força:

1. Seu filho vai querer defender com unhas de dentes um território que ele está ainda aprendendo a construir e para isso pode iniciar discussões provocativas, idealistas e em tom de arrogância ou superioridade.

2. Seu filho vai cair em uma oscilação de humor. Pode não querer se juntar à família e permanecer calado e ausente.

Para esse adolescente, é uma fase confusa: a puberdade causa mudanças físicas visíveis e, como o cérebro ainda não está totalmente desenvolvido, fica difícil racionalizar sobre o que está acontecendo de maneira madura.

Também pode ser uma fase de luto para o jovem, que não é mais criança, mas também não é um adulto. É praticamente uma fase de "não pertencer". Por tudo o que acontece na adolescência, os psicanalistas concluíram que 80% dos jovens possuem a chamada "neurose saudável de crescimento".

No entanto, a resistência dos pais para aprender e conduzir esse jovem até a vida adulta está produzindo estatísticas alarmantes. Segundo a Organização Mundial da Saúde (OMS):

• 20% por cento dos estudantes do 2º grau sentem-se profundamente infelizes ou têm algum tipo de problema emocional;

• 21% dos jovens entre 14 e 25 anos têm sintomas indicativos de depressão, fazendo uso de algum ansiolítico ou antidepressivo, que pode causar dependências.

O crescente aumento no diagnóstico de TDAH, déficit de atenção e hiperatividade, em crianças e adolescentes foi um dos temas de discussão no congresso latino americano de Neuropsicologia de 2017. A seguinte pergunta foi lançada: os médicos estão errando ao confirmar tantos diagnósticos ou a sociedade enfrenta uma crise que impacta diretamente a saúde das futuras gerações?

A conclusão foi surpreendente e previsível ao mesmo tempo: a fórmula para o equilíbrio está na família e no amor. Família e amor na adolescência são duas palavras complicadas. Um pouco mais da metade dos filhos na puberdade não se sentem amados pelos pais e vice-versa.

Isso não quer dizer que o amor não esteja presente, mas sim que ele não tem sido percebido e sentido. Quando eu converso com os adolescentes, a maior parte me relata que não se sente aceita pelos pais. Eu sei, e você sabe, que não é a verdade. Mas... de onde vem essa sensação?

Existe uma idealização do filho perfeito, desde a fase da gestação, quando imaginamos como ele será, e passando por cada fase de vida. A adolescência desconstrói essa imagem idealizada perfeita, fruto de tanto trabalho e investimento de tempo, amor e dinheiro.

É quando os pais se deparam com a realidade de como educaram até aquele momento e muitos se recusam a aceitar, ficando presos na imagem do filho idealizado, sem perceberem que conversam com filhos que só existem no imaginário deles.

Por isso, eu tenho um convite a fazer. Com muita sinceridade, avalie se hoje você enxerga e se relaciona com o seu filho adolescente exatamente do jeito que ele se tornou, e não como você gostaria que ele fosse. O exercício é simples e pode ser dividido em três etapas:

Primeira: separe uma folha em duas partes. Escreva de um lado tudo que idealizou para o seu filho: como você imaginou que ele fosse? Como gostaria que ele se vestisse? Como seria o cabelo? Como seria a personalidade? A inteligência? O modo de falar com as pessoas?

Segunda: do outro lado da folha, escreva como é o seu filho hoje, usando as mesmas perguntas, mas no presente.

Terceira: compare as duas listas e reflita se são filhos iguais ou diferentes.

Muitos pais ficam surpresos ao perceberem que gostariam que os filhos tivessem personalidades diferentes, aparência diferente ou um jeito diferente de ser ou agir e alarmados ao constatarem que brigam por pequenas coisas, que poderiam ser relevadas, simplesmente porque estão conversando com o filho idealizado.

Sentir-se aceito é a primeira etapa para também aceitar o amor dos pais. Segundo o psicanalista J.D. Nasio, o que o adolescente ouve dos pais não é nem tanto a crítica ao comportamento e sim a disponibilidade de espírito.

Para ele, os pais precisam saber demonstrar que, aconteça o que acontecer, continuam acreditando que o filho pode ser melhor do que é hoje. Em suma, os pais devem saber separar as características, estilo e atitudes normais da idade, dos atos e comportamentos destrutivos e inaceitáveis.

Sim, é necessário condenar um comportamento destrutivo, inadequado e que coloca em risco o adolescente, mas sem renegar o amor de mãe ou pai.

Como diz Bené Brown, no livro *A coragem de ser imperfeito*: "Há uma diferença entre você ser mau e você fazer uma coisa má. Quando rotulamos e humilhamos nossos filhos, tiramos deles a oportunidade de crescerem e tentarem novos comportamentos".

Se um adolescente conta uma mentira, ele pode mudar esse comportamento. Mas se ele é um mentiroso, onde está o potencial para mudar? A partir dessa reflexão, vem novo convite: escolha as batalhas que você quer travar com o seu filho.

Implicar com tudo, desde a roupa, o cabelo, o quarto desarrumado, os amigos, o jeito de falar, o perfume, os eletrônicos, a escola... não é produtivo. Pense no que você hoje pode aceitar como sendo algo natural da idade e quais itens realmente não aceita, sob nenhuma hipótese.

Esse exercício conscientiza os pais a deixarem para traz frases do tipo: "Queria que eles ainda fossem pequenos", "Que fase chata" e "Tudo era melhor antes". O que o seu filho adolescente gostaria de dizer é:

"Ok, não sou mais tão fofinho como eu era quando criança. Não faço mais gracinhas. Meu humor já não é mais o mesmo. Minha voz está mudando. Mas eu gostaria que você me aceitasse assim, com minhas espinhas, oscilações e meu corpo desengonçado. É difícil ser comparado com a criança que eu fui um dia".

Por perto, liderando e amando

Por que os adolescentes simplesmente não escutam e obedecem? De acordo com o médico pediatra e psiquiatra Daniel J. Siegel, os adolescentes são impulsivos, com emoções que aparecem de maneira rápida e intensa, porque eles não possuem a região pré-frontal do cérebro totalmente desenvolvida, que é a responsável pela racionalização, planejamento e tomada de decisão.

Isso significa que, em muitas ocasiões, o cérebro do seu filho simplesmente vai "pular etapas". Esse é mais um motivo para ter os pais por perto, orientando e freando, liderando e amando.

Um outro aprendizado importante é que o relacionamento que temos com os nossos filhos geralmente reflete os relacionamentos que temos com nós mesmos. O adolescente mexe com o que deixamos para trás, com a juventude que ficou, com o que nos tornamos.

187

Ver um filho se tornar adolescente é admitir que estamos envelhecendo, que a vida passa e que é preciso reavaliar nossos próprios caminhos. Por isso, pare um pouco esta leitura e reflita: como anda o seu relacionamento com você?

Chegou a hora de recapitular o que você aprendeu

• O cérebro do seu filho não está desenvolvido. Muito do que ele faz não é por uma questão pessoal, e sim pela incapacidade de racionalizar;

• Em cada ciclo de vida os pais entram em uma área de incompetência. E precisam aprender novos elementos para apoiar a estrutura familiar. É um erro acreditar que os pais precisam saber de tudo. Fuja desse padrão;

• Aceite o seu filho adolescente. Deixe-o saber que você acredita que ele pode ser melhor do que é. Repreenda o mau comportamento, mas jamais rotule ou barganhe o seu amor.

• Escolha as batalhas que deseja travar com o seu filho. Brigar por tudo não é produtivo.

• Aceite a sua vulnerabilidade. O que a adolescência do seu filho tem a ensinar sobre a sua relação com você?

O que você pode fazer com o que aprendeu

Ao aprender sobre a adolescência, você também aumentou a sua disposição para analisar o que está por trás das atitudes do adolescente e refletir sobre perguntas do tipo: o que, de verdade, meu filho quer me mostrar com esse comportamento?

Todo comportamento tem uma intenção positiva: agredir para se defender; gritar para ser reconhecido; calar para se sentir seguro.

Agora eu pergunto: o que você fará com o que aprendeu? A seguir, darei algumas dicas preciosas, que só serão válidas se você colocar em prática:

1. Escreva em um papel como você pode ajudar seu filho nessa jornada e como, principalmente, pode fazer com que ele se sinta amado. Avalie, por exemplo, como hoje você demonstra o seu amor. Estamos sempre nos comunicando com os nossos filhos e não apenas com palavras, mas com gestos, suspiros, sorrisos, expressões, tons de voz, atitudes corporais.

• O que você pensa sobre seu filho e que, mesmo inconscientemente, deixa transparecer?

• Onde o seu filho não corresponde às expectativas que você criou, mas que não são reais?

Lembre-se agora que todo adulto já foi um adolescente, por isso algumas coisas podem parecer simples para você, mas nenhuma criança foi um adolescente e isso é novo para ele.

2. Avalie sua própria inconstância. Para você o seu filho está oscilando, mas há uma inconsistência na sua educação, ocasionada pelo nível de incompetência da transição de ciclo. Às vezes, os pais parecem querer tratar o filho como um adulto, outras vezes tornam-se desnecessariamente cuidadosos, tratando os filhos como crianças.

• Em quais situações você se pega tratando o seu filho como criança?

• Como você pode expandir os limites do seu filho, com segurança?

• Quais acordos podem ser feitos para que cada parte saiba o que esperar?

3. Não se afaste. Se o fez, reaproxime-se. Se afastar é como jogar o seu filho sozinho no mundo. O seu filho está fazendo uma transição tão importante que eu digo que essa é exatamente a hora de você estar bem presente na vida dele. Saber qual comportamento pode ser relevado e qual comportamento deve ser repreendido e observado é uma arte.

Quando o seu filho fala para você se afastar, não leve ao pé da letra. Não se afaste e nem o abandone na reta final. Lembre-se de que você é a pessoa da relação encarregada de manter a comunicação, sempre.

4. Separe comportamento de emoção. Condene o comportamento, mas nunca renegue o seu amor. Substitua frases do tipo: "Você é um irresponsável", "você é preguiçoso" e "você é uma decepção".

Prefira focar na atitude, no fato em si. Exemplos: "Ter dirigido depois de beber foi uma atitude irresponsável", "Você tem se atrasado para a escola por não levantar quando chamo", "Já é a segunda vez que você diz que fez o dever e recebo bilhete dizendo que não fez".

• Quais frases você costuma dizer ao seu filho e que rotulam a personalidade dele?

• Como você se sentiria sendo rotulada dessa maneira?

• Como pode mudar as frases separando comportamento de emoção?

5. Saiba negociar, em vez de só negar. A cada ano de vida do seu filho é necessário que você sente com ele e reveja os acordos. Por exemplo:

• O que é permitido?

• O que é proibido?

• O que não se negocia porque diz respeito a valores da família e o que é possível ceder, para dar o espaço que o seu filho precisa?

Quando os termos estão claros, fica mais fácil proibir e repreender a conduta desrespeitada. Nunca faça as regras unilateralmente, sem ouvir o filho, pois isso causa revolta e sensação de não pertencimento e amor.

6. Lidere o seu filho. Uma das coisas mais lindas de ver são pais líderes. O líder é servidor, mais do que executor. O bom líder tira o que os filhos têm de melhor, são duros muitas vezes, mas sempre com amor. A melhor maneira de liderar é pelo exemplo. Por meio dele, o líder usa a autoridade, para conseguir que o filho faça o que é preciso ou devido, simplesmente porque ele entendeu que era o melhor a fazer.

• Você tem aplicado na sua vida os ensinamentos que deseja que o seu filho aprenda?

• Suas palavras representam suas atitudes?

7. Escute mais, fale menos. A maioria dos pais escuta na intenção de falar. Como já passamos pelo caminho, na maioria das vezes não controlamos o nosso desejo de encurtar as experiências falando ao nosso filho o que ele deve fazer.

Quando o seu filho adolescente aceitar conversar, enxergue como uma maravilhosa oportunidade de exercer a empatia, que é escutar lembrando-se de como é ser um adolescente.

Sempre escute. Valide o sentimento do seu filho e, se for o caso, só dê apoio, muitas vezes nem é necessário falar algo.

Lembre-se, você é quem lidera, vai apontar os caminhos. Mas não vai poder trilhá-los pelo seu filho.

Se você quer continuar trilhando lado a lado o caminho com o seu filho adolescente, eu convido a acessar, gratuitamente, o código QR abaixo:

Referências

BROWN, B. *A coragem de ser imperfeito.* Rio de Janeiro: Sextante, 2016.

NASIO, J.D. *Como agir com um adolescente difícil?* Rio de Janeiro: Zahar, 2011.

SIEGEL, Daniel J. *Cérebro adolescente, o grande potencial, a coragem e a criatividade da mente dos 12 aos 24 anos.* São Paulo: nVersos, 2016.

19

Bullying é só o fruto. O que está por trás?

Pode até parecer um assunto distante da sua família, mas neste capítulo você vai perceber que não é! Se é pai, mãe, professor ou alguém que de alguma forma convive, impacta ou influencia a formação de pequenos seres humanos, irá notar que o tema tem a ver com você. *Bullying* é uma manifestação disfuncional, proveniente de uma problemática anterior – e é disso que falaremos aqui!

Jheruza Duailibi

Jheruza Duailibi

Mãe do Murillo e do João Antônio, seus maiores mestres e formadores. Formação acadêmica em Comunicação Social, Marketing Internacional pelo Instituto Europeu de Ensino Superior (Madri, Espanha). Pós-graduação em Comércio Exterior pela Universidade Católica Dom Bosco. Formação em *coaching* pelo Instituto Brasileiro de Coaching. Especializada em *Coaching infantil*, com foco no atendimento de crianças, famílias e professores, pela Rio Coaching; e em *Coaching Familiar Avançado* pela The Parent Coaching Academy (Londres, Inglaterra). Formação em *Teaching Parenting the Positive Discipline Way* pela Positive Discipline Association (EUA). Pós-graduanda em Educação Moderna pela PUCRS. Formações extras: em Psicologia Positiva pelo Instituto Flow. Em relacionamento com filhos adolescentes e em *Parent Coaching* com a *master coach* Jaqueline Vilela. Em comunicação não violenta com Dominic Barter. Em Disciplina Positiva para Educadores pela Positive Discipline Association (EUA). Coautora do livro *Coaching para Pais – Estratégias e Ferramentas para Promover a Harmonia Familiar I*.

Contatos
jheruza@hotmail.com
(67) 99900-4990

Meu filho tinha por volta de quatro anos, e frequentava a escola há mais de um ano, quando fui chamada pela professora. Ela me informou que ele havia sido mordido por um coleguinha. Obviamente, compreendi. Mas também, por ser mãe e humana, senti uma "raivinha", que logo foi suplantada pela minha consciência amadurecida!

Na semana seguinte, fui novamente chamada pela professora. Dessa vez, meu filho havia mordido o coleguinha. Nesse momento, eu me questionei sobre o que seria pior: ser a mãe de quem morde ou de quem é mordido!

Desentendimentos, conflitos, desavenças, brigas entre pares... fazem parte do cotidiano das crianças desde quando são inseridas mais intensamente na sociedade. Assim como faz parte aprender a negociar, conversar, respeitar, resolver, impor-se, posicionar-se, não ligar, fortalecer-se, se chatear, saber que vai passar.

Essas questões, pelas quais todos nós, mães e pais, passamos com nossos pequenos, são normais, embora capazes de nos gerar, por vezes "raivinhas", por vezes vergonha! É por meio dessas relações interpessoais que nossos filhos irão também se desenvolver e aprender a se relacionar.

Isso não é *bullying*! Como o termo acabou se popularizando e sendo bastante difundido, é fundamental termos cuidado para que ele não seja banalizado.

Bullying é um assunto tão triste quanto sério, causador de marcas profundas, duradouras, inesquecíveis para suas vítimas (suponho, para os agressores também). Compromete a autoestima, a autoimagem, podendo provocar depressão e isolamento social e familiar.

Bullying não é brincadeira de criança. Tampouco é brincadeira! Não há possibilidade de ser algo engraçado, justamente por "divertir" apenas um dos lados. Podemos definir como sendo *bullying* ações que tenham algumas características:

- Frequência, periodicidade, rotina.
- Desequilíbrio de força e/ou poder – podendo ser não necessariamente força física, mas sim emocional, de persuasão (fruto de uma liderança negativa).
- Intencionalidade: objetivo de ferir, magoar, denegrir.

São comportamentos cruéis, repetitivos e duradouros contra uma mesma vítima. Mas... aí me pergunto: quem é a vítima? Chego à conclusão (pessoal) de que, explicita ou veladamente, são todos!

Não é difícil encontrar, entre os praticantes de *bullying*, crianças com históricos tristes, pouco empáticas, intolerantes à frustração, com necessidade de afirmar-se sobre os outros. Essas também sofrem. Talvez não tenham tido ninguém que lhes ensinasse sobre amor, afeto, valores e respeito. São emocionalmente doentes e, portanto, também necessitam de ajuda.

Feitas essas ponderações, podemos agora falar daquele que declaradamente é a vítima. Solitário, frágil, calado, vulnerável, pouco confiante, tristonho, humilhado. Sente-se sem força para se defender; e é dessa fragilidade que o autor do *bullying* (vítima camuflada de agressor) se alimenta e se fortalece.

Nós, mães e pais, junto com professores e outros educadores, precisamos buscar mecanismos para enxergar esse inimigo, que muitas vezes preferimos não ver. Olhar com verdade para esse desequilíbrio emocional que vivemos hoje.

Não é possível combater algo que não se admite e não se conhece. Creditando que pode ocorrer somente em outras casas, escolas e blá, blá, blá... *Bullying* pode acontecer em qualquer colégio. Não escolhe classe social, método de ensino ou valor de mensalidade. Podem existir crianças em sofrimento bem embaixo do nosso nariz.

Podemos, então, falar em ações integradas atuando em 3x4, conforme mostra a representação na página seguinte. É fato que todas as pontas se interafetam. E todos os envolvidos podem ajudar e necessitam de ajuda! Um organismo vivo que se retroalimenta e que assim seguirá, caso ninguém interrompa esse sistema disfuncional.

194

A seguir, leia um exemplo fictício de uma possível engrenagem do *bullying*:

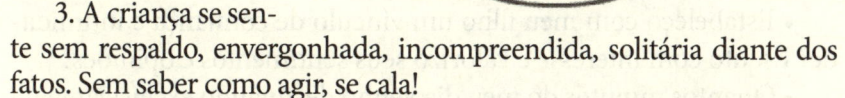

1. A vítima se submete à força e/ou poder do agressor por não estar fortalecida emocionalmente para lidar com o problema.

2. Sua família busca incentivá-la com discursos como "Não liga!", "Deixa pra lá!" e "Não foi nada!".

3. A criança se sente sem respaldo, envergonhada, incompreendida, solitária diante dos fatos. Sem saber como agir, se cala!

4. O agressor se fortalece e dá sequência à sua "diversão".

5. A plateia omissa não se sente tocada a tomar uma atitude, por não ser empática, não se colocar no lugar da vítima.

6. A plateia solidária ao agressor pega carona na fama do "valentão". Estando em um território fácil para se esquivar, diz: "Não fiz nada", "Eu só ri" ou, o mais comum, "Não fui eu".

7. Os professores minimizam a questão tratando geralmente como indisciplina.

8. Os coordenadores desejam dar fim ao conflito rapidamente. Na ânsia de fazê-lo, resolvem com punições pontuais, e não com entendimento real dos fatos.

9. A sociedade nega que, nessa escola tão boa, elogiada, de classe A-B, haja *bullying*.

10. Os pais do agressor não têm ideia do que está acontecendo, porque não estão conectados com seu filho.

11. O agressor se sente diminuído e sem valor em sua família.

12. Isso só aumenta o seu desejo de expor os "defeitos" alheios, como forma de esconder as próprias fragilidades.

Podemos analisar os frutos amargos do *bullying*, mas certamente esta árvore possui raízes...

Alguns questionamentos e uma autoanálise para mim e para você!

Afaste-se um pouquinho de suas defesas, da ideia de que este assunto está longe da sua família ou escola. Permita-se olhar com olhos de quem quer ver raízes, e não apenas frutos. Pergunte a si mesmo:

• Como eu me envolvo com a vida escolar do meu filho? Isso se estende além de suas notas e deveres?

• Presto atenção em seu comportamento, seus hábitos, preferências, relações? De que forma faço isso?

• Qual é a relação que tenho com a comunidade escolar na qual estou inserida? Mães e pais de amigos, professores, diretores, porteiro, secretária?

• Quem são os três amigos com quem meu filho mais se relaciona? Eu os conheço pelo nome, já conversei com eles? Como meu filho se relaciona socialmente?

• O que faço quando percebo algo diferente no comportamento do meu filho? Estou atenta a isso?

• Estabeleço com meu filho um vínculo de confiança e intimidade? Escuto com interesse e valorizo seus sentimentos e opiniões?

• Quantos minutos do meu dia venho destinando exclusivamente a conversar, brincar ou estar inteiramente com meu filho? Acredito que é muito, pouco ou suficiente?

• Como meu filho lida com a frustração? E como eu lido com a frustração dele?

• Como estimulo a segurança e autonomia do meu filho? Eu estou deixando-o crescer? Eu o encorajo?

Costumamos criticar nossos filhos quanto a suas características e não nos damos conta de que moldá-los é nossa responsabilidade. Sendo assim, não caberia a nos sermos mais efetivos?

Não menciono isso como sendo uma crítica a nós, pais. Somente proponho uma autorreflexão, em busca de sairmos do piloto automático a fim de efetivamente formar nossos filhos com muita consciência do que estamos fazendo e querendo para eles.

Criticar as crianças o tempo todo, não ajuda! Podemos fortalecer nossos filhos dentro de casa, para que eles não se tornem alvo de *bullying* e também não o pratiquem.

Qual a sua relação com o *bullying*?

Eu nunca sofri *bullying*! Mas carrego comigo até hoje lembranças e crenças de inadequação dos tempos de escola (e olha que faz tempo!).

Durante uns cinco anos aproximadamente, dos 8 aos 12, estudei no mesmo colégio particular, de classe média, com uma cantina maravilhosa! Quer dizer, na realidade passei todos esses anos imaginando como as coisas ali eram deliciosas... É que nunca tive coragem de comprar um lanche!

Tinha fome e vontade, sentia o cheiro do cachorro-quente, mas pensava que, se comesse, ririam de mim, diriam que eu estava gorda, que eu era feia, que teriam vergonha de estar comigo, que não seriam mais meus amigos... Vejam como é triste todos esses sentimentos de inadequação!

Sinceramente, sempre tive uma família amorosa, equilibrada e não sei em qual momento esses pensamentos se formaram na minha cabeça. Fato é que me acompanharam por toda vida e ainda hoje (de forma mais aprimorada) estão aqui!

Nunca comentei isso em casa e para falar a verdade, acho que com ninguém! Que modo solitário e cruel de lidar com fantasmas, não é!? Quão frutífera é a infância!? Nessa fase tão linda da vida, somos capazes de construir belas memórias em nossos corações, mas terríveis crenças também!

Por isso, sugiro tanto cuidado e vigilância, tendo em vista que esse solo é fértil e capaz de germinar qualquer sementinha! Famílias inteiras podem não perceber o que se passa no mundo particular de uma criança. Por vezes, pais dedicados, em busca do melhor para seus filhos deixam escapar "pequenas" questões.

197

Inevitavelmente isso irá acontecer, já que somos humanos e falhos! O importante é minimizarmos os escapes por meio da proximidade, do olhar atento, do vínculo, da conexão com as crianças, da intimidade e liberdade entre os membros da família!

Atenção: sempre faltará algo na criação dos nossos pequenos, sempre existirão excessos, deslizes, falhas... Nossos filhos serão resultado de tudo o que tiveram e também do que lhes faltou. Ok! Absolutamente normal!

Apenas duas coisas não podem faltar a pais e mães: 1. disponibilidade de tentar, vontade de acertar, desejo diário de recomeçar, de desempenhar seu melhor papel; e 2. A capacidade de se perdoar, se algo não deu tão "certo" como planejado ou esperado. Erraram conosco, erraremos com os nossos – e tudo bem.

Nossas sementes da infância cresceram. Hoje, nosso pomar está repleto de árvores frondosas, umas mais, outras menos! Em meio a elas, cresceram também ervas daninhas, matos e pragas. Mas a presença de um não exclui a outra. É nessa convivência dúbia que vamos lidando com nossas questões, potencialidades e nossos pontos de melhoria...

Dessa mesma maneira acontecerá com nossos filhos. Chegará o momento em que serão responsáveis por cuidar do seu próprio jardim. Enquanto ainda estão pequenos, somos nós que adubaremos a terra, selecionaremos as sementes, arrancaremos os matinhos que poderão brotar!

Convido você a olhar para seu jardim e escolher o que deseja plantar na terra fértil de seus filhos? Quais sementes existem em você, que não quer replicar em seus descendentes? Por vezes desejamos algo, mas sem querer plantamos o contrário com nossas atitudes.

Escuto de alguns adultos por aí, frases do tipo: "Isso é falta de surra", "Ninguém morre de trauma, não!", "Na minha época, criança não abria a boca, e ninguém morreu".

Realmente ninguém morreu, mas de que forma viveu? Somos uma sociedade de adultos complicados, cheios de inseguranças, crenças limitadoras, máscaras de arrogância, desrespeito; dificuldades de posicionamento, de lidar com conflitos, de dizer não. Dentre tantas outras "heranças"!

Até poucas gerações atrás éramos ignorantes, no sentido de ignorar o que ocorria no mundo. O conhecimento, de modo geral, ficava restrito ao ambiente em que se vivia. Portanto, nossos avós lidavam e criavam filhos da forma com que foram criados, com as ferramentas intelectuais e emocionais que possuíam - e certamente faziam o melhor que podiam!

Como crer que esse é um modelo eficaz para os nossos dias!?

Hoje, falamos em respeito com o ser humano, em empatia, na vontade de acompanhar nossos filhos de perto. Falamos de encorajamento, de validar suas dores. Falamos em pais parceiros, em aprender com os conflitos e sobre inteligência emocional.

Falamos? Quem "falamos"?

Eu, você que buscou este tipo de leitura, e uma parcela da população que aos pouquinhos está se conscientizando de que precisamos e desejamos formar adultos emocionalmente mais saudáveis do que somos. "Caiu a ficha" de que devemos tratar nossos filhos com respeito e que isso nada tem a ver permissividade. Pelo contrário, tem a ver com firmeza e com doçura caminhando lado a lado.

A infância é a época de plantarmos boas sementes, tempo de formar bases sólidas e de construir cabecinhas equilibradas. Infância é base segura, é alicerce. Como eu disse, nossos pais fizeram o melhor que podiam e, nesse ponto, seguimos fazendo como eles, nos esforçando.

O que precisamos perceber é que a intenção de acertar continua a mesma, mas não necessariamente os métodos! E o que isso tem a ver com *bullying*? Tudo!

Crianças mais fortalecidas; autoconfiantes; que sentem que são amadas, respeitadas, pertencentes, dificilmente se tornarão alvo de *bullying* ou vão praticá-lo. Dificilmente assistirão a episódios de *bullying* passivas, se crescem em lares éticos, onde os valores são pontuados com clareza, onde existe espaço para dialogar, onde se ensina sobre sentimentos, onde sua palavra tem importância (é diferente de prevalecer a qualquer custo).

Se o *bullying* é fruto, estamos então começando a falar das raízes dessa árvore.

O que você pode fazer?

Gostaria que você parasse esta leitura por um instante e procurasse se lembrar do seu rosto na infância, do seu jeito, dos seus sentimentos, dos seus amigos, dos seus pais...

Lembranças de infância são sempre tocantes. Nossa memória afetiva nos remete ora a lugares bem confortáveis, ora a dores infantis latentes em nossa alma décadas depois. Incrível como sentimentos de abandono, menos valia, insegurança, inadequação, acompanham homens e mulheres feitos, empresárias, médicos, advogadas, cientistas...! Lembrando a música de Adriana Calcanhoto – Saiba:

199

> ...Saiba! Todo mundo teve infância, Maomé já foi criança. Arquimedes, Buda, Galileu e também você e eu... Saiba! Todo mundo teve medo, mesmo que seja segredo...

Carregamos conosco nossas mágoas, nossas crenças. Algumas, ressignificamos; outras, superamos; e há ainda as que arrastamos, disfarçamos, evitamos.

Se pudesse, o que você mudaria na própria história? O que diria aos seus pais? O que, aquela criança que você foi, diria ao adulto que você é? Qual conselho, o filho que você foi, daria ao pai/mãe que você é?

Que bom seria se não nos esquecêssemos dos sentimentos, das razões, emoções e pensamentos que um dia nos foram tão comuns, não acha? Frequentemente o cérebro adulto se esquece das necessidades de um coração infantil. Seria bacana dar uma passadinha lá às vezes!

Entender como as crianças e adolescentes se sentem, ouvi-los, prepará-los, acolhê-los, respeitá-los, fará a diferença nos adultos de amanhã. Devemos permitir que nossos filhos vivam suas dores e batalhas, até mesmo para aprender a lutar e sentir o gosto de sobreviver. Porém, não precisamos ser, nós, os agentes causadores da dor.

Convido você a olhar para o seu filho e conhecê-lo de fato. Quem é essa pessoa que eu amo tanto? Quem é essa pessoa quando está longe de mim? Como reage, do que gosta e acha graça? O que de mim há nela? O que dela há em mim? O que não me conta? O que dou espaço para que me conte?

Temos a impressão de que somente precisamos nos movimentar a respeito do sofrimento infantil quando nossos filhos são as vítimas. Esse é o erro! *Bullying* é apenas um dos problemas, e que diz respeito à sociedade como um todo. Insisto, a base e o preparo recebido dentro de casa na infância podem ser grandes antídotos para sofrimentos ao longo da vida (excluindo os casos patológicos).

A vítima de hoje, amanhã ou em outro ambiente poderá ser o agressor. A plateia solidária ou omissa de hoje, amanhã poderá ser um adulto que sofrerá assédio moral no trabalho. A criança que não encontra seu lugar em casa poderá buscá-lo nas ruas. A menina que apanha do pai, escutando que a surra é em nome do amor, poderá ser a mulher que se submete a maus tratos do marido. O professor que interpreta *bullying* como confusão de criança, amanhã poderá ser o pai de uma vítima...

Esse é um problema de todos nós. Pois não se trata só de reprimir o fato em si, mas sim prevenir por meio de algo maior, que é o amor, a vigilância, a autoestima, a conexão, o respeito, a persistência, o incentivo, a habilidade de resolver conflitos...

O que você pode fazer a respeito?

20

Birra, raiva, fúria... Nem as crianças querem sentir isso

Como restabelecer a calma, já que muitas vezes elas não entendem o que é raiva. Todas as emoções são aceitáveis, mas nem todo comportamento é. Neste capítulo, vamos focar na irritação de nossos filhos (e também dos próprios pais), para poder ajudá-los a encarar os conflitos com mais resiliência e menos ansiedade, evitando, assim, mais desgastes familiares

Jupira Martiniano

Jupira Martiniano

Mãe da Maria Eduarda, Anna Helena e Carolina. Formada em Fisioterapia, achou seu propósito de vida como *coach* de mães e filhos. Formada em *Coaching* Parental pelos métodos *Expert Parent Coaching, Parent Coaching*. Certificação Internacional em *Coaching* para Pais pela Parent Coaching Academy (UK), *KidCoaching, TeenCoaching* e *Parent Coach Teen*, facilitadora do método Jornada das Emoções e Jornada das Emoções nas Escolas, Contadora de Histórias. Cofundadora do projeto para pais Amar e Acolher. Atualmente, divide seu tempo entre cuidar de sua família e realizar atendimentos (*online* ou presenciais) de *coaching* particular ou em grupo, além de palestrar para pais e trabalhar nas escolas com a educação socioemocional das crianças. Acredita fortemente no poder do feminino, e sabe que a conexão da mulher com ela mesma transforma seu ambiente familiar.

Contatos
www.amareacolher.com.br
jupira01martiniano@gmail.com
Facebook: jupiramartinianocoach
Facebook: amareacolher
Instagram: jupiramartinianocoach / amareacolher

> "Use a raiva com sabedoria. Permita que ela a ajude a encontrar soluções com amor e verdade." (Mahatma Gandhi)

Além da minha formação e experiência como *coach* de pais e filhos, tenho um ótimo laboratório em casa, que são minhas três filhas. Maria Eduarda, nascida em 2011, Anna Helena, em 2013 e Carolina, que veio ao mundo em 2016, têm características e personalidades muito peculiares.

Mesmo assim, penso que, por ser filha única por parte de mãe, demorei um tempo para entender que meu jeito de agir jamais poderia ser igual. É assim em grande parte dos lares, pois a firmeza necessária com uma criança mais irritadiça pode magoar profundamente outra que seja mais sensível, por exemplo.

Hoje sei, mais do que nunca, que cada filho(a) é único(a).

E é possível perceber as individualidades quando você está presente na vida deles, observando-os e percebendo com qual intensidade cada um expressa suas emoções, das mais desejáveis às mais difíceis de lidar.

Em várias situações, eu assumo três modelos de mães. E tenho certeza de que, por mais que os conflitos sejam diferentes, o que faz total diferença é a minha conexão com elas.

O mundo da maternidade e paternidade, sem dúvida, é muito complexo. Entrar nele com o coração aberto é um desafio que requer coragem, já que podemos nos deparar o tempo todo com o nosso melhor e também com o nosso pior.

Autoconhecimento para saber agir

A única maneira de termos uma educação afetiva e efetiva verdadeiramente, que proporcione essa conexão personalizada com nossas crianças, é procurando melhorar o autoconhecimento. Ao permitir-se entrar no seu mundo interior, realmente conhecendo seus próprios limites, suas necessidades, ficará mais fácil entender as necessidades de cada filho.

Gosto de começar meus processos de *coaching* com os pais sempre explicando o funcionamento cerebral, e aqui farei o mesmo.

203

Acredito que, uma vez que entendemos o desenvolvimento desse órgão em nossos filhos, conseguimos ajudá-los a lidar melhor com as emoções – entre elas, a raiva.

Você já enfrentou quantos ataques de fúria de seu pequeno? Como se sentiu e o que fez? Se não dá para impedir que ocorram, podemos descobrir mecanismos de minimizar os desconfortos (nossos e das crianças) decorrentes desses momentos de raiva que parecem uma eternidade.

Segundo o livro *O cérebro da criança*, o lado esquerdo e mais alto nos ajuda a pensar logicamente e a organizar pensamentos em frases; e o direito e mais baixo, a sentir emoções e a ler sinais não verbais. Essa parte mais baixa (a única bem desenvolvida desde o nascimento) está relacionada com nossos instintos, reações emocionais e sobrevivência.

Isso explica as crianças reagirem de forma mais instintiva, sem os filtros da razão. Todas as partes somente vão se relacionar entre si, com eficiência, por volta dos 20 anos de idade, período em que o cérebro está praticamente formado. Além disso, há a plasticidade neural, que é a capacidade que o cérebro tem de se moldar conforme as experiências de cada indivíduo.

Como ajudar a acalmar os ânimos

Essa explicação, de forma resumida, ajuda mães e pais a entenderem o que ocorre com o cérebro quando a criança faz birra, berra, explode de raiva, é agressiva ou apresenta alguma outra reação conduzida pela emoção. Elas não conseguem se acalmar sozinhas, já que não possuem os mecanismos para isso (as partes dos cérebros não estão totalmente desenvolvidas e integradas entre si, lembra?).

Para piorar, tem a enxurrada de hormônios que nosso cérebro recebe, sendo a parte baixa (responsável pelo instinto) a que acaba prevalecendo nesse caso. Por isso, quando contrariada, nossas crianças podem responder com baixa tolerância e muita gritaria, agressividade, algum comportamento irracional ou de defesa.

Cabe a nós, adultos, ensinarmos outra maneira de reagir àquilo que a desagrada, estimulando novos caminhos neurais (para que o cérebro se molde diferente), graças à sua plasticidade neural. Pensando nessa estrutural cerebral, às vezes cobramos de nossos filhos comportamentos que eles não têm maturidade ainda para compreender.

Diante de um ataque de raiva, nem sempre as crianças estão preparadas para se acalmarem sozinhas. Às vezes, quando interrompem a reação explosiva é por medo do pai ou da mãe; e aí a chance de repetição é enorme, porque o cérebro não fez novas conexões neurais, não aprendeu a lidar com essa situação.

Punir a emoção, ameaçar e castigar não transforma. Muitas vezes a criança nem entendeu o que é a raiva!

Ela precisa da nossa ajuda para se acalmar e também para entender o que está se passando, qual o sentimento e a necessidade escondida naquilo. Devemos ainda deixar que ela coloque para fora, em vez de sufocar, "implodir".

Algumas usam muito o corpo, além das palavras, batendo uma perna com força no chão ou ficando com o rosto vermelho feito pimentão, por exemplo.

Uma atitude que funciona bem é envolvê-la com seu abraço. Você deverá sentir que seu pequeno corpo vai ficando molinho, abandonando a rigidez, a tensão muscular decorrente do pico nervoso. Às vezes, também vem um choro potente para acabar de extravasar a emoção. Tudo bem.

Depois que a "tempestade" passar, converse com a criança sobre o ocorrido. Aproveite que estará mais predisposta a escutar sua orientação. Descrevam as sensações envolvidas em detalhes, para nomeá-las e para buscarem soluções favoráveis a todos.

Lembre-se: não devemos reprimir as emoções que as crianças experimentam. Todas são aceitáveis, mas nem todo comportamento é. O que sentimos de negativo, quando sufocado continuamente, pode desencadear futuramente crises de ansiedade e outras patologias.

Se desde a infância você é orientado a engolir o choro, não tem "permissão" nem para ficar triste, vai se desconectando consigo mesmo, com o seu Ser. Daí, quando entra na adolescência ou na vida adulta, para mergulhar numa depressão e precisar fazer tratamento medicamentoso é muito fácil. Porque não teve espaço para sentir, para se olhar.

Então, resista no dia a dia a achar que é frescura. Procure saber o motivo da raiva e converse com seus filhos sobre essa emoção. Estará ajudando-os a desenvolver resiliência, já que a capacidade de superar problemas é uma das habilidades mais importantes num mundo cada vez mais hostil.

Estando ciente disso, você pode escolher o seguinte caminho:

1. Perceba a emoção da criança;

2. Reconheça nessa emoção uma oportunidade de intimidade ou de aprendizado;

3. Ouça com empatia, legitimando os sentimentos dessa criança;

4. Ajude-a a encontrar as palavras para identificar o que ela está sentindo;

5. Identifique seus limites para apontar quais são, ao mesmo tempo em que explora junto com a criança estratégias que solucionem o problema vivido.

Não é apenas mãe/pai que fica estressado com cenas de birra e irritação infantis. A criança também deseja sentir só prazer. O desprazer a incomoda profundamente, assim como a nós. Aborrecimento e tensão diminuem a clareza e nos impulsionam a agir com agressividade e de forma defensiva.

Atenção e qualidade de tempo

Outro ponto a considerar é que vivemos em tempos difíceis do que foram para as gerações anteriores. Os motivos são muitos.

Por exemplo, o consumismo só cresce, mas traz satisfação efêmera. Os filhos estão mais presos, brincando muito menos em espaços ao ar livre. Fora a excessiva quantidade de informação e de estímulos que chega à mente infantil, provocando fadiga mental.

Tanto tempo nas redes sociais, nos aplicativos, no YouTube, tem como efeito colateral bastante comum o aumento da ansiedade. Se isso acomete os adultos, imagine as crianças... E quando a vida virtual afeta a qualidade do sono e da alimentação, um dos preços a pagar é maior irritabilidade.

Observamos que as crianças estão mais nervosas, impacientes, mal-humoradas, sérias e solitárias. Também mais impulsivas e não colaborativas. Isso traz frustração para mães e pais, que trabalham como loucos para dar o melhor aos filhos. Muitas vezes, a agenda deles é tão repleta de atividades e compromissos, que sobra pouco espaço para serem simplesmente crianças.

Por diversas vezes esquecemos que o melhor para eles está relacionado com a nossa atenção e disponibilidade para cuidar do emocional dos filhos, inclusive nos momentos de raiva. Como alertei no início deste capítulo, o adulto deve estar presente, inteiro (corpo, coração e mente) para conseguir ajudá-los a sair dessa situação de desconforto.

Claro, viver a maternidade ou paternidade não exige parar de trabalhar fora. Mas o tempo dedicado aos filhos deve ser exclusivo. O investimento precisa ser em qualidade de horas, não quantidade.

Vale a pena se perguntar:

• Você está presente na educação de seus filhos?
• Sente que tem boa conexão com os sentimentos deles?
• O que você pode fazer para criar ou melhorar essa conexão?

Escutar os filhos é uma das maiores responsabilidades dos pais. Mas não se atenha apenas ao que dizem. Preste atenção na expressão corporal e nos sentimentos por trás das palavras.

Atendi uma família, em certa ocasião, cuja criança de cinco anos tinha ataques de raiva cada vez mais frequentes e intensos. A mãe perguntou à criança o que poderia acalmá-la e ouviu que seria bom molhar seu rosto. A mãe achou um pouco estranho, mas resolveu tentar. Diante de uma nova crise, pegou-a no colo e foram para o banheiro.

Funcionou por várias vezes. Chegou num ponto que a filha já começara a rir só de perceber que ia ser levada para o banheiro. Ela havia criado uma âncora para conter essa situação, o que colaborou para que os ataques fossem diminuindo de intensidade e frequência.

Âncora, em psicologia, é algo que leva a pessoa a um determinado estado emocional, a partir de associações de elementos com acontecimentos da vida. Por exemplo, uma música ou um perfume que traz à tona a lembrança de um acontecimento ou de uma pessoa querida. É possível criar associação com o estado emocional desejado e depois ficar repetindo essa ancoragem até que se torne automática.

Para instalar uma âncora, o primeiro passo é pensar em uma situação que já viveu e que trouxe um sentimento bom. Reviva esse momento e decida qual sentimento deseja lembrar-se dessa situação.

O passo dois é respirar profundamente. E, quando sentir que está no ápice desse sentimento, faça um movimento bem específico, como estalar os dedos junto aos ouvidos ou um *click* entre os dedos da mão. Repita isso alguns dias até que o sentimento e gesto estejam ligados no seu cérebro de modo que seja acionado toda vez que houver o movimento.

Quando bater tristeza ou nervosismo, acione a âncora: faça o movimento que escolheu e será levado a outro estado emocional. Em tempo: esse mesmo processo pode ser feito junto com seu filho para ajudá-lo a se acalmar.

É sempre útil você perguntar a ele o que o acalma ou pedir que se lembre de alguma situação que o deixou bem feliz? A resposta indicará uma boa âncora para explorar nos momentos de conflito.

207

O cantinho da calma

E como os pais podem lidar com sua própria raiva para darem bons exemplos? Novamente, a chave é o autoconhecimento, pois é a partir disso que se consegue controlar melhor as emoções. Porque aumenta a sua consciência sobre o que se quer, o tipo de educação que deseja aplicar e os seus limites.

Por limites, entenda o seguinte: você deve fazer combinados com seu filho sobre rotinas importantes para o desenvolvimento saudável dele, como ter horários para comer, brincar, dormir, estudar. Toda casa tem suas regras.

Agora, imagine a situação em que você o lembra de que está na hora combinada de desligar a tevê e ir dormir, mas seu filho fica bravo e resiste a acatar essa regra pré-acordada com ele próprio. Repete mais duas vezes e... nada.

Eu sugiro que você analise quanto tempo falta para terminar aquele desenho ou programa que seu filho está assistindo. Apenas cinco minutos? Pode deixar que chegue ao final? No entanto, se o programa começou alguns minutos atrás e vai acabar muito além do horário combinado para dormir, peça para desligar a tevê explicando:

- Filho, nós fizemos um combinado. Qual é o nosso combinado? Eu gostaria que você desligasse a tevê.

Somente em último caso pegue o controle e faça isso, explicando também:

- Filho, eu já estou chegando ao meu limite. Você pode colaborar para que eu não precise ficar nervosa? Essa é uma regra nossa, e eu espero que você entenda que estamos apenas seguindo o nosso combinado de horários.

Ou seja, sabendo em qual ponto você sentirá nervosismo, evitará perder a cabeça. Crianças estão em busca da sua independência. Por isso, elas vão impor as suas vontades. E tudo o que não podemos é sair do nosso eixo emocional e gritar junto ou querer bater.

Às vezes, eu falo às minhas filhas que vou para o cantinho da calma. Estabelecemos um local da casa para esse fim. Lá, damos um tempo para o cérebro se recuperar, pensar em soluções racionais e sair do reativo. Importante: deve ser uma opção, e não obrigação. A criança pode ir para esse cantinho livremente, até que se sinta melhor.

Você pode ajudá-la fazendo perguntas do tipo:

— Você gostaria de ir para o cantinho da calma para conversarmos depois?

Pode ser qualquer lugar da sua casa mais silencioso, que podem nomear e enfeitar junto para que fique um espaço acolhedor: com fotos da família, objetos que a criança associe como âncoras para se acalmar, materiais para colorir, brinquedos, almofadas, livros que trabalhem a emoção...

Além do cantinho da calma, cito outra técnica que pode ser usada naqueles momentos que a criança está mal-humorada e não sabe por quê. É chamada de Previsão de Tempo Interior e funciona assim: peça para que ela observe o que está sentindo e responda:

- O que você está sentindo no momento?
- Está vindo uma tempestade?
- Tem raios e trovões?
- Qual nota você dá para essa tempestade de 0 a 10?

Com base nas respostas, vocês vão conjuntamente buscando as possíveis causas do mau humor e as possíveis soluções para clarear o "tempo" e trazer o "Sol".

Por fim, aproveite as conversas cotidianas da família para explicar aos pequenos que todo ser humano sente raiva em certos momentos. Errado é agredir o outro, xingar, humilhar porque está com raiva.

Espero ter ajudado você a olhar para os seus filhos com um olhar empático e de acolhimento, ajudando-os a sair dessas crises, para que os momentos de harmonia e de conexão entre vocês aumentem cada vez mais!

Aos 12 anos, Arun Gandhi, neto do pacifista Mahatma Gandhi, vivia se envolvendo em brigas, apanhava dos dois lados e era tomado pela raiva. Enviado pelos pais para conversar com o sábio avô, recebeu o ensinamento de usar sua raiva frequente como impulso para mudar e fazer o bem:

"Ela nos dá energia para seguir em frente e chegar a um lugar melhor. Sem ela, não teríamos motivação para enfrentar desafios. A raiva é uma energia que nos impele a definir o que é justo e o que não é".

Referências
GANDHI, Arun. *A virtude da raiva*. Rio de Janeiro: Sextante, 2018.
GOTTMAN, John; DECLAIRE, Joan. *Inteligência Emocional e a arte de educar seus filhos*. Rio de Janeiro: Objetiva, 1997.
SIEGEL, Daniel J; BRYSON, Tina Payne. *O cérebro da criança*. São Paulo: Nversos, 2015.
SNEL, Eline. *Quietinho feito um sapo. Exercícios de meditação para crianças (e seus pais)*. Rio de Janeiro: Rocco, 2016.

209

21

Como ajudar seu filho a desenvolver habilidades essenciais para a vida

Que responsabilidade criar um ser para o mundo! Quando penso em que tipo de pessoa meu filho será, subsidiá-lo deixa de ser o fator mais desafiador dessa equação. Neste capítulo, você poderá não só refletir sobre como a sua postura pode impactar na pessoa que seu filho se tornará, como terá acesso a estratégias diferenciadas sobre como ajudá-lo a desenvolver competências essenciais para sua vida pessoal e profissional

Ligia Almeida

Ligia Almeida

Esposa, mãe e *Coach* de Pais e Filhos. Psicóloga graduada pela Universidade Mackenzie (2006), com MBA em Gestão Empresarial pela Fundação Getulio Vargas (2010). *Kid Coach* e *Teen Coach* certificada pelo ICIJ (Instituto de Coaching Infanto Juvenil). *Parent Coach* certificada por Lorraine Thomas – CEO da Parent Coaching Academy (UK). Especialista em *Teen Coaching e Coaching Escolar pela* Parent Coaching Brasil. Mentorada em Parentalidade Consciente por Iara Mastine; no Curso das Histórias por Flávia Gama; em *Coaching Escolar* por Paula Camilo. Atuou por mais de dez anos na área de Responsabilidade Corporativa em multinacionais, desenvolvendo e coordenando projetos para crianças, jovens e adultos, quando descobriu seu verdadeiro propósito: transformar vidas. Segue sua jornada fora do mundo corporativo, mas com muita paixão em ajudar famílias a se reconectarem e encontrarem harmonia e felicidade, e escolas a potencializarem seus resultados com equipes integradas e motivadas.

Contatos
ligiaalmeida.coach@gmail.com
Facebook: ligiaalmeida.coach
Youtube: Ligia Almeida - Psicóloga & Coach de Pais e Filhos
Instagram: @ligiaalmeida.coach
(11) 99829-9560

"No meio da dificuldade encontra-se a oportunidade."
(Albert Einstein)

Eu me lembro, como se fosse hoje, do dia em que tomei a decisão mais importante da minha vida: ter um filho. Eu me lembro, inclusive, dos argumentos que usei para mostrar ao meu marido que tínhamos o mínimo necessário para dar uma boa criação ao nosso(a) pequeno(a): amor, uma casa estruturada física e emocionalmente, possibilidade de prover bons estudos, plano médico etc. E que, por mais que vivêssemos como uma família de classe média, sabíamos que muitas crianças eram criadas com muito menos.

Ha, ha, ha... mal sabia sobre a profundidade do mundo da maternidade. Somente durante a gravidez fui me dando conta da magnitude da situação. Mas, foi depois que o Theo nasceu que tive a clareza de que o buraco era bem maior do que eu imaginava...

Hoje, me vejo não apenas querendo prover os cuidados básicos, educação e saúde necessários para um bom desenvolvimento, como penso, principalmente, no quanto as minhas ações e ensinamentos podem impactar na criança, no adolescente e no adulto que meu filho será no futuro. E é sobre isto que vamos tratar nestas páginas: como a nossa postura como pais impacta no desenvolvimento de habilidades essenciais para a vida pessoal e profissional de nossos filhos.

De modo geral, quando penso nos jovens de hoje, consigo ver alguns pontos que considero críticos dessa geração (chamada de Geração Z[1]), que já nasceu de celular na mão e não conhece o mundo sem *Internet*, sem tecnologia. São eles:

• Eles não dependem do olho no olho para se comunicar; porém podem apresentar dificuldade em expressar seus reais sentimentos fora do mundo virtual (pode faltar empatia e inteligência emocional);

213

1 Geração Z é a definição sociológica para definir a geração de pessoas nascidas no fim da década de 1990 até 2010, e sucede a Geração Y.

• Podem demonstrar dificuldade de trabalhar em grupo e de interagir com pessoas fora da sua rede de amizades, já que estão acostumados a utilizar a tecnologia como meio de comunicação;

• Não possuem muita paciência para ouvir, maturar uma ideia, um objetivo, um sentimento, um estudo;

• Querem alcançar o topo da carreira escolhida em pouco tempo, mas não desenvolveram as competências/habilidades interpessoais mínimas requeridas pelas empresas (como pensamento crítico, inteligência emocional, tomada de decisão, resiliência, versatilidade para solucionar problemas etc.);

• Podem cometer *bullying*, para se sentirem incluídos em determinado grupo – sem pensarem nas consequências de seus atos;

• Tendem a ser indisciplinados, porque muitas vezes faltam limites;

• E, acima de tudo, é uma geração que aparenta ter dificuldade em lidar com frustrações, por não ser contrariada com frequência. Vemos muitos pais tentando diminuir sua culpa por trabalharem fora o dia todo e não estarem presentes como gostariam ou por estarem cansados demais para discutir. Consequentemente, acabam cedendo às vontades dos filhos, mesmo indo contra ao seu desejo de falar "não".

É com base nesse panorama que vejo a necessidade de mudar nossa abordagem urgentemente. Eu vivencio todo o cansaço que a maternidade/paternidade pode trazer com aquele serzinho maravilhoso que nos chama de mãe ou pai. E cada vez mais me convenço que o nosso papel é vital para que os nossos filhos estejam minimamente preparados para vencer na selva de pedra que os aguarda em alguns anos.

O que compartilho não é um livro de receita, mas sim um novo olhar para a paternidade/maternidade, com o intuito de contribuir para uma mudança de mentalidade. Afinal, se as novas gerações são completamente diferentes da nossa, talvez tenhamos que adotar técnicas diferentes daquelas usadas antigamente.

Atualmente, abordagens como "Parentalidade Consciente", "Comunicação Não Violenta", "Neurociência", "*Mindfulness*", "Coaching Infantil" e "Disciplina Positiva", dentre outras, surgem com novas propostas e técnicas que vão além da promoção da harmonia familiar. Quando bem praticadas, elas auxiliarão e muito no desenvolvimento de habilidades e competências importantes nas relações sociais e no mundo do trabalho.

Neste capítulo, focaremos na Parentalidade Consciente e na Neurociência. Primeiramente, vamos imaginar que você é a mãe de um menino de cinco anos. Como lidaria com a seguinte situação?

Finalmente é domingo e você vai almoçar no seu restaurante preferido com a família (marido e filhote) depois de uma intensa semana de trabalho. Tudo que queria era saborear uma boa comida, enquanto tudo que seu filho quer é tomar um sorvete e ficar na brinquedoteca. O problema é que, pouco antes de sair de casa, seu marido havia acordado com ele que deveria comer toda a comida antes de brincar. Como resultado, depois que seu filho deu duas garfadas, começa a fazer caretas e sai correndo para o final do restaurante.

Por mais que você ame seu filho e que ele seja adorável na maior parte do tempo, posso quase afirmar que, quando você o viu fazendo aquelas caretas, "mas que filho lindo eu tenho" não foi uma das coisas que passou pela sua cabeça. O mais interessante é que outras pessoas notaram a situação e, automaticamente, olhavam para você e seu esposo cobrando a imposição de boas regras de comportamento.

Dessa forma, você teria duas opções:

1ª Opção - Poderia ir pelo caminho mais comum, o de ordenar e/ou ameaçar, com um tom de voz bem sério: "Pare agora de fazer essas caretas e volte para a mesa. Ou termina sua comida, ou ficará sem sorvete!".

Lembrando que não cabe a mim definir o que é certo e errado, entendo que essa poderia ser uma reação adequada na visão de alguns pais. Entretanto, se essa cena ocorresse com meu filho e eu adotasse essa abordagem, certamente teria provocado todos os tipos de reações reativas/instintivas em seu cérebro; e ele teria começado a dar um *show*.

2ª Opção - Poderia levá-lo até o banheiro, e por mais que ele usasse todo seu repertório de palavras para agredir sua autoestima (tipo "sua cara de lesma") e pontuasse que você nunca faz nada de legal para ele e que odeia ter que acordar cedo para ir para escola etc., você se agacharia, para ficar na altura dos olhos dele, tocaria seu rosto e falaria com um tom carinhoso, mas firme: "Às vezes, é difícil, né, filho? Eu entendo que possa estar bravo, porque queria ficar na brinquedoteca. Mas você poderia me explicar o real motivo de estar assim?".

215

Por incrível que pareça, a segunda opção não só permite que você acesse a parte superior do cérebro[2] do seu filho, para que ele possa ter uma atitude mais pensada, como ajuda a parte lógica do órgão a funcionar (lobo esquerdo), já que esse estava sendo inundado de emoções provenientes do lobo direito e da parte inferior do cérebro. Como resultado, você consegue criar uma conexão com seu pequeno, que fica mais tranquilo e consegue ter uma conversa mais racional, simplesmente porque se sentiu ouvido e cuidado.

Uma vez que seu filho explique que o motivo de estar bravo se deve à exigência do pai para que coma toda a comida, você consegue ajudá-lo na busca de uma potencial solução, como: "E o que você acha de falar com o papai para definirem juntos uma quantidade justa para comer? Pois eu fico triste quando você age assim, já que para mim é importante que coma sua comida agora, porque ela está quentinha e dará bastante energia para brincar e pular".

Enquanto ele pensa na sua proposta, a parte superior do cérebro assume o controle, e ele é capaz de abordar seu pai, mesmo que ainda um pouco irritado, para dizer: "Pai, não quero comer toda a comida. Tudo bem se eu comer a carne e metade das batatas?". Após a resposta afirmativa do seu marido, provavelmente ele comerá rapidamente a parte combinada e o sorvete. Em seguida, voltará a brincar, sem se dar conta de tudo que acabara de acontecer.

Esse tipo de abordagem é fantástica, não só por toda a neurociência que há por trás dos acontecimentos, mas porque permite uma conexão com a criança. Se vai funcionar todas as vezes? Pode ser que não, mas dessa forma você mostra ao seu pequeno que o conhece o suficiente para perceber o que ele está sentindo e, automaticamente, também mostra não só o que você sente e o que espera dele, como que está ali para ajudá-lo caso precise.

Em outras palavras, a primeira opção poderia ter funcionado da mesma maneira. Contudo, você perderia uma ótima oportunidade de fazer com que seu filho entenda que ele é capaz de decidir e de resolver problemas, que os relacionamentos são feitos de conexões – e, para tanto, uma boa comunicação é essencial.

---

2 Vide quadro: Desmistificando o cérebro.

Desmistificando o Cérebro

Nosso cérebro está sendo constantemente programado e reprogramado por meio de novas experiências; são cerca de 100 bilhões de neurônios e milhares de conexões existentes; e pode ser dividido de forma horizontal e vertical.

O segredo é ter essas partes trabalhando em conjunto, integradas de maneira coordenada e equilibrada. Quando isso ocorre, conseguimos nos comportar adequadamente em um determinado ambiente. Abaixo, veja as características e funções de cada uma delas:

Lobo Esquerdo

- Lógico
- Literal
- Linguístico
- Linear
- Gosta de ordem, de palavras e de organizar/sequenciar coisas
- Gosta de compreender a relação causa-efeito e de expressar essa lógica por meio da linguagem

Lobo Direito

- Holístico e não verbal
- Se importa com o todo (significado e experiência)
- Especialista em imagens, emoções e lembranças
- Mais intuitivo e emocional
- Responsável pela linguagem não verbal do nosso corpo (expressões faciais, contato visual, tom de voz, postura e gestos)
- Escuta o corpo e sabe dos sentimentos
- Predominante durante os 3 primeiros anos de vida

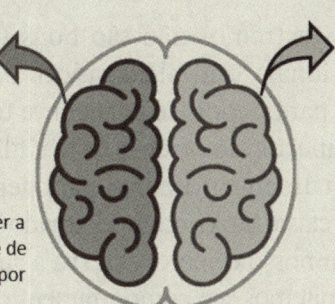

Parte Superior

- Mais evoluída
- Está totalmente madura aos 20 e poucos anos de idade
- Onde ocorre os processos mentais mais complicados (como pensar, imaginar e planejar)
- Controla parte do pensamento analítico e mais complexos

Responsável por:
- Tomada de decisão e planejamento de qualidade
- Controle sobre as emoções e corpo
- Autocompreensão
- Empatia
- Moralidade

Parte Inferior

- Mais primitiva
- Bem desenvolvida desde o nascimento

Responsável por:
- Funções básicas (como respirar e piscar)
- Reações inatas e impulsos (como lutar e fugir)
- Fortes emoções (como raiva e medo)

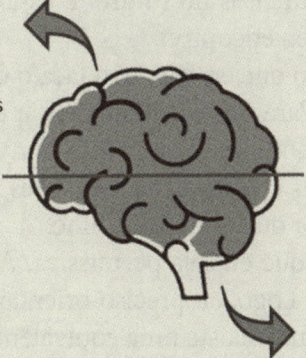

217

No fim das contas, se o que molda o cérebro são as experiências, significa que, uma vez que nossos filhos vivenciem situações como a do exemplo do restaurante, rotineiramente, a tendência é que lá na frente seja muito mais fácil para ele saber gerenciar suas emoções, ser resiliente, ter inteligência emocional, empatia, entre outras habilidades.

Nesse sentido, é válida uma reflexão sobre como agimos com nossos pequenos no dia a dia. Tendemos a resolver as situações a que somos expostos com o nosso lobo direito, ou seja, no auge das nossas emoções? Ou navegamos no solo árido do lobo esquerdo, sendo rígidos e tendo dificuldade na interpretação das emoções e/ou necessidades de nossos filhos?

Lembrando que os extremos não são bons (nem muito emocional, nem muito racional), o ideal é praticar. Logo, você pode se afastar até se acalmar, para depois se conectar e tomar uma atitude que estimule a parte superior do cérebro de seu filho; ou se conectar com seu filho emocionalmente primeiro, para depois usar a razão.

Em outras palavras, existe um conceito chamado "neurônio espelho", que, quando ativado em nosso cérebro, observa a ação de outra pessoa e permite não só que imitemos seu comportamento como nos identifiquemos com seus sentimentos. Com isso, influenciamos uns aos outros.

Isso me faz pensar que, se o cérebro é remodelado de acordo com as nossas experiências, o tipo de relacionamento que vivenciamos com os nossos filhos, num primeiro momento, servirá de modelo para outros relacionamentos no futuro. E essa é a melhor definição de "ser exemplo" que eu encontrei.

Este ditado "Faça o que eu falo, não faça o que eu faço" está mais do que ultrapassado. Para mim, é difícil pensar em ter uma relação de autoritarismo com meu filho. Hoje, prezo por uma relação de "Igual Valor", na qual minhas emoções, necessidades, desejos e pensamentos têm o mesmo valor que as do meu filho.

Isso não significa que eu seja permissiva. Afinal, um rio só é rio porque tem margens. Logo, eu preciso orientar e mostrar os limites ao meu filho. No entanto, existe uma equivalência em relação ao respeito por ambas as partes: meu filho é respeitado, visto, ouvido e reconhecido assim como eu.

Outro valor básico da "Parentalidade Consciente" é o da "Autenticidade", que é peça-chave para o desenvolvimento da autoestima de nossos filhos. Ela ressalta a importância de sermos congruentes com o que pensamos e sentimos. Por exemplo, se o que eu disse até o momento não faz sentido para você, não tem problema.

Lembre-se: não existe receita para criar filhos, e você estaria fugindo completamente de outro valor, o da "Integridade", se deixasse de respeitar suas emoções, seus pensamentos e valores. Se não respeitamos a nós mesmos, a quem respeitaremos, não é mesmo?

Não posso deixar de falar do valor da "Responsabilidade Pessoal", pela nossa vida, emoções, ações e escolhas. É comum nós, como pais, retirarmos as responsabilidades de nossas crianças. Então, muitas vezes, definimos o que eles vão vestir, o que precisam fazer, como devem se comportar etc. E nos esquecemos de confiar e de acreditar na capacidade de tomada de decisões deles.

Devemos deixá-los escolher o sapato do Hulk/Barbie para ir a um casamento, talvez não [risos]. Mas por que não oferecer duas opções cabíveis para a situação e deixar que eles escolham com qual querem ir? A meu ver, essa é uma das maneiras de aprenderem que são capazes de escolher.

Outro ponto é o aprendizado que podem ganhar com a relação de causa-efeito. Chamar um amiguinho de feio ou gordo pode causar danos emocionais, que poderiam ser evitados se eles tivessem sido mais empáticos, por exemplo.

O que me faz pensar na "Autoestima", que é o coração da "Parentalidade Consciente", e é o que vai ajudar nossos pequenos a enfrentar os desafios da vida. Quando sentimos e temos amor incondicional pelos nossos filhos, por meio do "Igual Valor", fazemos com que eles se sintam mais confiantes e seguros, e demonstrem empatia, pois se sentem amados – independentemente de terem conseguido fazer algo ou não, de terem acertado ou não.

O mais importante é que eles se sintam capazes. Isso porque uma criança insegura, sentindo-se inferior, culpada, com vergonha, provavelmente viverá das migalhas dos outros no futuro.

Em suma, todo o esforço que envidamos agora fará toda a diferença lá na frente. Até porque eu não sou muito partidária da teoria de que "se os nossos filhos não aprenderem no amor, aprenderão na dor".

Eles podem, sim, aprender de um jeito mais difícil, mas o que mais precisam, além de se sentirem amados incondicionalmente, é de um pai e uma mãe que favoreçam o fortalecimento de sua autoestima e que lhes ensinem a lidar com as situações da vida, para que possam se posicionar e permanecer de pé frente às dificuldades.

219

Nossos filhos precisam, acima de tudo, que estejamos ao seu lado para apoiá-los e dizer: "Tenta de novo, vai dar certo!".

Exercício para reflexão

Para saber se está sendo uma mãe ou pai consciente, que tal responder a estas perguntas?

• Quais habilidades, competências, atitudes e capacidades você gostaria que seu filho tivesse?

• Quem você tem que ser para que seu filho desenvolva essas habilidades, competências, atitudes e capacidades?

• Você realmente aceita seu filho como ele é e o ama incondicionalmente por isso, ou você gostaria que ele mudasse algo?

• Como você se descreve na relação com seu filho?

• Quem você quer ser para o seu filho?

• Como você gostaria que seu filho falasse da sua família quando adulto?

• O que gostaria que seu filho contasse sobre a relação de vocês durante a infância? E o que ele provavelmente repetiria quando tivesse um filho?

220 **Referências**

ÖVÉN, Mikaela. *Educar com mindfulness*. Porto: Porto Editora, 2015.

SIEGEL, Daniel J e BRYSON, Tina Payne. *O cérebro da criança: 12 estratégias revolucionárias para nutrir a mente em desenvolvimento do seu filho e ajudar sua família a prosperar*. São Paulo: nVersos, 2015.

22

Conhecer o ser para educar holisticamente

Este capítulo mostra que a paz poderá vigorar entre nós se estivermos dispostos a entender e respeitar nosso *modus operandi* e fazer o mesmo com cada pessoa que nos cerca, principalmente com nossas crianças. A compreensão de diferentes estilos de Ser pode ajudar profundamente pais, mães e educadores na melhoria da qualidade de vida e interatividade das famílias

Maria Luciane Nogueira

Maria Luciane Nogueira

Professora desde os 15 anos, dedicou sua juventude à Educação. Ensinou idiomas nos últimos 34 anos de sua carreira e há 20 anos é orientadora do Método Kumon, sempre determinada a ensinar seus alunos a desenvolverem disciplina, foco e comprometimento aliado à aquisição de conhecimentos nas áreas de Matemática, Português e Inglês. Desde 2010, quando conheceu o mundo Holístico, vem se especializando em conhecer profundamente o Ser Humano, suas capacidades, características de personalidade e interação com o meio. Por observar que falta, à maioria das pessoas, orientação adequada para alcançar resultados de sucesso, Luciane foi buscar conhecimento e ferramentas para ajudar. Nessa busca, formou-se Terapeuta em Sincronicidade e nos cursos de Xamanismo, Tarot Egípcio & Enegrama Pessoal, *Coaching Holístico*, Meditação *Mindfulness*. Em 2017, foi certificada pela Parent Coaching Academy (UK), encontrando então um nome para sua maior missão de vida na aquisição do título de *Coaching de Pais e Filhos* – atividade que sempre exerceu com seus alunos e familiares.

Contatos
kumonjacentro.com.br
Facebook: maria.luciane.nogueira
Instagram: lucianenogueirah
(12) 99717-6829

Quando um bebezinho chega é sempre uma alegria imensa! Pudera. É uma coisinha fofa, que se parece com a mamãe ou com o papai e que quando crescer será igualzinho à mamãe, ou ao papai. Certo? Não necessariamente. Biologicamente falando, um Ser Humano até que é bem parecido com outro. Todos somos dotados de células programadas para formar nosso corpo. No entanto, até mesmo estas células podem trabalhar de maneiras inusitadas e diferentes em cada pessoa.

Claro que a hereditariedade pode ditar grande parte do funcionamento da máquina biológica de cada bebezinho. Mas, na verdade, quando esse pequeno Ser nasce, ele se transforma numa verdadeira caixinha de surpresas!

Coitados de seus pais, nem sempre entenderão os porquês dos revezes do processo educacional de seus filhos; e de vez em quando, pensarão: onde foi que eu errei?

Entendo que os pais nunca erram, pois quando existe amor, qualquer tentativa é válida, mesmo se os resultados não forem lá muito bons. Mas uma provável resposta pode ser: esqueceu-se de considerar que seu filho é um ser único! Mas mesmo sem vir com manual, pode ser compreendido se os pais observarem muito bem seus jeitos, manias, reações naturais e desejos.

Todos nós possuímos facetas de personalidade que oferecem, àqueles que convivem conosco, um mapa bem interessante sobre quem somos. Elas são várias, mas acredito ser necessário conhecer pelo menos três: como pensamos, agimos e sentimos.

Sendo assim, convido todos os papais e mamães a refletirem um pouco sobre o comportamento usual de seus filhos:

• Como pensam? Estão sempre dando palpites metódicos, catastróficos, lunáticos?

• Como agem? De maneira meticulosa ou intempestiva? Cuidam de seus irmãos como se fossem os próprios pais? São estrategistas?

223

• Como sentem? Choram com facilidade? Parecem não perceber que o outro existe? Gostam de música?

Análises como essas podem servir de mapas para entendermos nossas crianças e adolescentes; e daí aprender a falar com eles numa linguagem mais acessível.

Pensem bem: se seu filho é uma criança metódica, não vai adiantar você fazer um teatro tentando explicar as regras que ele deve seguir ao ir viajar com a família do amiguinho pela primeira vez. Mas, experimente falar de regras assim: nº. 1: tal, tal, tal; nº. 2: tal, tal, tal. Tenho certeza de que surtirá muito mais efeito.

Por outro lado, com um filho que tem ares de artista e gosta de ouvir música, se você falar sobre regras dizendo nº. 1, nº. 2 etc., ele provavelmente só escutará blá, blá, blá. Talvez essas regras fiquem gravadas se você as encenar para ele.

Enfim, quero convidá-los a aceitar que somos Seres Únicos, que pensamos, agimos e sentimos de modos diferentes uns dos outros. A paz poderá vigorar entre nós se estivermos dispostos a entender e respeitar nosso *modus operandi* e fazer o mesmo com cada pessoa que nos cerca, principalmente com nossos filhos, aos quais temos a responsabilidade de educar.

Para conseguir executar esse processo é necessário estar presente – de verdade – quando interagir com os seus. Nem sempre vai adiantar chegar em casa correndo e ir direto para a cozinha preparar um lanche para todos, enquanto pensa na sua agenda de amanhã. Educar é um processo profundo, exigindo estar por inteiro, consciente, com a mente plena no agora.

Leis que governam toda Criação
Para a física quântica, o universo é constituído de matéria e energia. Assim, podemos definir que ser consciente é ter nossa energia e informação revestida por matéria, estar presente para poder trazer para o concreto nossos pensamentos e observações.

No século XIX, um russo chamado George Ivanovich Gurdjieff, considerado um místico e mestre espiritual da época, ensinou a filosofia do autoconhecimento profundo a seus seguidores e trouxe para o Ocidente um modelo de conhecimento exotérico, criando uma metodologia para o desenvolvimento da consciência.

A princípio, pode-se dizer que Gurdjieff investigou o que chamava de "máquina humana" sob o ponto de vista da totalidade de seus centros – o motor, o instintivo/emocional e o intelectual – harmonizando os diversos aspectos do ser. Ele afirmava ser fundamental desenvolver o conhecimento de si, por meio da observação.

Gurdjieff usava o Eneagrama como ferramenta, referindo-se a ele como um mapa cósmico ou como um grande símbolo geométrico de leis universais. E o utilizava no mapeamento dos processos cosmológicos para o desabrochar da consciência humana.

Sabemos que toda criação é governada por leis. No caso do mundo físico/biológico, que é estudado pelas ciências, esses pilares são chamados de Leis Naturais. Já As Leis Universais são os pilares da existência humana.

Muitos mestres Zen dizem "conhece as Leis e seja livre". Essa sabedoria quer dizer que a energia que comanda a matéria segue leis energéticas sutis que, quando percebidas e entendidas, nos levam à ampliação de nossa consciência e à conquista da nossa verdadeira liberdade de existir.

Essas leis energéticas provocam natural e inconscientemente comportamentos arquetípicos. Quando não as conhecemos, acabamos por nos deparar com grandes problemas de relacionamento, sem saber solucioná-los.

Entre o que um Ser diz e o que outro compreende, sempre haverá a interferência desses padrões. Por isso, há o risco de eu estar passando uma orientação que é extremamente clara para mim, mas, se o outro não seguir a mesma linha de pensamento que eu sigo, dificilmente conseguirá me entender totalmente.

Imagine isso aplicado na comunicação entre pais e filhos? Se para os pais o sistema hierárquico for uma coisa muito séria, que deve ser respeitada; enquanto para seu filho regras existem para serem quebradas e ignoradas; com certeza será difícil convencer o garoto de que não pode chamar seus amigos para o almoço sem que a mãe, ou outra pessoa que fará a comida, seja avisada.

Isso, sem falar quando o pai e a mãe têm maneiras completamente diferentes de pensar, sentir e agir; e não se preocupam em equalizar suas opiniões, antes de apresentar seus paradigmas a seus filhos. Lembrem-se, quanto maior for a família, maior será a diversificação de padrões de comportamento ditados por Leis energéticas sutis e não visíveis, sem que tenhamos uma postura de observação consciente e plena.

Minha intenção é apresentar para vocês exemplos básicos de padrões de comportamento e aptidões que podem ser revelados por meio dessas Leis. Entendo que a compreensão dos diferentes estilos

225

de Ser pode ser alcançada com observação e boa comunicação; e que tal consciência pode ajudar profundamente na melhoria da qualidade de vida e interatividade nas famílias.

Agora vamos conhecer um pouco de cada um desses modelos. Enquanto vocês leem as explicações a seguir, procurem identificar a si mesmos e os membros de sua família. Uma boa maneira de visualizar é desenhando um triângulo e escrevendo o modelo (há 22 exemplos no quadro a seguir) que se adéqua a cada pessoa em cada uma das três pontas, respeitando o seguinte esquema:

C.I. refere-se à maneira como o Ser pensa, processa e expõe seu pensamento ou opinião, aprende e compreende os conteúdos.

C.M. refere-se à maneira como o Ser age, cria, reage a tudo que está a sua volta e realiza o que planejou.

C.E. refere-se aos sentimentos, emoções, necessidades, nível de sensibilidade de cada um, mostrando como as impressões do mundo exterior se fixam em seu campo energético. É chamado de instintivo.

Alguns padrões de comportamento segundo as Leis Universais

Modelo	Como penso? (C.I.)	Como faço? (C.M.)	Como sinto? (C.E.)
Avoado	Criativo e futurista, consegue visualizar o inédito. Fala rápido e sozinho. Centrado em si mesmo.	Adapta-se bem a qualquer situação. Prefere fazer sozinho, pois tem autonomia.	Encanta-se com as novidades. É eternamente jovial e sente-se livre.
Invisível	Bastante criativo, sabe escrever e contar histórias. Sua fala é calma e ponderada. Abstrai-se e entra em estado meditativo mesmo no caos.	Parece que domina todos os tipos de situação. Realiza-se mais com trabalho mental do que pondo a mão na massa.	Muito sensível, adora magias e parece ser mais velho do que é realmente. Muitas vezes, passa despercebido entre as pessoas.

Monarca	Tem Ideias brilhantes e grandiosas. Muito criativo, consegue ver oportunidades onde ninguém mais as vê.	Sente necessidade de se destacar entre todos, exigindo respeito e admiração por aquilo que realiza.	Adora ser poderoso. É sensível, refinado e de muito bom gosto.
Comandante	Impõe seu domínio, é criativo. Sua fala normalmente soa arrogante quando dá a sua opinião.	Mandão, exige ser obedecido. Sempre assume a liderança.	Destacar-se é o que lhe deixa satisfeito. Irrita-se se não é obedecido.
Falante	Bom comunicador, é dotado de fala clara e didática. Parece que está sempre ensinando algo, captando a atenção dos interlocutores.	Tem prazer na execução do seu trabalho, gosta de atividades que demonstrem suas aptidões.	Tem dificuldade em se valorizar. Fala sobre tudo e sobre todos, muitas vezes criando fofocas.
Artista	Expressa sua criatividade com ideias brilhantes e artísticas. Está sempre em dúvida e dá muitas voltas para falar o que pensa.	Folgado, indeciso, se deixa levar pelo fluxo, esperando a decisão dos outros. É sortudo e tem dificuldade em concretizar tarefas.	Muito sensível, não gosta de conflitos, pois quer manter seu ambiente sempre leve e harmônico. As artes lhe acalmam e trazem equilíbrio.

227

Visionário	Tem alta capacidade de comunicação, contagiando a todos com sua fala entusiasmada e ações visionárias e idealistas.	Possui imaginação fértil e grandiosa. É um líder nato e só age baseado em seus próprios ideais.	É intenso, influencia-se com facilidade porque precisa sempre de um ideal para se motivar. Sente prazer em liderar as pessoas.
Metódico	Pensa quadradinho e em esquemas, busca padrão para tudo, sempre enxergando ou criando dificuldades. Não consegue soltar a sua imaginação.	Cria regras e normas para tudo, é disciplinado e adora a ordem. Reage melhor quando a situação exige esforço.	Sente-se como um justiceiro. É durão, muito exigente.
Sério	Só sabe pensar com lógica e firmeza. Fala como se soubesse de tudo e adora o conhecimento. Muitas vezes, sua fala é percebida como arrogância.	Respeita as tradições e só executa tarefas se achar que conhece bem a situação. Prefere fazer sozinho e não costuma dividir informações.	Sempre taciturno, quieto e sério, sente tudo muito profundamente. Decide tudo lentamente.
Brilhante	É cheio de ideias brilhantes que visam grandes conquistas, sendo visto como excelente negociador. Sempre fala sobre suas conquistas e exala ar de soberba.	Adora o sucesso e adora ter dinheiro para realizar suas coisas. Caso contrário, pode desanimar e alterar ação e desanimo na mesma intensidade.	Gosta daquilo que é bom e precisa de sucesso para se sentir em equilíbrio. Sonha em realizar grandes feitos.

228

Focado	Tem ideias fixas que não abrem espaço para a criatividade. Nunca desliga o pensamento e fala sobre tudo com intensidade e stress. Não desiste.	Faz tudo de forma intensa e estressada e funciona bem sob pressão.	É intenso, intrometido e sente necessidade de controlar a vida das pessoas, pois tem certeza de que sabe o que é melhor para o outro.
Disponível	Dono de pensamento prático tem alta capacidade de *timing* e coloca tudo em cronogramas. Fala muito e, às vezes, de forma irritada.	Ajuda a todos, nunca assume posição de destaque e costuma entregar-se ao sacrifício sem resistência.	Precisa se sentir útil, coloca o outro em primeiro lugar, é muito sensível e fica indignado se não é valorizado.
Dramático	É instável e está sempre mudando de ideia, falando muito e rápido. Enxerga sempre o pior lado da situação.	Não aguenta fazer a mesma coisa por muito tempo. É instável e não se abala com mudanças.	É dramático, sofredor, sensível, medroso e covarde. Chora com facilidade.
Sedutor	Seu pensamento é prático e vivaz, mas só fala e pensa sobre o que gosta querendo chamar atenção.	Tem destaque pessoal e seduz com suas atitudes.	Busca o prazer em tudo e se coloca sempre em primeiro lugar. É muito vaidoso e charmoso - por isso, conquistador.

Furacão	Descontrola-se facilmente, fala aquilo que pensa em tom alto e agressivo.	É muito agitado e está sempre "fazendo artes", gosta de burlar as regras.	Adora arriscar-se buscando grandes emoções. Faz tudo apaixonadamente.
Radical	Tem a língua afiada e facilidade de se entregar a fantasias e ideologias. Questiona tudo e todos.	Adora competir e, se sentir que pode ganhar, dedica-se mais ainda. Vive procurando combates e quebrando as coisas sem querer.	É rebelde, adora discordar e fascina-se por grandes causas.
Delicado	Tem deias claras, práticas e criativas. Entende e adequa-se ao cotidiano. Fala baixo e de modo inseguro.	Criativo e perfeccionista, prefere ambientes limitados e trabalhos manuais	Vive em busca de seu talento. É sensível, emotivo, romântico e ingênuo. Não gosta muito de novidades.
Questionador	Tem pensamento analítico e profundo dotado de análise investigativa. Detalhista, introspectivo, vive com a cabeça cheia de eventos mentais, entrando facilmente na negatividade.	Perguntador e minucioso, leva tudo a sério. Adora criar rotinas.	É blindado emocionalmente, tornando difícil saber como está se sentindo. Evita ser tocado e é enigmático.

230

Agregador	Pensa em função do grupo, fala em tom afável e amigável. É simpático e comunicativo.	Detesta ficar sozinho, adora formar grupos e estar sempre cercado de pessoas.	Dependente, sensível, companheiro e amigo necessita do grupo para sentir-se bem.
Tradicional	Reclama muito, fala em tom pesado, queixoso, sério e formal. Preocupa-se demais com seus bens materiais.	Cuida de tudo e de todos. Administra tudo que tem e supervaloriza a família.	Parece que já viveu de tudo, não suporta ver sua estrutura em risco e costuma catalogar os amigos em grupos e subgrupos.
Exagerado	Fala com exagero, em tom alto, bem-humorado, otimista, expansivo, papudo e empolgado.	Não cria nada pequeno, tudo seu é magnânimo. Gosta de espaços grandes e de viajar.	Sente tudo de forma gigantesca e intensa. Está sempre alegre, bem-humorado.
Sarcástico	Muito inteligente, filosófico e com visão global das coisas. Tem ideias avançadas e faz piada de tudo, inclusive de si.	Detesta seguir regras e só faz aquilo que tem vontade. É muito intuitivo	Dado a perversões, acha que tudo vale e tudo pode. Independente, engraçado e sarcástico, não se importa com críticas.

231

Importante lembrar que os modelos descritos nesse quadro não servem para rotular pessoas. Além das três características citadas (pensar, fazer, sentir), temos outros pontos do Eneagrama que não foram apresentados aqui; e um Ser nunca é só um dos modelos apresentados.

Por exemplo, imaginando um Ser questionador no C.I., artista no C.M. e brilhante no C.E., como será que interage com os que estão ao seu redor?

Eu diria que é alguém que pensa muito, questiona-se o tempo todo sobre tudo que vê, lê e aprende. Só consegue estudar se estiver fazendo anotações e vai questionar profundamente tudo que lhe surgir como aprendizado. Apesar de ter uma mente com conteúdo blindado, é uma pessoa agradável no convívio social, tem voz suave, abraço carinhoso e será sempre requisitado para entreter reuniões. Ama ser elogiado, fica feliz quando é o centro das atenções e no seu íntimo almeja ser famoso e fazer a diferença na vida das pessoas. Adora coisas e comida boa, tem gosto apuradíssimo e necessidade de ter bens materiais.

Minha dica é se inteirar das características descritas acima e tentar observar seus filhos, cônjuge e familiares, para perceber em qual delas cada um se encaixa melhor. O intuito de motivar essa observação é facilitar a maneira como vocês poderão interagir com cada filho.

Se vocês já perceberam que ele fica muito irritado quando as pessoas à sua volta não seguem seus comandos, evite simplesmente confrontá-lo. Ao contrário, experimentem elogiar sua capacidade de comando e tentem guiá-lo na avaliação de suas ordens (elas são mesmo justas e não tendenciosas?). Ou, então, simplesmente esperem passar a "crise de indignação", para depois discutirem os níveis de hierarquia a serem seguidos em casa. O segredo está em propor diálogo e observação aos membros de sua família.

Junto deste capítulo, vocês encontrarão um jogo de tabuleiro. Utilize um leitor de código QR para ter acesso ao Jogo da Família abaixo. Trabalhando-o ludicamente, espero que consigam esclarecer seus conflitos e estabelecer comunicação e observação 100% entre todos.

Para concluir, vale lembrá-los que de nada adianta usar esse conhecimento se não for para agir com amor e compreensão.

Boa sorte!

Referências
Todo o conteúdo deste capítulo foi baseado nos conceitos aprendidos no Curso de Tarô e Autoconhecimento de Nida Violante/UHB; e em pesquisas realizadas na Internet sobre a teoria "O Quarto Caminho", de George Ivanovich Gurdjieff.

23

Por que vale a pena resgatar sua criança interior

Todos nós crescemos e, muitas vezes, nos esquecemos da criança que fomos um dia. Ela pode estar se sentindo triste, amargurada, sozinha, com medo e até abandonada. Neste capítulo, você fará uma viagem de introspecção para se conectar a essa criança. Se descobrir que está necessitando de cuidados, pare tudo e volte sua atenção a ela! Talvez, tudo de que precise é um pouco de amor

Marisley Vichino Cavalcante

Marisley Vichino Cavalcante

Mãe, *life & parent coach* e palestrante. Maris, como é conhecida, trocou sua bem-sucedida carreira em empresas multinacionais para fazer o que mais ama: trabalhar com desenvolvimento humano. Certificada como *Personal & Professional Coach* pela Sociedade Brasileira de Coaching (SBCoaching) e em *Coaching para pais* pela The Parent Coaching Academy (PCA). Realiza-se ajudando pessoas a transformarem suas vidas, dando a elas verdadeiro significado e propósito. Conduz processos para a superação de limitações pessoais, aumentando o grau de realização, harmonia e felicidade em diversas áreas, tais como: relacionamentos interpessoais, sociais, familiares. Sua paixão pelo trabalho faz com que esteja sempre em busca de novas técnicas e aprimoramento constante.

Contatos
maris@mvccoaching.com.br
marisleycavalcante@gmail.com
LinkedIn: Marisley Vichino Cavalcante

Ao longo da minha carreira como *life & parent coach*, tenho visto muitas mães me procurarem para ajudá-las com o comportamento de seus filhos. Ouço reclamações recorrentes, como:

- "Meu filho não me obedece";
- "Chora por tudo";
- "É desorganizado";
- "Vai mal na escola";
- "Não quer fazer curso de inglês";
- "Não gosta da natação";
- "É ansioso";
- "Parece medroso";
- "Tem dificuldade em fazer amigos";
- "Nunca para; é inquieto, hiperativo".

Pare e pense: o que seu filho está querendo dizer com esse comportamento?

Percebo que essas mães chegam com uma projeção de "criança ideal" e manifestam a expectativa de que eu trabalhe junto aos filhos delas na busca de um "ajuste" em direção a essa referência. Como se as crianças fossem um objeto que simplesmente pudesse ser "concertado" ou "moldado" em um formato preestabelecido.

Eu costumo perguntar a essas mães:

— O que seria uma "criança ideal" para você?

A resposta mais comum é:

— Uma criança calma, que me obedeça quando eu falo, que seja responsável, que se comporte de maneira adequada quando saímos para passear...

Nesse momento, o semblante dessas mães começa a mudar e o corpo "fala", por sentir todo o peso da distância entre o que elas chamam de "modelo atual" e o "modelo idealizado".

Elas falam de quão cansadas e fracassadas se sentem como mães e reconhecem que precisam de ajuda. Ou seja, acabam se dando conta de que aquelas sessões de *coaching* que tanto queriam para seus filhos, na verdade, agora são desejadas para elas mesmas.

Surgem as frustrações e os relatos de quantas coisas desejam para suas crianças... Desponta, assim, a projeção que fazem de si mesmas em seus filhos. É como se vissem neles a chance de realizarem seus próprios sonhos, pois, de alguma forma, ficaram para trás.

É como se agora essas crianças tivessem que querer e sonhar com aquilo que um dia essas mães desejaram para si mesmas.

Hiperexigências, superproteção, cansaço

Na ânsia por essa realização tardia, surgem diante de mim alguns tipos de mãe. As de alta *performance* exigem demais de seus filhos, a ponto de desanimá-los, de fazê-los sentir que nunca atenderão aos elevados padrões. Muitas vezes, a insistência nesses elevados resultados acabam causando transtornos e desgastes no ambiente familiar.

Há também as superprotetoras. Tratam seus filhos como seres frágeis, incapazes de tomar atitudes, assumir responsabilidades e sofrer frustrações. Essas mães acabam fazendo tudo por eles, impedindo-os de crescer.

E por que não mencionar aqui um outro tipo bem comum. Falo das que correm o tempo todo atrás das demandas de seus filhos, como se não tivessem vida própria. Tudo o que se relaciona à família é mais importante do que ela.

Destaco ainda as que estão tão preocupadas consigo mesmas, com seus afazeres e projetos pessoais, que acabam não tendo tempo e energia para os filhos. Fazem parte as que trabalham fora, chegando em casa tão exaustas que, muitas vezes, só querem descansar de um longo e estressante dia. Não podem, pois precisam ainda pensar na lição de casa das crianças e nas reclamações sobre os comportamentos delas.

Diante desse cenário, eu pergunto:

— Mãe, quem os seus pais queriam que você fosse?

Como resposta, percebo um olhar distante, marcando o início de uma viagem no tempo. Minutos depois do "embarque", essas mães começam a falar sobre muitas coisas que fizeram (e/ou deixaram de fazer) por causa de seus pais ou por causa da forma com que seus pais as trataram.

Revelam, no fundo, questões mal resolvidas dentro de si mesmas que foram sendo atropeladas ao longo do caminho. Como consequência, causaram um verdadeiro acúmulo do seu próprio EU.

Numa boa conversa, percebo que ali há uma filha precisando de cuidados emocionais, a quem podemos chamar de criança interior. Faltou um olhar para essa criança interior ou até mesmo um cuidado maior, que a mulher de hoje sempre acreditou ser preciso.

Mesmo após se tornarem mães, podem estar sofrendo "caladas" pelos excessos ou carências vividas na relação com seus pais, durante a infância e adolescência.

Consequência dos extremos

Noto que, algumas dessas mães enquanto filhas foram superprotegidas e tiveram de tudo em sentido material, ganhando muitos presentes sem um real motivo, tendo suas vontades atendidas, raramente ouviram "não"... não souberam o que é uma frustração. Foram muito mimadas e, mais tarde, tornaram-se, muitas vezes, mulheres frágeis, sensíveis e inseguras.

Filhas que receberam limites, tiveram regras rígidas, precisaram aprender a lidar com raiva, frustração, medos; precisaram vencer obstáculos e conquistar as coisas por si mesmas, tornaram-se mulheres fortes, batalhadoras, determinadas, focadas e com enorme garra diante da vida.

Aquilo que poderia, em princípio, parecer uma escassez emocional gerada pelos seus pais era, na verdade, abundância! Mesmo assim, no íntimo dessas mulheres, pode existir a sensação de que fizeram tudo sozinhas e que poderiam ter tido um pouco mais de atenção e colo de seus cuidadores. Agora adultas, talvez ainda sintam as consequências da maneira como foram tratadas – e sofram por isso.

Sempre é tempo de cuidar de sua criança interior. Entender o que realmente dói dentro de si. Eu recomendo olhar-se não como o adulto que você é hoje, mas como a criança que ficou perdida em algum lugar do passado. Talvez aquilo que consiga lembrar não faça muito sentido, sendo muito mais importante o que não lembra!

Emoções que você guardou, lembranças que foram sendo formadas no inconsciente e reprimidas ou que ganharam forças e passaram a guiar suas atitudes ao longo da vida. Essas atitudes são justificadas de forma consciente, mas na sua essência são consequências de emoções que se encontram perdidas em um lugar muito especial dentro de si.

Acessar tais lembranças ajuda a entender o princípio da nossa dor, dos nossos conflitos internos, do nosso ser; de ser quem realmente somos.

Identificando sua criança interior

Em um processo de *coaching*, podemos realizar o resgate de nossa criança interior por meio de técnicas e visualizações monitoradas. No dia a dia dos meus atendimentos, eu costumo fazer algumas perguntas que também poderá ajudar você a identificar como está a sua criança interior. Convido a ler uma a uma, procurando responder de olhos fechados:

- Quando você pensa na sua infância, quais lembranças ela traz?
- Estas lembranças remetem você a qual tipo de sentimento(s)?
- E por que você reage assim?
- O que você esperava dos seus pais naquela situação?
- Como se sente hoje com relação a esse(s) sentimento(s)?
- Quem realmente é você?

Caso perceba que a sua está ferida, você poderá praticar o seguinte exercício de visualização:

- De olhos fechados, visualize-se na vida adulta encontrando-se com sua criança interior. O que você vê? Qual a sensação? Converse com ela. Explique o que ocorreu, os sentimentos envolvidos e diga que agora vai ajudá-la. Imagine-se acariciando-a e beijando-a ternamente.

Esse exercício é terapêutico e gera ótimos resultados. Quanto mais tempo você passar por essa visualização e quanto mais vezes repeti-la, mais resultados positivos conseguirá na sua vida atual e no seu papel de mãe.

Não temos como voltar no passado, literalmente, e mudar a nossa história. Mas podemos dar uma rápida olhada no retrovisor para identificar as crenças que nos limitam hoje e que nos ajudam a entender quem somos.

Trabalhar essas crenças nos traz uma energia verdadeira de superação de possíveis lacunas de afeto. E isso é extremamente importante para conseguirmos olhar para nós mesmos, para o outro e para o futuro de uma forma diferente.

Cure a si mesma e transforme-se

Quando essas mães abrem o coração para cuidar das próprias dores, reavaliando suas crenças, respeitando seus valores, elas passam por um incrível processo de transformação. Surge, então, a verdadeira filha, a verdadeira mãe, a verdadeira mulher que estava há tanto tempo ali, esquecida.

Essas verdadeiras mães encontram o equilíbrio e passam a sentir-se capazes de cuidar emocionalmente de si mesmas e de seus filhos – de serem autoras da própria história. Ao se libertarem do passado e de suas crenças limitantes, colocam-se no presente por inteiro, adotando novas crenças, mais fortalecedoras, que serão levadas para o futuro.

Elas descobrem que seus filhos são diferentes do que imaginavam e passam a aceitá-los, cuidando deles conforme o que eles precisam. Tornam-se mães apoiadoras, menos críticas, incentivando-os a conquistar o que querem em vez de simplesmente dar o que querem. Mostram as consequências sem decidir por eles. Deixam que tenham iniciativa, ajudando-os a lidar com possíveis medos e frustrações.

Elas passam a ter uma relação incrível com seus filhos, pelo fato de terem mudado a forma de pensar, de agir, de olhar para si mesmas. Por se libertarem do "modelo idealizado" que abordei no início deste capítulo, enxergam mais facilmente e explicam aos filhos o aprendizado por traz de uma escolha errada, seja por desobediência, seja por não terem feito uma tarefa de casa.

As crianças precisam entender, desde pequenas, que tudo o que elas fazem têm consequências boas ou ruins. E que você, mãe, não estará sempre do lado para ajudá-las. Portanto, é preciso aproveitar esse tempo de proximidade e orientação para irem construindo sua autonomia, independência, com responsabilidade.

Vale a pena se perguntar:

• Meu filho, minha filha dará conta de cuidar de si mesmo(a) quando eu não estiver por perto?

• Meu filho, minha filha se comportará em sociedade de maneira adequada?

• Que tipo de pessoa meu filho, minha filha será quando estiver longe de mim?

Mães, criem seus filhos para o mundo, não para vocês!

Lembrem-se, vocês são companheiros de viagem, mas com destinos muito particulares, individuais. Curtam a jornada da melhor forma possível. Façam com que seus filhos sejam pessoas incríveis dentro daquilo que cada um realmente é – e não dentro daquilo que você quer que eles sejam.

239

Valorizem o que seus filhos têm de melhor, reconheçam seus pontos positivos, peçam para que eles mesmos avaliem seus próprios desempenhos. Quando seu filho sentir que não se saiu bem em algo, pergunte a ele o que poderia ter feito de diferente.

Incentive-o a persistir, diga que você acredita na capacidade dele de realizações. Se não deu certo na primeira vez, não tem problema. Ele poderá tentar de novo até conseguir. E, quando ele vencer o desafio, celebre junto!

Eu convido todas as mães a pensarem: quantas crianças interiores estão abandonadas neste mundo?

Gary Chapman, em seu livro *As cinco linguagens do amor*, reafirma que sentir-se amado é a principal necessidade do ser humano. E que toda criança possui necessidades emocionais básicas que devem ser supridas, para que se possa atingir a estabilidade emocional. Entre elas, está a necessidade infinita de amor.

Chapman cita uma metáfora do psiquiatra Ross Champbell, que diz que dentro de cada criança há um "tanque emocional" esperando para ser preenchido com amor. Não permita que fique vazio, ou facilitará que ela apresente várias dificuldades.

Toda criança espera receber amor de seus pais – muitas vezes, vindo na forma de limites. No entanto, podemos achar que nossos pais não nos amaram da forma que esperávamos. Será que procuramos entender os motivos por trás disso? Ou apenas acusamos nossos pais por não terem feito as coisas como nós entendemos que seria a forma mais correta?

Compreender a limitação de nossos pais é o primeiro passo para o perdão. Eles também, um dia, foram crianças e não necessariamente tiveram na infância o que julgavam ser preciso.

Entender o passado deles, o tipo de pais que eles tiveram, as condições nas quais foram criados, suas carências e frustrações, ajudará você a compreender que todos nós fazemos o melhor que podemos com os recursos que temos. Em outras palavras, ninguém dá o que não tem.

Por isso, perdoe seus pais e entenda que a criança que existe em você precisa ser amada, aceita e validada. Precisa ser libertada, cuidada e definitivamente curada.

Ao ressignificar o que lá atrás foi mal interpretado, você fará as pazes com o seu passado e seguirá mais leve e feliz com o futuro que está construindo no presente. É como diz este trecho de um poema lindíssimo do mestre português Fernando Pessoa:

> A criança que fui chora na estrada.
> Deixei-a ali quando vim ser quem sou;
> Mas hoje, vendo que o que sou é nada,
> Quero ir buscar quem fui onde ficou.

Lembre-se de que, por trás de uma criança com um comportamento disfuncional, tem uma família ou um adulto com alguma disfunção que merece atenção. Resolvendo os pais, a gente resolve os filhos.

Por isso, cuide de sua criança interior e torne-se uma mãe que seus filhos merecem ter: uma "mãe ideal" para que vocês também possam ter o(s) tão sonhado(s) "filho(s) ideal(is)". Afinal, "mãe ideal" e "filho(s) ideal(is)" é fruto de uma relação saudável que se constrói todos os dias!

Referências

BABA, Sri Prem. *Amar e ser livre: as bases para uma nova sociedade*. 1. ed. Rio de Janeiro: Harper Collins, 2017.

BERARDINELLI, Cleonice. *Fernando Pessoa: antologia poética - organização, apresentação e ensaios de Cleonice Berardinelli*. 1. ed. Rio de Janeiro: Casa da Palavra, 2012.

CHAPMAN, Gary. *As cinco linguagens do amor*. São Paulo: Editora Mundo Cristão, 2004.

241

24

Pais: homens sábios que decidem amar

Acredito que a maior parte deste livro será lido por mães, como eu. Se for o seu caso, como uma grande irmandade, peço que, gentilmente, você separe este capítulo junto com os outros de que mais gostou e ofereça com um marcador de página bem chamativo, interessante, colorido; ou um *post-it* com recadinho carinhoso aos homens da sua vida (que podem já ser papais ou um dia serão) e os incentive a ler

Nana Miquelin

Nana Miquelin

Co-criadora do Vinícius e apaixonada por livros. Idealizadora do projeto Mães em Nós. *Coach* Profissional e Familiar, Educadora Parental, Mentora e consultora de Pessoas e Organizações. Especialista certificada em *Expert Parent*, Ferramentas, *Teens*, Escolar e Grupos pela Parent Coaching Brasil. Certificada pela The Parent Coaching Academy (UK), em Disciplina Positiva pela Positive Discipline Association (EUA), *Kids* e *Teens Coach* pelo ICIJ, em Educador *Coach* e *Coach* Infantil pela Madrina, em *Coach Personal e Professional* pela ISOR. Também Analista de Mapeamento de Perfil Comportamental pela Solides, além de facilitadora licenciada da Educação Emocional Positiva e da Jornada das Emoções. Desde jovem, Nana busca alternativas de conexões saudáveis entre crianças/adolescentes e suas famílias. Adora partilhar experiências e observar a grandeza dos detalhes. Tem larga experiência organizacional e em equipes, dando treinamentos na área de desenvolvimento humano que unem competências de liderança e de transformação pessoal. E, atualmente, trabalha focada na promoção de conexões familiares mais seguras, empáticas e felizes.

Contatos
www.nanamiquelin.com.br
nanamiquelin@gmail.com
Facebook: nana.miquelin ou maesemnos
Instagram: nana.miquelin
(43) 99150-6233

Pai, papai, paizinho, paizão, "véio", coroa... esta parte do livro é só para você. Talvez tenha olhado meio torto quando alguém lhe ofereceu este capítulo. Essa pessoa o considera especial. E você já a impressionou pelo simples fato de aceitar. Pais gostam de serem objetivos, resolutivos, práticos. Sua imagem mental é a de força, segurança, olhar visionário. Seus conselhos ficam marcados como princípios a serem seguidos e são primordiais no desenvolvimento do caráter, moral e espírito humano. A propósito, como está a sua imagem mental de paternidade?

Nestes tempos em que tantas vozes tentam direcionar nossos filhos ainda em formação, você, pai, pode e deve ser um arauto, comunicando valores com clareza e simplicidade. Também ser um porto seguro no qual possa dar sua vida como exemplo, com seus erros e acertos, fortalezas e pontos de desenvolvimento – demonstrando, assim, a sua humanidade.

Seu impacto é tão positivo!
Você pode, sim, impactar a vida da sua melhor co-criação neste mundo, que é o seu filho. De quebra, garantir uma boa pontuação com a esposa (se for o caso). Verdade que durante nove meses e muitas mudanças fisiológicas na vida da mãe do seu filho, a sua parte foi um pouco mais tranquila fisicamente.

Aqui, seu desafio é permitir-se perceber dentro de si, de maneira consciente, lembranças, pensamentos e sentimentos que povoam a sua mente. Pare por alguns segundos e reflita:

• Você consegue recordar qual foi a sensação fisiológica que o acometeu quando recebeu a notícia de que, a partir daquele instante, seria pai? (Por exemplo: suor, tremor, cólica, dor na garganta, peso nos ombros, rubor na face, olhos arregalados, sorriso, euforia)

• Qual sentimento povoou a sua mente? Ainda se lembra? (Por exemplo: medo, ansiedade, amor, desconfiança, susto, alegria, indiferença...)

• Quais as crenças que você já tinha a respeito da paternidade?

245

Uma grande mudança estava para acontecer. E você talvez tenha se sentido um pouco confuso e perdido, sensação que pode continuar acompanhando-o até hoje. É que, geralmente, os pais se fecham em suas caixas mentais porque, de maneira automática, fazem em segundos previsões de um futuro distante.

Os pais (assim como as mães) são os responsáveis por preparar e desenvolver um ambiente propício ao crescimento e amadurecimento dos filhos. Dessa forma, no futuro, com a chegada dos filhos deles (que serão seus netos), deverão se tornar pais atuantes, dedicados, fortalecidos e competentes.

No entanto, quando as mulheres mais querem que os pais ofereçam apoio, deem conforto emocional, assumam suas responsabilidades nesse processo de co-criação, o que mais elas encontram é o oposto (papais queridos, não encerrem a leitura aqui, não fiquem bravos; e sim percebam se algo do que eu digo tem semelhança com você ou algum amigo seu).

Esse processo pelo qual os homens passam é mais comum e normal do que se imagina. Ainda impera o pensamento masculino de que a exclusividade da esposa, da mulher – que ele tanto gostava – lhe foi tirada por outro ser, um bebê. Dependendo da sua história de vida, você pode se sentir sozinho, até abandonado.

Daí, logo o ego envia à mente masculina pensamentos sabotadores que provocam um afastamento justo nesse momento tão especial. A chance de tudo piorar, caso esses pais não se voltem ao centro da sua vida, é grande e desafiadora.

Existem reações que causam rejeição e dor, que nos levam a lugares escondidos dentro da nossa inconsciência. Nosso cérebro primitivo ativa o nosso instinto de sobrevivência e proteção, de preservação. Enquanto a mãe está sob as nuvens da emoção, o pai pode estar nas trovoadas da razão.

Provavelmente, pensamentos negativos, ligados a questões práticas, marcaram presença na sua mente, como estes:

• Será que vou conseguir protegê-los?
• Vamos precisar de uma casa maior?
• Eu não sou bom com crianças...
• Preciso de uma nova fonte de renda...

E assim segue. O medo se instala e, desde o início, sucumbe o poder transformador do amor. Ninguém pode dar maior proteção e cuidado do que você, pai. Seu filho sempre precisará da sua presença, ternura, apoio e compreensão.

Esse privilégio lhe cabe assim como o de acolher, orientar, ensinar e prover. A paternidade, quando aceita, traz muita maturidade. Faz o homem enxergar que não é o único no mundo e que há uma vida que depende dele. E que seu tempo, amor e dedicação deverão ser compartilhados com essa vida.

O filho esgota suas economias, diminui suas noites de sono, divide seu tempo com a mulher, mas é a continuidade do seu próprio ser.

Você tem escolhido essa missão no amor ou no medo?
No período de gestação, o pai pode ser o responsável por preparar as condições para o novo "ninho". Usar sua força criativa, seu senso de proteção e firmeza para auxiliar a mãe no que for necessário.

Enquanto a mãe transmite alimento, nutrientes, células, emoções e afeto ao bebê, o pai transmite segurança. Você sabia que, por sua voz ser mais grave, atravessa o líquido amniótico e é mais facilmente percebida pelo feto? Sua voz serve de tranquilizante dentro do útero e também logo ao nascer.

Minha dica é: transmita segurança à mãe, participe das consultas médicas, na preparação do ambiente, no planejamento financeiro; seja a voz firme e gentil que tanto mãe e bebê precisam para se sentirem acolhidos e protegidos; toque o ventre dessa mãe. Se não se sentir confortável em "falar com a barriga", converse num tom calmo com a mãe. Seu filho vai ouvir e sentir sua presença.

O pai será a primeira pessoa que a criança amará e com quem se sentirá segura no mundo externo, pois sentirá essa conexão desde o início. Se no campo psicológico a mãe é representante do mundo interno e inconsciente, a figura masculina presente será do mundo externo, do mundo consciente.

Um exemplo pessoal: em 2015, meu filho Vinícius completara cinco anos, e meu marido quis tirar as rodinhas da bicicleta. Meu instinto protetor dizia que ele não estava preparado. Mas deixei, pois aquele momento era entre pai e filho.

Ambos estavam se "experimentando" (por isso, mães precisam permitir que pais e filhos tenham momentos exclusivos, sendo espectadora e exercitando a própria flexibilidade). A função paterna é a do desenvolvimento, da autonomia. É a figura de referência no desenvolvimento social da criança.

Meu marido, pacientemente, segurou no banco, ajustou a bicicleta e caminhou com Vinícius, até que se sentisse firme, confiante e levasse o primeiro tombo. Nosso filho quis desistir, mas o pai firme e gentil insistiu inúmeras vezes. Ele ainda não estava preparado.

O pai empurra a criança para o mundo concreto, real dentro da sua percepção de mundo; mas pode acontecer de o filho não estar ainda preparado. Percebi a frustração de ambos: o pai, por não colher a vitória de o filho andar sem as rodinhas; e o filho, pelo fato de não agradar o pai e sentir medo.

Eu escolhi deixar essa questão entre os dois. Quantos aprendizados! Vini passou um tempo sem nem olhar para a bicicleta. Quase um ano depois, o pai convidou, o filho atendeu; e a dupla teve uma experiência maravilhosa, sentindo-se vitoriosos.

Essa espera, esse respeito mútuo, esse falar menos e sentir mais foi essencial para que o sucesso acontecesse. Vinícius chegou aos sete anos já curtindo muitas pedaladas, chegando aos 30 quilômetros com o pai; e essa conexão entre os dois tem se fortalecido dia após dia.

Ser pai atualmente... é ser bombardeado por todo tipo de conselho, fórmula, regra, conceito, pesquisa, dica, opinião. O homem precisa estar sempre atento e disposto a rever seus conceitos, praticar a empatia (experimentando colocar-se no lugar da criança) e perceber que é melhor não controlar tudo.

Você se sente pai de verdade?
Vamos olhar com cuidado para a transformação que as famílias sofreram com o decorrer do tempo. Atualmente, o pai deixou de ser a fonte principal de sustento dos filhos. Em muitos casos, infelizmente nem colabora com parte dessa fonte.

Com os altos índices de divórcio, nascimentos fora do casamento, muitas crianças vivem atualmente sem a presença do pai. Observavamos que a figura paterna é apenas a de um homem que morava naquele lugar e foi embora ou que precisaria pagar a tal pensão, mas falha (e ela percebe pelos murmúrios da mãe). Ou ainda é um desconhecido que apenas assinou um papel (ou não) quando ela nasceu.

Parece ironia que, mesmo havendo tantas formas de comunicação e oportunidades de envolvimento real e significativo com as crianças, alguns homens se afastem dessa grandiosa benção da paternidade. Não nos cabe julgar, mas o olhar curioso nos mostra aspectos comuns, como medo, insegurança, casualidade, egoísmo. De heróis sem capa passam a vilões acobertados pelos grilhões da sua escolha.

Por outro lado, há muitos pais que participam do nascimento dos filhos. Querem, sim, licença paternidade para ter o melhor tempo junto com a mãe. Pedem flexibilidade de horários no seu emprego. Abrem mão de muitas coisas para passar um tempo de qualidade com a família.

Ou seja, conseguimos ver um movimento de envolvimento maior, dos pais com a família que construiu. E claro, você, leitor, encontra-se nesse grupo. Eu o parabenizo por buscar um bom alicerce, baseado em valores, e por proporcionar uma gama de conhecimentos e aprendizados via esse engajamento na vida de seus filhos.

A vida da criança é mais enriquecedora e viva quando há um pai presente física e emocionalmente. Um pai que valide suas ações e, principalmente a conforte e a encoraje quando se sentir triste ou desapontada. Diante disso, vale refletir:

• Como tem reagido aos desgastes emocionais com seus filhos?
• Tende mais a criticar, julgar, punir? Ou a ouvir, questionar para entender e promover ações conscientes?

Aceitar ser pai é uma decisão. E quando colocamos esse privilégio, ele não engloba só o pai biológico, e sim o pai que é chamado por genética ou coração, cuidado, referência. Essa paternidade traz sentimentos que nenhum outro chamado poderia trazer. Um filho resgata sua essência, faz com que amadureça e dá mais sentido à sua vida.

Considerando que essa é a maior das experiências de entrega e superação para um homem, talvez esteja na hora de se perguntar (vai... respira fundo e responda a si mesmo, visualizando na sua mente cada reflexão e o legado que quer deixar):

• O que estou fazendo com o presente que recebi de Deus?
• Tenho cuidado? – Tenho zelado?
• Estou agradecendo pela sua existência?
• Faço parte da vida dele com o mesmo cuidado que quero permanecer na memória dele?
• Que tipo de filho eu quero deixar para este mundo?

Aprendi desde cedo com meu amado pai (que partiu dessa vida ainda jovem, mas me deixou marcas impagáveis), que viver é mais que estar respirando. É fazer história, construir memórias, estar junto, ajudar quando for preciso, saborear as alegrias gratuitas com entusiasmo, fé e bom humor.

Eu sei que, de onde ele estiver, sentirá orgulho de ver sua filha encorajar tantos pais a fazerem o possível para serem mais gentis, seguros, flexíveis e atentos a cada marca fixada na memória dos filhos.

Geralmente, quando perguntamos a um pai o que ele faz, junto com o porquê de trabalhar tanto, a resposta, na maioria das vezes, é:

— Eu trabalho para dar o melhor à minha família, porque é isso que um homem faz!

Acredito que esse "melhor" é conhecer a sua família por dentro, por fora, de perto, de longe... Procurar saber o que seu filho, filha, esposa, parceira pensam, amam, odeiam. Perceber o que os faz chorar de alegria, de tristeza, de medo. Para que possa ser um facilitador de tudo de bom que a vida pode trazer.

A melhor resposta para pergunta "Como eu faço isso acontecer?" é "Pergunte". Isto é, questione com atenção e curiosidade. Descubra de maneira aberta e gentil. Seja receptivo às respostas. Acima de tudo, evite críticas e julgamentos, e nem arrume tolices para discutir.

Em todos os meus atendimentos no *coaching* familiar, quando pergunto o que meus adolescentes e crianças mais gostariam de ter e receber em relação aos pais, as respostas coincidem: tempo, presença, conhecimento, histórias...

Eles querem que seus pais os conheçam. A única dificuldade é que eles só esperam que você, querido pai, faça a pergunta. Que você se aproxime, aprenda e se interesse um pouco mais pelo tipo de conteúdo que você co-criou neste mundo.

Assim como um homem busca informações sobre aquilo em que deseja investir, de carro a *game* e celular, pode fazer o mesmo a respeito dos filhos. Ouvindo, perguntando, buscando saber curiosidades e necessidades a respeito deles.

A interação com as pessoas que cuidam de nós afeta a arquitetura da nossa mente. Independentemente da sua experiência e maturidade de vida, todo pai pode decidir superar as dificuldades e optar por explorar seu dom de amar.

Com certeza, é capaz de conquistar, com sua essência, a completude do vínculo criado com seu filho. Quando você se dispõe a escutá-lo, é aceito incondicionalmente por ele. Nesse momento, a mágica acontece! Quando o pai, com paciência e cuidado, estabelece essa conexão verdadeira, está formado um elo inquebrantável, repleto de consciência e respeito.

Ame seu filho em todas as oportunidades

Inclusive e, principalmente, quando ele errar. Também quando ele estiver em desarmonia com seus valores e quando se sentir desmotivado, entristecido ou raivoso. Amar é verbo. Indica ação, movimento; e precisa ser exercitado. Seja você, pai, o condutor desse movimento!

Um convite para um passeio ao parque, cachoeira, sorveteria, cinema; de bicicleta, patinete, *skate*. E que tal criarem um programa cultural ou esportivo exclusivo de vocês? Seria um momento mágico de conexão.

Se você tem uma habilidade diferente da média, leve-o para participar disso. Mostre o funcionamento, quem são as pessoas que fazem parte. Ou seja, inclua seu filho nos seus *hobbies*, na sua vida. Por exemplo: se toca um instrumento, faça um *pocket show* só para essa pessoinha que ama.

Tire um momento para usarem a criatividade e montarem experiências divertidas. Que tal cozinharem juntos? Um pouco de bagunça fará parte da diversão. Para exercitarem a cooperação, peça à criança que passe margarina no pão dele e no seu também.

Às vezes, um olhar, um gesto gentil, um toque no ombro, um abraço firme, um beijo na face, um cumprimento exclusivo de vocês reaviva a cumplicidade e o respeito desse vínculo. Convide os amigos dele para lanchar, escute músicas que ambos curtem, leve e busque-o junto com amigos nas festinhas – sempre com bom humor e cuidado.

Outras ideias são participar das apresentações escolares, contar histórias da sua vida (com as partes em que você errou). Ah, peça desculpas sempre que necessário! Mostre quão importante ele é na sua vida, por isso tanto esmero e firmeza.

Existem inúmeras formas de amar. A maior é pelo exemplo. Cada um sabe, de coração, o que e como fazer. Escolha o amor.

Momentos mágicos de vocês

Das ações acima (ou outras que preferir), quais você se compromete a fazer com seu filho (ou cada um se tiver vários) na próxima semana?

251

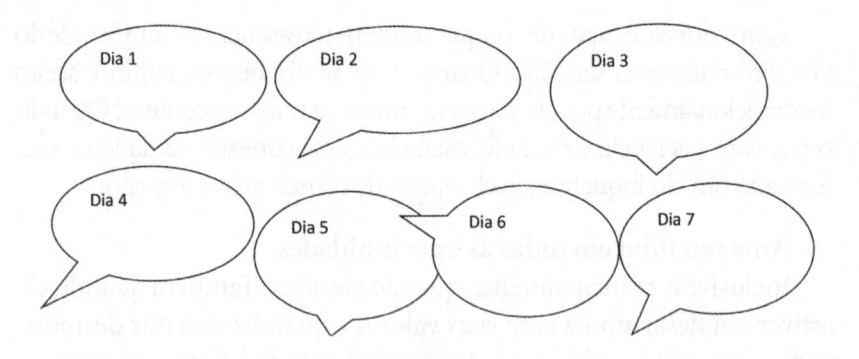

Fotografe e guarde com você o preenchimento, para se lembrar diariamente da decisão de colocar em prática seus Momentos Mágicos.

Que boas escolhas! A cada dia é possível ir mais longe e viver melhor. Peça ajuda. Mantenha-se firme e gentil. Seja simples e sincero. Ouça a razão e escolha pelo coração, assim seguirá de modo livre e sereno. Assim, seus filhos terão muitas lembranças positivas da melhor época que viveram ao seu lado.

O desafio é atual e imprescindível. Este novo século também é novo para nós e vale persistir no exercício de amadurecer nossa fé e confiança em dias melhores para nós mesmos, nossas crias e nossa convivência.

Se quiser compartilhar sua experiência, prometo ouvi-lo com respeito. Afinal, ninguém educa sozinho. É necessária uma constelação de estrelas para incentivá-lo a brilhar alegre, mesmo em noites escuras.

Referências

GOTTMAN, John e DECLAIR, Joan. *Inteligência emocional e a arte de educar nossos filhos.* São Paulo: Objetiva, 2001.

NOLTE, Dorothy Law e HARRIS, Rachel. *As crianças aprendem o que vivenciam.* São Paulo: Sextante, 2009.

25

Conquistando a cooperação das crianças

É um perigo quando mães e pais não dão a oportunidade de seus filhos praticarem competências que as ajudariam a se sentirem capazes de uma porção de coisas. Neste capítulo, você que é mãe ou pai poderá compreender como conquistar a cooperação das crianças. E também como fazer com que elas se envolvam, sendo felizes, nas atividades do dia a dia

Ozana Bessa

Ozana Bessa

Mãe do Gustavo. Pós-graduada em Gestão de Negócios pela FGV (SP). Consultoria Educacional. Especialista em Neurociência Comportamental. Certificada em Psicologia Positiva pela University of North Carolina (EUA). Psicoterapeuta, Psicomotricista, Analista Comportamental, Orientadora Profissional, Educadora Parental em Disciplina Positiva pela Positive Discipline Association (EUA), *Master Coach* pela Development Internacional e *KidsCoach* pelo ICIJ - Instituto de Coaching Infantojuvenil, especializada em atendimento familiar e escolar.

Contatos
contato@ozanabessa.com.br
Facebook: ozanabessaneurocoachfamiliareescolar
Instagram: Ozana Bessa
(11) 98141-4169

O que é cooperação e como criar uma atmosfera na qual as crianças se sintam prontas a ouvir e a cooperar? A cooperação é a tarefa de ajudar e servir, em função de um bem comum.

Eu sou mãe de um filho e com muita vontade de ser mãe novamente. Sou grata por poder aliar os conceitos da Teoria Comportamental Cognitiva, Neurociência, Psicologia Positiva, Gestalterapia, Filosofia, *Coaching*, Psicopedagogia, Psicanálise para educar, testar e já colher frutos na sua educação.

Não sou da geração que se lembra das crianças obedecendo a todos os pedidos, jamais ousando responder mal aos pais e prestando máxima atenção à figura do professor em sala de aula. Mas, ouvi histórias dos meus avós e pais relatando essas lembranças.

Ouvimos muitos pais, atualmente, se perguntando por que não é mais assim e se sentido frustrados com a falta de colaboração como "nos bons e velhos tempos". O que aconteceu? Por que as crianças de hoje não desenvolveram a responsabilidade e o desejo de cooperar?

Antes de entrarmos no "como" é importante saber... "por quê?". As possibilidades são muitas. Tais como: lares desfeitos, excesso de televisão, mães e pais trabalhando fora e reduzindo a convivência familiar, a terceirização da educação dos filhos, o ritmo acelerado, tudo para ontem, causando uma ansiedade e impaciência.

Uma importante mudança que pode explicar o que ocorreu na sociedade nos últimos anos: os adultos não são mais exemplos ou modelo de obediência. Será que eles esqueceram que já não agem como antigamente?

Hoje, estamos em uma sociedade na qual deixamos de ter esses modelos. Todos os grupos exigem seus direitos de igualdade e dignidade de forma absoluta. E não estou me colocando contra os avanços, pois os ganhos são visíveis. Apenas busco explicar as mudanças que sofremos para que, hoje, as crianças estivessem simplesmente seguindo os exemplos ao seu redor.

Tivemos, no mercado de trabalho, o progresso de a mãe deixar o lar para trabalhar fora, deixando para trás a submissão ao marido, pai, chefe etc.

Com todas essas mudanças na sociedade, houve uma terceirização da contribuição e educação das crianças na rotina familiar. Devido a isso, deixamos de desenvolver habilidades de responsabilidade e confiança tão importante na formação do indivíduo para lidar com as adversidades da vida. Em contraponto, foi adotado o extremo da superproteção, poupando o filho de qualquer decepção, dando em excesso sem nenhum esforço ou investimento de sua parte.

Quando entendemos e reconhecemos esses movimentos na sociedade, podemos – não com o intuito de formarmos filhos perfeitos, mas sim de nos conectarmos com eles – nos apreciar como pais e apreciar os nossos filhos, aprender novos padrões (saindo da rigidez extrema da punição e da permissividade, e focar em soluções melhores de educação.

É importante conhecer o caminho respeitoso da gentileza e firmeza, porque ele nos abre a novas oportunidades, nos mostra que, a longo prazo, nossos filhos adquirem aprendizados sociais e de vida, diferentemente da ilusória ideia que a punição nos traz.

Sim, é verdade que punir interrompe o mau comportamento imediatamente. Porém, no longo prazo, pesquisas mostram que as crianças adotam comportamentos de ressentimento e rebeldia, repetindo esses mesmos comportamentos com maior intensidade e sentimentos de vingança, dissimulação ou redução da autoestima.

É a prática de novas habilidades e o treino delas, precisando de tempo e repetição, que vai fazer com que você conquiste a cooperação dos filhos. Pode parecer um trabalho árduo, e assim o é, mais eu garanto que valerá à pena!

Será a chave de tudo entender que as crianças, para que estejam dispostas a colaborar, precisam se sentir aceitas e importantes. E elas ficam mais propensas a seguir as regras quando ajudaram a estabelecê-las. Basta pensar no que se passa com você, adulto, pai ou professor, quando é convidado a cooperar em algum trabalho ou projeto.

Quando sua opinião e emoções são ouvidas, não se sente mais receptivo a cooperar? Sim! Assim como você, as crianças, quando se sentem ouvidas e acolhidas em seus sentimentos, ficam mais abertas a ouvir seu ponto de vista e a trabalhar na solução de um problema.

Outro ponto importante é termos um relacionamento de respeito mútuo entre crianças, pais e professores.

Respeito mútuo não significa "o mesmo", e sim quando todas as pessoas têm direitos iguais à dignidade e respeito. Se adotarmos humilhação em nossa caminhada como educadores, estaremos na contramão do conceito de respeito mútuo.

Não podemos esquecer que as crianças estão simplesmente seguindo exemplos que observam ao seu redor. Se elas virem atitudes de cooperação dos seus pais com os outros, vão se sentir mais motivadas a praticar e imitar, até involuntariamente.

A seguir, quero promover ideias que vão ajudar você, que é mãe ou pai, a desenvolver a cooperação das crianças.

Como conseguir que as crianças colaborem desenvolvendo novas habilidades
- Elimine o recurso da punição;
- Resista à tentação da permissividade;
- Pratique gentileza e firmeza ao mesmo tempo;
- Mostre empatia sem mostrar concordância;
- Convide as crianças a encontrar solução para os problemas, envolva-as;
- Pratique o respeito mútuo.

As crianças são seres sociais, cujos comportamentos terão como objetivo principal serem aceitas e consideradas importantes de uma forma socialmente útil. Muitas vezes, o mau comportamento surge baseado na crença errônea de que é um caminho infalível para conseguir aceitação e importância. E acabam conseguindo justamente o contrário daquilo que desejam.

Agem de maneira irritante, e isso pode se tornar um ciclo vicioso, caso os pais e educadores se sintam tentados a ignorar tal comportamento negativo, podendo estimular a criança achar que ela não é aceita. Lembre-se de que é apenas uma criança que deseja ser aceita, e que vocês juntos podem fazer essa linda caminhada rumo à construção desse novo caminho.

Você já ouviu esta máxima: "Não faça por uma criança o que ela possa fazer sozinha"? O motivo é que roubamos delas, por comodidade ou ansiedade nossa, a oportunidade de desenvolver a crença de que elas são capazes de cooperar, de participar das atividades da família.

257

Ao contrário, elas podem desenvolver a crença de que precisam ser cuidadas ou que merecem um tratamento especial, o que não é nada justo (por minar seu potencial) e ainda pode despertar comportamentos negativos quando não conseguem as coisas do jeito delas, esperando que o mundo lhes sirva.

A situação se torna ainda mais perigosa quando pais e professores se isentam de culpa na equação do mau comportamento e quando não dedicam tempo e energia para ensinar os filhos como colaborar em casa e na sala de aula. Essas crianças desenvolvem a crença de que não são boas o bastante, no fundo, por não terem oportunidades de praticar competências que as ajudariam a se sentirem capazes.

A melhor atitude a tomar é compartilhar tarefas; e saiba que essa ajuda pode começar mais cedo do que imagina. Mesmo com pouca idade, a criança já possui capacidade motora suficiente para desempenhar muitas atividades, podendo aumentar o senso de aceitação que mencionei no início deste capítulo.

Além disso, é importante que os filhos participem na dinâmica familiar para perceber como as atividades feitas pelos pais são difíceis, exigem tempo e dedicação, valorizando mais ainda tais iniciativas.

Outro benefício é desenvolver a verdadeira autoestima na criança, que não depende de elogios e da opinião dos outros. Ela tem a oportunidade de se sentir bem consigo mesma, por contribuir significativamente na casa, escola e comunidade.

Também adquire habilidades de vida, percebe que erros são chances maravilhosas de superar o fracasso e encontra soluções para problemas que surgem, se beneficiando ao aprender a ser resiliente para lidar com os altos e baixos da vida.

Que tal permitir que seus filhos experimentem responsabilidade social e que se tornem adultos responsáveis no futuro?

Deixe mensagens de amor mais claras

A senhora Angela estava muito preocupava com o uso excessivo do celular e *tablet* pelo filho, Antônio. Em um encontro entre amigos, para comemorar o aniversário de uma das filhas de amigos, ela o presenciou, mais uma vez, usando o *tablet* fora do horário e local combinados, em vez de estar brincando e aproveitando a festa. Então, perguntou:

— O que é isso? Você novamente nesse *tablet*?

O tom da pergunta indicava claramente que ela não estava preocupava com a resposta. Apenas uma pergunta para logo agir com punição. Antônio logo começou a elencar suas desculpas e pedir para jogar só mais um pouquinho.

Ao compartilhar comigo essa situação, pedido a minha ajuda, logo pensei em como eu poderia ajudá-la a entender o quão importante seria expressar sua mensagem de amor.

— Por que você estava tão chateada com o fato de ter encontrado seu filho navegando no *tablet*? – Perguntei.

— Por que eu quero que ele aprenda outras atividades.

— E por que você quer que ele aprenda outras atividades? Percebendo que ela estava achando a minha pergunta idiota, respondeu:

— Porque eu quero que ele se socialize com outras crianças, brinque, saiba que existe momento para cada coisa, desenvolva habilidades para a vida.

Como ela ainda não havia chegado ao ponto crítico, eu repeti a pergunta de uma forma mais leve:

— Além disso...?

— Porque eu o amo! – Ela finalmente entendeu.

Minha última pergunta foi:

— E você acha que ele entendeu sua mensagem de amor?

Certamente, ela percebeu que ele não vinha entendendo a mensagem, porque ela não estava sendo clara.

É importante, em nossas orientações e combinados, deixarmos claro o que desejamos que seja feito, para que a criança saiba o que esperamos dela sempre. E que reconheçamos a boa atitude que ela teve. Aliado a isso, vale termos a certeza de que a mensagem de amor foi passada, e então encontraremos uma atmosfera de amor e cooperação.

Os cientistas descobriram que gastamos em média 12,5 minutos ao dia com uma criança. Desse tempo, 8,5 minutos são usados para recriminações e proibições. Portanto, sobram apenas quatro minutos para uma comunicação afetuosa.

Para elevar o tempo diário de comunicação afetuosa, listo abaixo atitudes simples, mas com efetivo resultado:

• **Pedir "por favor".** O exemplo é o primeiro passo para que as crianças aprendam essa expressão tão necessária. Ouvindo dentro e fora de casa como um hábito entre os adultos, será mais fácil o aprendizado infantil.

259

• **Evite "Por que"**, quando você não tiver buscando informações, motivos ou respostas ao mau comportamento. A finalidade maior dessa expressão é para fazer perguntas, com o propósito de investigar a causa de algum acontecimento. Entretanto, na maioria das vezes podemos cair na armadilha de utilizarmos, num ato de repreensão, em tom de condenação.

• **Faça perguntas abertas**. Iniciar questões com os recursos "como", "o que", "qual", "quando" evita que a criança responda simplesmente "sim" ou "não". Vale a pena incentivar as crianças a descreverem seus sentimentos e avaliar suas ações.

• **Dê duas opções de escolha**. Dessa forma, vai orientá-la, ajudá-la. Segundo especialistas, nessa etapa da vida, seu filho ainda precisa de parâmetros de objetivos simples de escolha.

• **Use tom de voz gentil**. Pesquisas mostram que as crianças ficam muito mais adeptas à cooperação quando os pais usam um tom de voz tranquilo. Quem não ouviu falar que grito gera grito?

• **Diga "Obrigado"** ao final de cada solicitação. É uma forma de reconhecer os esforços da criança e ajudá-la a se tornar uma pessoa solidária e cooperativa. Porque entenderá que ajudar é bom, que é uma atitude valorizada.

Algumas ideias de tarefas devem ser adaptadas de acordo com a capacidade de cada criança. Vá aumentando as responsabilidades gradualmente.

Nessa aprendizagem, o encorajamento, o ensinamento e o acompanhamento dos pais são essenciais. Significa uma oportunidade de diversão, de conexão forte com os filhos e de construir um espírito altruísta nas crianças – para estarem prontas e atentas, se alguém precisa de ajuda.

Estudos sobre o efeito do ambiente familiar mostram que, nas casas onde os pais criaram os filhos de forma a se sentirem amados e tratados de forma justa, sendo amáveis e cooperativos um com o outro, tal criação influenciou os pequenos cooperar, em vez de competir desenfreadamente.

Quanto antes começar, melhor!

Por ser importante adequar as tarefas compartilhadas conforme a faixa etária, as orientações abaixo serão particularmente úteis:

Entre 2 e 3 anos. Uma boa maneira de apresentar à criança as tarefas de casa é por meio de objetos ou ambiente já conhecido, como colocar nos locais corretos e determinados o lixo, sua roupa suja, os brinquedos (por tipo e tamanho). Faça junto nas primeiras vezes. Em pouco tempo, você irá notar que ela já está entendendo o conceito de organização.

Entre 4 e 5 anos (acrescentar às anteriores). Incentivar a alimentar os animais de estimação, levar seu prato e copo após a refeição até a pia, ajudar com a arrumação do quarto. Poderá calçar os sapatos para sair ou vestir uma roupa (faça isso com um par de sapatos ou troca de roupa sem grandes dificuldades para calçar ou vestir). Sempre sob sua supervisão.

De 6 a 7 anos (acrescentar às anteriores). Por começarem a entender melhor o que significam responsabilidade e cuidado, já podem recolher o lixo do banheiro, repor os rolos de papel higiênico, esvaziar a máquina de lavar louças... Uma atividade que vai diverti-las é regar as plantas.

Acima de 8 anos (acrescentar às anteriores). Com mais habilidade motora e menor risco de cometer acidentes (como derrubar e quebrar objetos), podem fazer um bolo, lavar à louça, ajudar a arrumar a mesa para as refeições, carregar as compras do supermercado, aspirar o tapete. E, com mais alguns anos, conseguem até ajudar a cuidar de um irmão mais novo.

261

Na escola, as crianças também podem praticar a colaboração. Podem ajudar aos companheiros que tenham alguma dificuldade para aprender, ajudar seu professor a repartir material ou dar algum recado etc.

Algo muito gostoso e que não pode ser esquecido é as crianças serem convidadas na hora da preparação de uma festa de aniversário, na montagem de uma árvore de natal etc.

A contribuição das brincadeiras e do esporte

A colaboração por meio de brincadeiras e esportes é aprendida habilidades de responsabilidade social. Por isso, seguem sugestões:

1. Pega-pega cooperativo. Aqui, a criança é o pegador, só que, ao tocar em outra, a mesma não sai do jogo. Pelo contrário, elas terão que formar um cabo humano dando as mãos e não podem se soltar até que peguem o último jogador. O segredo é não deixar os amigos se soltarem um da mão do outro.

2. Coelho sai da toca. Um adulto (mãe, pai, professor, avó) coloca bambolês no chão. Cada criança receberá um bambolê. Na verdade, duas devem compartilhar o mesmo no primeiro momento. Em seguida, esse adulto grita "Coelhinho sai da toca". Enquanto as crianças procuram uma toca (representada pelo bambolê), ele tira um bambolê; e todas terão de se reorganizar, se juntar para que ninguém fique fora da toca. Termina a brincadeira quando sobrar somente uma toca.

Inspire-se no Ubuntu

Trata-se de uma lenda africana sobre a cooperação. Ela nos ensina que por meio do "nós", da humildade, da partilha, da compaixão, da empatia e do respeito conseguimos igualdade, harmonia e felicidade. Um antropólogo que estudava usos e costumes de uma tribo africana propôs uma brincadeira entre as crianças. Ele colocou um cesto de frutas perto de uma árvore e disse o seguinte a elas:

— A primeira que chegar à árvore ficará com o cesto de frutas.

Surpreendentemente, quando o homem deu o sinal, as crianças deram as mãos umas às outras e começaram a correr juntas até a árvore. Pegaram o cesto juntas e comemoraram juntas. Vendo a cara de espanto do antropólogo, uma delas disse:

— Ubuntu, tio. Como um de nós poderia ficar feliz se o resto estivesse triste?

Ubuntu é uma antiga palavra que representa a filosofia e ética africana e significa "Sou quem sou porque somos todos nós".

Ubuntu pra você!

Referências

FONSECA, Vitor da. *Manual de observação psicomotora*. Rio de Janeiro: Editora Wak, 2012.

NELSEN, Jane. *O cérebro da criança*. São Paulo: Editora Manole, 2015.

SIEGEL, Daniel J.; BRYSON, Tina Payne. *Disciplina positiva*. São Paulo: Editora nVersos, 2015.

26

Antes de escolher a escola de seu filho... Estude!

Neste capítulo, pais e mães saberão fazer uma escolha consciente, a que mais deixará seus filhos felizes dentro do contexto escolar. É preciso analisar uma série de questões, inclusive identificar aquela que mais harmoniza com seus valores e rotina diária. Ao final, você entenderá por que sempre digo que a educação é feita de seis mãos: duas do aluno, duas da família e duas da sua escola ideal

Shirlaine Paduin

Shirlaine Paduin

Especialista em Educação, atua na área há 30 anos. É mantenedora escolar e diretora pedagógica, além de ser experiente no maior laboratório prático que existe, que é ser mãe de três filhos. Possui Licenciatura em Letras, com ênfase na Língua Portuguesa pela Faculdades Osvaldo Cruz (1989); e em Pedagogia (1994) e Supervisão Escolar (1995) pela Universidade Guarulhos. Pós-Graduada em Psicopedagogia Institucional e Clínica pela Universidade de Guarulhos (2003), Psicopedagogia Institucional pela Universidade Barão de Mauá (2010) e Metodologia para o Ensino Superior pela FGV (2013). Tem também formação em *Coaching* (Abracoaching), *Coaching Familiar* pela Family Coaching (Portugal), Parent Coaching (Brasil) e The Parent Coaching Academy (UK).

Contatos
www.realidadedemae.com.br
shirlainepaduin@hotmail.com
paduinshirlaine@gmail.com
Instagram: @shirlainepaduin
Facebook: shirlaine.paduin ou shirlainecoach

"Ninguém caminha sem aprender a caminhar, sem aprender a fazer o caminho caminhando, refazendo e retocando o sonho pelo qual se pôs a caminhar."
(Paulo Freire)

Escolher a escola ideal, tempos atrás, não era tão preocupante. Havia pouca oferta na hora de matricular os filhos. E as públicas se apresentavam como sendo quase a única opção disponível para a maioria das famílias. Isso não chegava a ser um problema, pois o nível da educação era considerado bom e aceitável, conseguindo suprir as necessidades buscadas por pais e alunos.

Mas os tempos mudaram. Hoje, há muito mais informação à disposição, além de variadas propostas pedagógicas. A falta de confiança na educação pública também cresceu demais, já que o Estado, com raras exceções, não fornece mais um ensino adequado e nem garantias básicas aos alunos, como segurança.

Com base nesse panorama, a responsabilidade na escolha de um colégio está cheia de nuances e deve se adequar à rotina de cada família. As informações, a partir de agora, têm o objetivo de facilitar esse processo.

Já adianto que, apesar de se tratar de uma matéria aparentemente mais voltada ao serviço privado, isso não impede que tal processo seja aplicado também à escolha de uma instituição pública.

No passado, o principal critério costumava ser a localização. Basicamente levava-se em conta a proximidade do local de estudo com a residência. Os pais que podiam pagar uma escola particular, além da localização, consideravam também a infraestrutura e o custo-benefício como itens mais importantes para a decisão final.

Nos dias atuais, esses itens certamente são ponderados. Porém, outro fator entrou na pauta fortemente: a segurança.

Cuidado com a quantidade de ofertas!

Não temos dúvidas de que a sociedade sabe que a escola é o instrumento mais importante para o preparo dos homens e mulheres que garantirão o futuro dela. Desse modo, é necessário todo o cuidado diante da quantidade de ofertas, serviços e promessas que as escolas fazem, cada qual com uma vitrine diferente.

Se olhamos essa variedade com cautela, percebemos que muitas das opções ofertadas se resumem a: mudança de nomes de serviços oferecidos, grades curriculares com atividades a mais, horários diferenciados, aulas extracurriculares dentro do currículo, especialistas específicos, quantidade de aulas.

Enfim, são dezenas de argumentos pedagógicos, sendo que cada escola procura se destacar em relação às suas concorrentes.

Com tantas peculiaridades, fica fácil se confundir na hora H! Se você é uma mãe ou um pai de primeira viagem querendo colocar o filho na escola ou pensa transferi-lo, depois de se decepcionar com o serviço prestado da atual, está realmente com um grande desafio nas mãos...

É a felicidade de seu filho que está em jogo, e essa decisão não tem *replay*. Por isso, a escolha de uma escola é tão séria. E não dá para se resolver levando em conta somente a questão financeira - embora, é claro, deva sempre caber na sua realidade.

Importante colocar na balança uma série de fatores e ponderar sobre o que mais se destaca. Avaliar se as opções são coerentes com seus valores de vida é um dos principais. Além disso, verifique como as propostas apresentadas no projeto pedagógico se relacionam com o que sua família procura.

Ao optar por uma escola, você está levando o "pacote inteiro". Então, procure agendar uma entrevista com a coordenação para ter certeza de que a ideologia local é a mesma em que você acredita, de acordo com as suas convicções.

Você sabe mesmo o que está procurando?

Com base em tudo que falamos até agora, pare um pouco e reflita. Depois, responda as questões a seguir e perceba se você realmente sabe o que procura em uma escola.

1. Você tem clareza de quais são os seus valores? Se o seu filho não for tão pequeno, conversa sobre esses valores com ele?

2. Você quer que seu filho tenha aula de religião?

3. Como você lida com a maior diversidade de modelos familiares e como espera que a escola lide?

4. Acredita que a escola deve priorizar o desenvolvimento das habilidades individuais e os conteúdos dos vestibulares mais concorridos?

5. Qual a sua postura com relação à rotina familiar (horários, prazos, assiduidade, comprometimento e organização)?

6. Qual o estilo de alimentação da sua casa e o que deseja para seu filho na cantina ou no refeitório escolar?

7. Você quer que seu filho tenha autonomia nas tarefas diárias? A escola atual incentiva e valoriza tal atitude?

8. Você valoriza uma escola que proporcione interação entre os familiares dos amigos de seu filho e de toda a comunidade escolar? Ou não quer essa interação?

9. Como você espera que a escola trate sobre a indisciplina de um aluno? Você é do tipo de mãe ou de pai que acredita em tudo o que seu filho fala ou vai checar os dois lados da situação?

10. O que é felicidade para você?

Agora que você refletiu sobre algumas questões, não podemos deixar de lembrar que a escola será o lugar onde seu filho passará grande parte do dia, por quase duas décadas. Com certeza, ela terá um papel fortíssimo de reforçar o que realmente você quer de melhor para ele.

267

Uma análise mais aprofundada

Educação parece um assunto simples, mas vimos até agora o quão complexo é. Não por acaso sempre atendi pais com dúvidas sobre o que deveriam priorizar ou ignorar na escolha de uma instituição de ensino.

Com base em minha trajetória, apresentarei a seguir algumas questões mais aprofundadas, que poderão ajudar a sanar suas dúvidas. Você perceberá que elas requerem maior tempo de análise – lembrando que uma decisão tão importante deverá passar por todos que acompanham a vida escolar do seu filho.

No caso de quem tem mais de um filho, por experiência própria digo que é comum procurar conciliar horário e o mesmo endereço para facilitar a sua rotina diária. Mas é necessário entender que uma mesma escola nem sempre servirá a todos. Os filhos são diferentes, assim como os padrões, as propostas, as idades...

Ressalto ainda a parceria pais-escola é um fator extremamente importante em todo processo de escolha, devendo estar de acordo com todas as questões anteriormente levantadas. E não se esqueça de considerar a opinião de seu filho!

Eis algumas questões que são importantes para mães e pais se atentarem na hora das visitas à potenciais escolas:

- **Você conhece a proposta pedagógica da escola?**

Ela deve estar explícita, assim como o material didático adotado. Os eventos, as atividades, os projetos sociais devem estar conectados. É preciso haver coerência pedagógica em tudo que a escola promove. O calendário pedagógico deve estar devidamente montado desde o início do ano e exposto a todos os alunos e familiares. Isso mostra planejamento e organização.

- **Você conhece os valores que a escola trabalhará com seu filho?**

Há escolas que estimulam a competição, argumentando que os alunos lidarão com isso no futuro profissional. Já outras, de perfil mais humanista, seguem a trilha da cooperação, por exemplo. Várias se denominam inclusivas, enquanto algumas parecem excluir alunos que não tiram notas altas sempre. Saber quais valores a escola passa aos seus filhos é entender que eles passarão a acreditar neles. Por isso é importante que você tenha ciência e também acredite neles.

- **Você conhece o material didático que a escola adota?**

É muito importante conhecer o material didático que seu filho irá usar. Há vários tipos: uns com muitas atividades e lições; outros com mais atividades a serem realizadas na escola, por exemplo. Pense em como você conciliará isso com seu tempo e o de seu filho e analise se cabe na sua rotina. Não adianta optar por uma escola com um material conteudista, altamente demandante de tarefas extraclasse, se vai causar um estresse diário na sua casa, com chances de seu filho não cumprir parte delas.

- **Como a escola vê a questão de notas. Qual é o critério de avaliações?**

Discute-se muito atualmente sobre avaliações, e os critérios variam de escola para escola. Claro que, nos anos iniciais, as atividades avaliativas são basicamente para uma checagem do professor. Já nos anos finais do ensino fundamental e no ensino médio, elas são levadas mais a sério, por prepararem os alunos para futuras provas. Mas as avaliações também devem ser entendidas, especialmente pelos pais, como uma base capaz de identificar possíveis divergências no decorrer do ano, referentes ao aprendizado e compreensão do filho. Saber se você espera que a escola trabalhe com seu filho levando em conta também suas habilidades emocionais/comportamentais ou prepare-o para altas notas no Enem e provas das melhores universidades? Eis um ponto essencial a refletir.

- **Como a escola lida com as questões de indisciplina e *bullying*?**

Por passar a maior parte do tempo no ambiente escolar, o convívio social envolve lidar com pessoas de personalidade e valores distintos. Portanto, conflitos e desvios de comportamento são inevitáveis, mas não aceitáveis. Vez ou outra há casos de indisciplina, e os professores e coordenadores devem estar sempre em posição de dividir e solucionar os problemas, alinhados com os familiares. Uma situação que muito se agravou é a do *bullying*, devendo ser tema de projetos em sala de aula e discussões envolvendo o tripé escola-alunos-pais.

- **A escola trabalha com a inclusão dentro da escola e das salas de aula?**

A inclusão deve ser trabalhada de forma honesta e tranquila. Honesta, porque a escola deve conscientizar tanto alunos quanto sua equipe, para que não exponham negativamente as diferenças e nem discriminem, sabendo que cada situação requer cuidados específicos. Tranquila, pois a família desse estudante que apresenta alguma deficiência e ele próprio precisam saber que podem contar com o apoio de todos para sua inserção no convívio escolar. Respeitando sua individualidade e transmitindo a segurança de que sua dificuldade será trabalhada em seu tempo.

- **Você ou alguém da sua família vai acompanhá-lo nas lições ou trabalhos de casa?**

É de suma importância os pais terem ciência da rotina de lições e trabalhos para casa, e se a escola proporciona tempo hábil para realizá-las. Como não é fácil o aluno por si só realizar todos os deveres diários, pais muito ocupados devem designar alguém de confiança para esse suporte. Acima de tudo, o aluno deve entender a relevância de seu comprometimento e querer realizá-lo.

- **Você conhece alguém que estuda na escola visitada?**

A importância de conhecer outros alunos e pais que estudem (ou estudaram) na escola é fundamental. Questione os pontos positivos e negativos que eles veem. Apenas não se deixe levar por apenas uma opinião, pois nenhuma escola vai agradar a todos cem por cento. Porém, a experiência de pessoas próximas a você pode ser fator decisivo na avaliação dos pontos positivos e negativos que você considera quando o que está em jogo é o desenvolvimento de seu filho.

- **A localização é viável para sua rotina diária ou vai optar por utilizar transporte escolar?**

Muitas vezes, você gosta muito da escola, mas a distância da sua residência é grande. Deve levar isso em consideração. Afinal, será uma rotina de um ano inteiro ou de vários anos. Nesse caso, a criança já chega cansada, estressada, com sono. O rendimento na aula não é satisfatório, e a última coisa que ela vai querer é estudar. O mesmo acontece com o transporte escolar. Se o trajeto é longo, seu filho precisa fazer um "passeio" pela cidade ou pelo bairro antes de chegar à escola.

- **Seu filho precisará de período integral?**

Hoje em dia, a oferta de período integral é muito grande. Essa será uma escolha que deverá levar em conta as atividades propostas para o período em que o aluno não estiver na sala de aula. O ideal é realizar as lições e os trabalhos escolares durante o período integral, para que seu pouco tempo em casa possa ser aproveitado com descanso e fortalecimento do vínculo familiar. A escola pode ainda propor horários de relaxamento, aulas sobre conhecimentos extras, algum esporte, hora da leitura, teatro... Enfim, a grade do período integral deve ser checada pelos pais, a fim de garantir que seu filho não ficará confinado em uma sala de aula o dia todo.

- **A escola fornece alimentação ou possui cantina para uso dos alunos quando necessário?**

É interessante conhecer o cardápio, ver se está de acordo com o que você quer que seu filho coma, juntamente com ele. Normalmente os alunos acompanhados dos amigos comem mais – inclusive verduras. O ambiente do almoço tem que ser harmonioso e estimulador para a refeição. Verifique o que é feito quando seu filho não quiser comer: por exemplo, oferecem em outro horário? São detalhes que passam despercebidos se for por um dia, mas são importantes se você pensar na rotina alimentar de seu filho por um longo período.

- **A escola propõe aulas extras no contraturno?**

Saber se valoriza os esportes é tão importante quanto conhecer a grade curricular. Muitos alunos melhoram seu rendimento escolar quando incentivados a fazerem aulas de dança, treinos esportivos, aulas de arte marcial, aulas de teatro e cinema... Portanto, vale a pena conhecer o que é oferecido para o aluno além do que é obrigação.

O intuito deste capítulo não é colocar mais dúvidas, e sim mostrar aos pais de forma simples e objetiva que é possível escolher a escola com consciência se (no mínimo) levar em conta as questões colocadas, as reflexões sugeridas.

Não há certo ou errado. Há conexão, empatia, linguagem congruente, confiança, segurança, diálogo e amor. A escola é uma continuação do lar. Então, a linguagem de ambos deve ser complementar, e não divergente.

> A principal meta da educação é criar homens que sejam capazes de fazer coisas novas, não simplesmente repetir o que outras gerações já fizeram. Homens que sejam criadores, inventores, descobridores. A segunda meta da educação é formar mentes que estejam em condições de criticar, verificar e não aceitar tudo que a elas se propõe. Jean Piaget (1896-1980)

Uma frase que sempre uso: educação é feita de seis mãos, duas do aluno, duas da família e duas da escola. Quando, em determinado momento do processo, alguém esconde uma das mãos, o processo trava. É preciso que todos estejam conectados no processo educacional.

Para reforçar, resumidamente é necessário que os pais analisem tecnicamente as variáveis da escola: qual se encaixa na sua rotina particularmente e vai ao encontro de seus valores morais? Assim como há vários tipos de família, há vários tipos de escola.

Com certeza, existe uma que combina perfeitamente com o que você deseja para o seu maior tesouro. Cada filho também deve estar seguro e tranquilo de que os pais confiam na escola.

Essa é a metade do caminho para um excelente desenvolvimento educacional. A outra metade – e a mais importante – é garantir que nossos filhos sejam felizes dentro do contexto escolar.

Referências

FREIRE, P. *Pedagogia do oprimido*. Rio de Janeiro: Paz e Terra, 1993.

LIBÂNEO, José Carlos. *Democratização da escola pública: a pedagogia crítico-social dos conteúdos*. São Paulo: Loyola, 1985.

OSÓRIO L.C. *A família hoje*. Porto Alegre: Artes Médicas, 1996.

YAEGASHI, Solange F. R.. *Família, desenvolvimento e aprendizagem: um olhar psicopedagógico*. In RODRIGUES, Elaine; ROSIN Sheila M. (organizadoras). Infância e práticas educativas. Maringá: EDUEM, 2007.

ZAGURY, Tânia. *O professor refém: para pais e professores entenderem porque fracassa a educação no Brasil*. Rio de Janeiro: Record, 2006.

Sites

CRESCER ONLINE. *Dicas para escolher a escola do seu filho.* <revistacrescer.globo.com/Criancas/Escola/noticia/2016/07/85-dicas-para-escolher-escola-do-seu-filho.html>. Acesso em 14 de fev. 2018.

PORTAL DA FAMÍLIA. *Entrevista com o educador João Malheiro sobre o livro A alma da escola do século XXI.* <www.portaldafamilia.org/artigos/artigo871.shtml>. Acesso em 11 de fev. de 2018.

REALIDADE DE MÃE.<www.realidadedemae.com.br>. Acesso em 10 de jan. 2018.

272

27

Tolerância em momentos de conflitos com os filhos

Você conhecerá, neste capítulo, características da tolerância, do autoconhecimento, como se desenvolver nos momentos conflituosos, a importância das pequenas mudanças comportamentais, os meios de prevenir a intolerância, dentre outros; e o quanto tudo isso, integrado às técnicas de conexão consciente e exercícios de reflexão e ação, proporcionará bem-estar, leveza e harmonia no relacionamento com seus filhos

Silvia Helena S. Doná

Silvia Helena S. Doná

Casada, mãe do Pedro e da Sophia. Assistente Social, graduada pela UNISAL de Americana (SP). Formada em *Master Coaching* com especialização em *Positive Coaching* pela Sociedade Brasileira de Coaching, *Kid Coach* pela Rio Coaching e *Parent Coach* pela The Parent Coach Academy (UK). Trabalha como *Coach* Educacional e Facilitadora de grupos para pais. Especialização em Comunicação Autêntica pelo Instituto Tiê por Carolina Nalon; e em Comunicação Não Violenta para Filhos pelo Instituto de Humanidade TeApoio. Certificação Internacional em *Parent Coaching for Parents Who Want to Excel* por Lorraine Thomas. Curso de Contadora de Histórias com Flávia Gama. Palestrante com temáticas sobre família, educação, qualidade de vida e inteligência emocional.

Contatos
silviah.dona@gmail.com
Facebook: @silviadonacoach
(19) 98735-0380 (WhatsApp)

Comecei a trabalhar com 12 anos de idade e não parei mais. Sempre em busca da autonomia profissional, casei e logo assumi a maternidade, que em 2016 me fez decidir deixar a atuação de assistente social. Desenvolvi uma nova carreira, a de *coach*, com objetivo de passar mais tempo com meus filhos, Pedro, nascido em 2005, e Sophia, em 2009.

Essa nova rotina gerou um conflito interno entre ser mãe e o meu papel como empreendedora, que pulsava intensamente. Minha decisão provou o quanto era desafiador equilibrar os dois lados da balança.

Apesar de amorosa, muitas vezes não os ouvia com calma e eu acreditava ser a voz da razão: falava alto, me impunha e colocava-os de castigo. Era como se "desse murro em ponta de faca", pois não existia conexão, empatia e muito menos tolerância em nossos diálogos, resultando no convívio familiar desgastante.

Isso me machucava e deixava um sentimento de impotência em mim. Mas sabia que, por meio do meu esforço, poderia dar uma educação positiva e harmoniosa aos dois.

Ao ser convidada a participar deste livro, refleti sobre a maternidade e decidi escrever sobre a tolerância com os filhos. Mas, antes, aprenderia como desenvolvê-la e sentir seu impacto positivo em mim e na minha família. Neste capítulo, coloco as minhas experiências em relação ao tema, e que talvez faça sentido para você realizá-las no seu dia a dia.

Busquei conhecimentos em livros, artigos, espiritual e conversando com profissionais que me ajudaram conceitualmente e com exemplos práticos. Procure você também conhecer cada vez mais sobre o tema, será importante para seu desenvolvimento.

De acordo com o dicionário, tolerância é "Direito que se reconhece aos outros de terem opiniões diferentes; Boa disposição dos que ouvem com paciência opiniões opostas às suas."

No início, me colocar no lugar dos meus filhos e tentar compreendê-los era difícil, porém, meu desejo de mudar era legítimo.

Quero compartilhar uma história, que li no livro *O poder da paciência*, de M. J. Ryan:.

Um monge meditava em uma caverna no alto da montanha quando um pastor apareceu e intrigado perguntou-lhe:

— O que está fazendo aqui completamente sozinho?

O monge respondeu:

— Meditando sobre a paciência.

Ao virar-se para ir embora, o pastor gritou:

— Vá para o inferno.

"Pastor mal educado!", pensei. Na verdade, ele ensina que tolerância é construída nas ações diárias, principalmente durante os conflitos.

Nesse período, Pedro e Sophia estavam de férias escolares. Confesso que quase pirei. Eu queria mudar o comportamento deles quando não faziam o que lhes pedia. Muitas vezes, me comportava como uma criança birrenta, exigindo os meus direitos, ameaçando, julgando e punindo os dois. Não conseguia desenvolver o que descobri no dicionário, pois não compreendia que a mudança comportamental deveria começar por mim.

Eles queriam se divertir nas férias e eu desejava trabalhar e concluir meus projetos em casa. Eram necessidades distintas. Percebi que se eu estivesse de férias, também gostaria de diversão e descanso.

Nossas necessidades são, na maioria das vezes, muito diferentes. Assim, sempre que puder, coloque-se no lugar dos seus filhos para compreender o que estão sentindo de fato. Essa atitude empática possibilita a conexão com os filhos e resolve conflitos de forma harmoniosa. A empatia é uma das características da tolerância, assim como as demais abaixo:

- Paciência para compreender;
- Ouvir sem julgar e rotular;
- Respeitar a decisão alheia, seus sentimentos e emoções;
- Propor diálogo não agressivo;
- Apresentar fisionomia tranquila.

Com essas características, percebi o quanto precisava melhorar como mãe e tinha um longo aprendizado pela frente, que seria fundamental para a formação dos meus filhos, na vida adulta. Dependia de mim iniciar essa mudança.

Antes de seguir sua leitura, pergunte-se honestamente: para que você deseja desenvolver a tolerância?

Escreva de modo a encontrar um objetivo real:

_____

_____

_____

Esse objetivo deve ser seu maior estímulo para insistir e desenvolver-se nas características dessa habilidade. Sem objetivo, desistimos de nos esforçar e agimos por impulso emocional que, muitas vezes, julgamos (preguiçosos, medianos, chatos, tagarelas, dorminhocos...) nossos filhos pelos comportamentos que desaprovamos. Quando nos colocamos no lugar deles, relembramos das ações (rebeldia, incompreensão, frustração...) que tínhamos quando crianças/adolescentes com nossos pais.

A tolerância é um hábito, construída com comportamentos que trarão os resultados que almejamos.

Pense: como tem sido seu comportamento frente aos seus filhos? Reflita e anote o que deseja mudar com pequenas atitudes diárias.

Este e demais exercícios de reflexão e ação são muito importantes para você se analisar e iniciar novas atitudes. E, ao passo que os exercita, perceberá sua transformação positiva na busca dessa habilidade. Seus filhos com certeza perceberão sua mudança e reproduzirão o que você faz.

Nós, pais, sabemos quais situações nos tiram do sério. A grande sacada está em como nos prevenir delas. Num papel em branco, faça duas colunas. Na primeira coluna escreva TODAS as situações que disparam a sua intolerância. Na segunda coluna, anote TODAS as possíveis soluções preventivas. Por exemplo:

Situação intolerante	Possíveis soluções
Sobrecarga de tarefas domésticas.	Organizar um dia antes; dizer "não". Dividir tarefas com os membros da família de acordo com a faixa etária.
Falar várias vezes com os filhos para tomar banho.	Fazer combinados; estabelecer rotina de horários junto com os filhos; avisar 20 minutos antes, para eles irem se preparando. Explicar as consequências da desobediência.

Esse exercício conduz ao autoconhecimento, ao planejamento e à prevenção do que não se deseja vivenciar. Associe tudo isso e pratique os conhecimentos que obtêm com os filhos. Evite múrmuros; eles são seus melhores professores, ensinam com seus comportamentos a sermos pais mais tolerantes e melhores.

Toda vez que seu(a) filho(a) tiver comportamento inadequado, concentre-se e, antes de agir, coloque-se no lugar dele e imagine o real motivo gerador de tal atitude. Este esforço eleva a conexão familiar e estabelece com seus filhos um relacionamento saudável com sentimentos de felicidade. Ser tolerante nos ajuda a compreender a posição do outro e sua diversidade e, por meio da resiliência, nós nos desenvolvemos e nos transformamos. E só você pode fazer isso, não terceirize sua responsabilidade a escolas, avós e babás.

Cuidador de mim, cuidador do outro

Cuidamos dos filhos, cônjuges, limpeza da casa, finanças, supermercado, trabalho e dos nossos pais. Realizamos diversas tarefas e compromissos que não têm fim. Essa correria carrega sentimentos e emoções que podem impactar negativamente no nosso ser: desequilibrando corpo, mente e espírito. Quando isso acontece, agimos por impulso, resultando em comportamentos indesejados e negativos.

Imagine este cenário: a nossa cabeça é como a copa da árvore e nosso corpo é o tronco. Quando há uma tempestade (conflitos), a copa (cabeça) balança em todas as direções sem equilíbrio. Nesse momento, precisamos sair da copa frágil e descer para o tronco (corpo) que está firme na base e não é abalado pelos ventos.

Muitas vezes, insistimos intolerantemente em ficar na copa (com gritos; impaciência; desconexão consigo e com os outros, com o ambiente e situação real.), afim de conseguir o resultado que desejamos. Dessa forma, ensinamos aos filhos com nossos exemplos que devem ficar na copa também para conseguir o que desejam.

Lembre-se: você é um neurônio espelho para seus filhos. Logo, pais intolerantes educam filhos para serem intolerantes na vida, ainda mais na era digital, em que quase tudo é imediato. E a única forma de ver comportamentos diferenciados nos filhos é desenvolvendo, em nós mesmos, novas ações positivas (características da tolerância).

278

Você pode estar se perguntando: mas como desço para o tronco? Minha filha é parecida comigo e isso me preocupa, devido a algumas dificuldades que tenho, assim como qualquer ser humano. Imagine a competição entre nós duas! Aprendi nessa busca sobre a importância da respiração (prevenção) que me faz descer ao tronco. Já reparou que diante dos conflitos, estresse, frustrações nem parece que respiramos?

Esse ato consciente e profundo nos ajuda a perceber, conhecer e conectar-se com nosso corpo, nos tirando do mundo exterior. Favorece o equilíbrio de todo o organismo, a pausa, a calma, o relaxamento nos prepara para agirmos com controle e entendimento da realidade. Às vezes, começo a rir interiormente quando ouço minha filha dizendo para si mesma: "Sophia, respira, respira", naqueles momentos que se sente incompreendida e frustrada. Vamos praticar?

De acordo com o Instrutor de Yoga Cesar Garcia Blasciks, uma das formas de praticar a Respiração Consciente é inspirar contando até quatro e expirar contando até oito, sempre pelas narinas, de forma profunda e alongada, lenta e silenciosa. Ele ressalta a importância de realizarmos no mínimo dez repetições de respiração para atingir o relaxamento.

Existem diversas formas de conexão: música, meditação, leitura, exercício físico, apreciar a paisagem. Procure lembrar outras práticas que ajudarão nesse processo. A tolerância é parte desse bem-estar e pode ser desenvolvida em qualquer situação conflituosa. Se cuide!

"A paz pode ser encontrada em todas as ocasiões, mesmo quando a vida parece mais desafiadora." (M. J. Ryan)

Fatores estimuladores da intolerância

A intolerância é um estado de mal-estar, gera um comportamento de repulsa, que pode ser manifestado corporalmente. Quando essa manifestação é notada, há chance de prevenir as ações negativas. Além de fatores externos, existem os fatores internos estimuladores da intolerância. Reconhecer os sintomas é fundamental para escolhermos conscientemente nossos futuros comportamentos.

É preciso perceber como está seu estado físico em situações intolerantes: alteração de voz, humor, coração acelerado, busca pelo isolamento... Conforme vai conhecendo os sintomas que antecedem as ações indesejadas, você conseguirá se controlar antes de agir.

Observe, também, os fatores biológicos como estado de TPM (Tensão Pré-Menstrual), menopausa, efeito colateral medicamentoso, escassez de sono, abstinência, sedentarismo e outros.

Não cultive a intolerância, resolva e libere rapidamente as emoções reprimidas, para não comprometer a sua qualidade de vida. Caso contrário, possibilitará o surgimento de doenças como câncer, problema cardíaco; aumento da pressão sanguínea e outros.

Quando estiver no estado de intolerância, faça estas duas perguntas:

1. Por que estou me sentindo assim (por exemplo, esgotado, irritado, agressivo)? A resposta ajudará a identificar a causa de seu comportamento.

2. Como eu posso resolver essa situação de forma tranquila?

Conversar com a família sobre possíveis motivos que provocam esse estado emocional, de forma honesta e transparente, não é sinal de incapacidade, mas de aceitar as nossas limitações. No meu caso, uma noite mal dormida me deixa irritada; e aprendi a reconhecer meus estados emocionais e a externá-los.

Para não afetar minha família, eu peço apoio dizendo algo como:

— Crianças, estou muito irritada, pois essa noite não dormi. Preciso que evitem barulho para eu descansar. Como posso contar com o apoio de vocês?

Dessa forma, ajudamos cônjuge e filhos a se autoconhecerem, expor suas emoções, sentimentos, dificuldades e aumentar ainda mais o vínculo familiar.

Deus não dá tolerância, mas sim situações para desenvolvê-la.

Vão existir momentos que fugirão do seu controle. Quando isso acontecer, saia de cena. Sim, saia por alguns minutos do ambiente conflituoso. Muitas vezes falo aos meus filhos:

— Agora estou furiosa, me deem um tempo e logo conversaremos a respeito.

Saio da presença deles, respiro e faço perguntas a mim mesma. Isso me prepara para ouvir e ajudá-los na resolução do problema, mesmo que a solução não os agrade no momento.

Pais e filhos são diferentes uns dos outros: têm opiniões, temperamentos e comportamentos diversificados. Ser tolerante é respeitar e entender a posição do outro, mas que não necessariamente você aceita. Assim, cabe aos pais encontrarem a melhor forma para conduzir positivamente a educação dos filhos, não ficando submissos às decisões deles. O segredo é buscar alternativas que possam juntos com suas diferenças, construir estratégias para viverem bem em família.

Sem culpa, diga:

— Entendo você, meu filho. Sei que está se sentido chateado agora. Mas esta decisão é a melhor que eu posso ter neste momento.

— Sei que está triste, filha, mas infelizmente não posso fazer nada. O que você pode fazer para se animar um pouco?

"Seja a mudança que você quer ver no mundo."
(Mahatma Gandhi)

Divirta-se: as fases são passageiras

Quando puder, dê uma pausa nas preocupações diárias e mergulhe no universo de seus filhos com humor, contato físico, brincadeiras, passeios. São meios de se conhecerem e se conectarem em qualquer momento, até mesmo na realização das tarefas, responsabilidades e compromissos diários. Fará muito bem a você e a seus filhos.

Citei neste capítulo algumas vivências que me proporcionaram assumir a maternidade com mais tolerância, leveza, resiliência, como:

- Busca pelo autoconhecimento;
- Aprender nos momentos de conflitos;
- A mudança começa em mim;
- Características da tolerância;
- Objetivo maior;
- Pequenas mudanças diárias;
- Prevenção;
- Autocuidado;
- Fatores estimuladores da intolerância;

Wheel with six segments:
- Coloco-me no lugar do outro
- Ouço o outro sem julgamento
- respeito a opinião alheia
- Cuido do corpo, mente e espírito
- tenho consciência da minha fisiologia
- tenho consciência das minhas emoções

282 Finalizo este capítulo com uma ferramenta que utilizo nas sessões e até em bate-papo. Vou nomeá-la de Autoperformance em Tolerância. Ela contém as características descritas em minhas palavras, mas você pode substituir, incluir ou excluir as características que achar melhor para o seu desenvolvimento.

Pontue de 1 (próximo ao centro) a 10 (no outro extremo) todas as retas desse círculo, com uma caneta, como se fosse uma régua. Observe cada área e a classifique uma a uma de acordo com seu nível de satisfação. Quanto maior a nota maior sua satisfação.

Após o preenchimento total, escolha apenas uma área, em que ao iniciar a mudança comportamental por ela, impactará positivamente nas demais. Escolhida a área, escreva as ações detalhadamente que realizará nos próximos sete dias, de forma pontual, temporal e objetiva. Como:

Área: ouvir o outro sem julgamento.
Ações:

- Vou ouvir atentamente meu filho, sem interrompê-lo.
- Vou estar 100% presente quando alguém estiver falando comigo.

Muitos pais e mães, geralmente, reconhecem a necessidade de mudança. Mas, poucos têm a coragem e a responsabilidade para mudar e persistir. Seja você parte de uma geração de pais conscientes que deixam seu legado para as futuras gerações. Os maiores aprendizados dos nossos filhos vêm por meio de nossos exemplos diários.

Referências

RYAN, M. J.. *O poder da paciência*. São Paulo: Editora Sextante, 2011.

SIEGEL, Daniel J; BRYSON, Tina Payne. *O cérebro da criança: 12 estratégias revolucionarias para nutrir a mente em desenvolvimento de seu filho e ajudar sua família a prosperar*. São Paulo: Editora nVersos, 2015.

SITA, Maurício; MASTINE, Iara; THOMAS, Lorraine. *Coaching para pais: estratégias e ferramentas para promover a harmonia familiar*. São Paulo: Literare Books, 2017.

THOMAS, Lorraine (adaptação Iara Mastine). *A mamãe coach: 10 habilidades essenciais para você ser uma ótima mãe*. São Paulo: Editora Literare Books, 2018.

Sites

A paciência e a tolerância. Disponível em: <https://eusouumamulherlivre.wordpress.com/2013/08/02/a-paciencia-e-a-tolerancia/>.

PEDROSA, Stael Ferreira. *Como ensinar tolerância e paciência ao seu filho em um mundo cheio de intolerância*. Disponível em: <https://www.familia.com.br/como-ensinar-tolerancia-e-paciencia-ao-seu-filho-em-um-mundo-cheio-de-intolerancia/>.

TORQUATO, Izabel. *9 dicas para ser e ensinar mais tolerância aos filhos*. Disponível em: <http://www.familia.com.br/9-dicas-para-ser-e-ensinar-mais-tolerancia-aos-filhos/>.

28

Sou mãe e cuido da minha imagem!

Toda mãe pode escolher se amar e cuidar de si todos os dias. Se não cuida da própria aparência ou não gosta da imagem que vê refletida no espelho, como poderá ajudar os filhos a gostarem da aparência deles também? Só não se torne escrava da moda. Use-a a seu favor, como uma aliada. Lembrando que a aparência também é importante para que seus filhos se sintam adequados e aceitos!

Te Moraes

Te Moraes

Terezinha Moraes dos Santos, cristã, esposa, mãe do Vanderson e do Tiago e profissional apaixonada pelo ser humano. Nasceu para aprender e ensinar. Construiu sua carreira como professora, ensinando por 21 anos no Rio Grande do Sul (Soledade, Tunas, Osório e Capão Novo - Capão da Canoa) e 14 anos em Hong Kong (China), para executivos que faziam negócios no Brasil ou trabalhavam em empresas brasileiras, como Vale, Itaú, BTG Pactual. Idealizou e desenvolveu o projeto "Aprenda a falar português brincando com a tia Te", para crianças, filhos de mães brasileiras e pais estrangeiros em que a primeira língua em casa não era o português. Psicopedagoga Clínica e Institucional, MBA em Gestão de RH, Consultora e *Master Coach* em Imagem formada pela France Image Coaching. *Kid coach* formada pela Rio Coaching e certificada em *Parent Coaching* pela The Parent Coaching Academy (UK). Também é empreendedora em rejuvenescimento. Seu propósito é ajudar as pessoas a terem uma vida mais feliz e serem protagonistas da sua história.

Contatos
coachtemoraes@gmail.com
Facebook: @tmconsultorias
Instagram: coach_temoraes
(43) 99133-1509

286

Verdadeiramente acredito que, quando nasce um bebê, nasce também uma nova mulher. Nesse momento, mudam suas prioridades, expectativas, necessidades, gostos, incluindo também a maneira como se vê.

Trabalhando praticamente uma vida com crianças, 21 anos no Brasil e 14 anos em Hong Kong, tive a oportunidade de conviver com inúmeras mães. Isso me levou a gostar imensamente de ajudar mães a cuidarem de sua imagem. Meus atendimentos em consultoria e *coaching* em imagem são voltados, em média, uns 90% para mães.

Nós, mães, somos referência para nossos filhos. Educamos pelo exemplo e servimos de inspiração para eles sempre. Daí vem a pergunta: como posso querer que meu filho, ao acordar, troque de roupa se eu passo o dia de pijama?

Necessitamos cuidar da imagem mesmo quando não tem ninguém por perto! Nunca sabemos quem pode bater à nossa porta, sem hora marcada. Pode ser um amigo, um vendedor ou até mesmo um possível cliente ou um futuro parceiro de negócios.

Eu sempre falo: nossa imagem é o nosso mais valioso cartão de visita! Nossa imagem é construída todos os dias. Portanto, não podemos nos descuidar nunca. Acredito que nunca teremos uma segunda chance para causar uma primeira boa impressão.

Estudos dizem que levamos, em geral, apenas cinco segundos para formar uma impressão sobre determinada "imagem", interpretando seus sinais não verbais. E qual é a impressão que você está deixando?

Autoestima da mulher e mãe

Quer saber como anda a autoestima de uma mulher? Basta perguntar a ela qual roupa usa quando não tem ninguém por perto e onde ela come quando está sozinha. Muitas mulheres nem arrumam a mesa. Comem qualquer coisa de pé em frente à pia da cozinha. Há muitas mães que passam o dia todo de pijama.

A alegação de falta de tempo, muitas vezes, pode ser traduzida por falta de prioridade. Qual mãe não pode, ao escovar os dentes, já passar um creme com filtro solar no rosto? Ao se secar do banho, por que não aproveitar e passar um hidratante no corpo?

Dizem que têm tantas atividades, que esquecem... Que tal colocar um lembrete no espelho? Posso afirmar que, ao se tornar um hábito, não esquecerá mais.

Você precisa se olhar no espelho todas as manhãs e admirar a pessoa que é... a mãe que é. Na frente de sua imagem, experimente dialogar consigo mesma olhando nos olhos. Você é a primeira pessoa que tem que gostar de si.

Para amar seus filhos é preciso amar-se primeiro. Avalie seu corpo e seja grata por ele. Cuide-se! Ajuda bastante refletir com o auxílio destas perguntas:

- O que mais me incomoda em meu corpo?
- Existe alguma parte dele que eu gostaria de evitar expor?
- E qual é a parte do meu corpo que mais amo?

Anos atrás, morando em Hong Kong, meus olhos se depararam com a menina asiática mais linda que eu já vi. Estávamos no metrô, eu sentada e ela de pé, lendo um *iPad*, segurando-o próximo à porta. Descemos na mesma estação e pude ver aquela linda menina sem o braço esquerdo, desde o ombro.

Naquele instante, pedi perdão a Deus por todas as vezes que reclamei dos meus braços flácidos. Eu já tinha vivido tanto mais que ela, e os meus dois braços estavam ali. Prometi que, cada vez que uma mulher reclamasse, eu falaria dessa menina e diria para sermos gratas pelo corpo que temos.

Claro que devemos cuidar do nosso corpo, mas nunca reclamar dele.

Seja grata por cada parte do seu corpo, por cada órgão. Nós somos únicas, podemos até parecer com outra pessoa, mas ninguém é igual a ninguém. Deus nos fez com uma forma única!

Toda mãe pode escolher se amar e cuidar de si todos os dias. Se não cuida da própria aparência ou não gosta da imagem que vê refletida no espelho, como poderá ajudar seus filhos a gostarem da sua aparência?

Acredito que a demora para se vestir, a perda de tempo, muitas vezes, é por não encontrar a roupa adequada para aquele momento. Adianto que, para cuidar da sua imagem, não precisa levantar horas antes. Basta ter um guarda-roupa organizado, sem estar abarrotado. Deve ter apenas peças que a representem na essência: seu estilo, sua geometria corporal e as cores que valorizam sua imagem.

Como deve ser seu guarda-roupa?

Conforme ensinam as especialistas em estilo Cristiane Fleury e Hilux Del Priore, no livro *Com que roupa eu vou?*, nosso guarda-roupa deve ser composto num equilíbrio de 10% *fast fashion* (representada por uma saia estampada e colorida), 40% acessórios (representado abaixo por um broche em formato de flor) e 50% peças clássicas (representada por uma calça preta).

{ }10% fast fashion

{ }40% acessórios

{ }50% peças clássicas

Veja peças-chave que não podem faltar no guarda-roupa de uma mulher:

1. **Camisa branca**, pois ela pode ser usada com saia, calça de qualquer cor, terninho, bermuda ou até mesmo *short*. Usando com *jeans*, *scarpin* de salto alto e algum acessório, você estará elegante e chique para ir ao shopping, almoçar com amigas, participar de um evento informal. Lembre-se sempre de que camisa branca pode ser usada em qualquer estação. E nunca sai de moda.

2. **Vestido preto**, pode ser usado durante o dia ou à noite, apenas variando os acessórios. Prefira vestidos não muito curtos ou com decotes muito grandes, para poder usar em todos os ambientes.

3. **Calça de alfaiataria** marinho, preta ou chumbo: com uma camisa, deixa a mulher elegante. Cuidado! Ela não deve ser justa. Também pode ser usada com sapatilha e camiseta, num estilo mais casual. Para uma entrevista de emprego, calça de alfaiataria com camisa branca é a vestimenta adequada, não tem erro.

4. **Saia** é uma peça extremamente feminina. Procure um modelo de acordo com seu tipo físico. Nem muito comprida ou muito curta. Prefira o comprimento na altura dos joelhos. Você pode montar diferentes *looks*, vestindo-a com camiseta, blusa chique ou camisa.

5. ***Blazer***, que considero a peça mais importante do vestuário feminino. Pode ser usado por cima de um *top*, blusa básica lisa ou estampada, camisa; usado com vestidos, saias, calça de alfaiataria ou com jeans e até mesmo bermudas de alfaiataria. Não economize ao comprar um *blazer*, procure aquele com corte e caimento perfeito. É preferível ter apenas um com bom caimento e acabamento.

6. **Vestido básico** para o dia, que você pode usar no trabalho, shopping, encontro com as amigas. Sugiro o modelo envelope criado pela estilista belga Diane Von Furstenberg, transpassado na frente. É indicado às mulheres de todas as idades, jovens e maduras, magras e cheinhas. Em qualquer parte do mundo você encontra um vestido envelope! Peça inseparável de qualquer mulher numa viagem, também existe em versões formais, sendo a favorita de celebridades nacionais e internacionais. Kate Middleton, a Duquesa de Cambridge, usou quando foi anunciado seu noivado real.

7. **Jeans**. Toda mulher sempre encontrará um *jeans* adequado ao seu corpo. Mas, se tiver apenas um, prefira o de cor escura e corte reto, modelo tradicional e com cós que vá até a cintura.

8. ***Peep toe*** **nude** é um clássico para compor um *look*. Pode ser usado em qualquer momento. Proporciona à mulher um ar chique.

9. **Sapatilhas** são ótimas para usar durante o dia e até mesmo à noite. São práticas, elegantes e confortáveis.

10. **Blusa básica** que combine com seu tipo físico. Não muito curta, nem muito decotada, nem muito larga ou apertada demais. De preferência, lisa e da cor que combine com a sua cromoestética.

11. **Bolsa preta**. Companheira para todas as horas. Combina com tudo!

12. **Lenços e echarpes**, possua vários. Além de terem preços acessíveis comparados aos de uma peça de roupa (vestido, camisa, calça), permitem montar diferentes *looks*, são versáteis, realçando a beleza de um *look* moderno e sofisticado.

Para mães com crianças pequenas, a recomendação é usar *looks* práticos e confortáveis sem abrir mão do estilo. Com filhos pequenos, às vezes necessitamos nos agachar, sentar no chão, amamentar, segurar a criança no colo e isto exige mobilidade. Nesse sentido, evite acessórios, calçados e vestuários que possam machucar o bebê, gerar desconforto ou dificultar seus movimentos.

Procure não usar tecidos que amassem muito, aqueles grossos ou ásperos, pois podem causar desconforto ou até mesmo alergia na pele do bebê, quando ele está no seu colo.

Joias e bijuterias grandes devem ser evitadas, porque podem enroscar ou serem puxadas pelo bebê, provocando acidentes. Conheço casos de mães que tiveram de dar pontos na orelha por causa de puxões com brincos grandes.

Blusas e vestidos com abertura na parte das costas dificultam na hora da amamentação.

Vale a pena investir em pantalonas, *legging*, camisas de botão, túnicas, batas, calças e *short* de alfaiataria, vestidos e blusas tipo envelope, sapatilhas, mocassins ou sandálias com salto Anabela.

Quando for comprar roupa, eu sugiro que faça estas três perguntas:

• Eu preciso desta peça?
• Eu tenho alguma outra peça similar?
• Comprando esta peça, eu consigo montar três *looks* com outras roupas que já tenho no armário?

Não é necessário ter todas as roupas da moda para aparentar estar bem vestida. Com criatividade, você pode ter em seu guarda-roupa peças curingas que garantem belos *looks* com preços acessíveis. Não se torne escrava da moda, use a moda a seu favor, como uma aliada sua.

Escolha sentir-se elegante!

Para a consultora Costanza Pascolato, elegância, no fundo, é escolha. Portanto, você pode, sim, estar superelegante com o mais casual ou com o mais clássico dos modelos. Sejam quais forem as peças, marcas e estilos que lhe agradam. O essencial é vestir a roupa que, diante do espelho, vai fazer você sorrir e dizer: "está ótimo, porque essa é a minha imagem – de mais ninguém".

Eu, inúmeras vezes, comentei que fiz o curso de consultoria de imagem quando morava em Hong Kong, porque, ensinando português no maior centro financeiro (IFC), via nos elevadores mulheres lindamente vestidas e outras nem tanto. Senti o desejo de ajudar as mulheres a cuidarem da sua imagem.

Nesse suporte a mulheres de várias nacionalidades, percebi que muitas vezes elas enchiam os armários de roupas, mas o que estava faltando era preencher lacunas da alma e por isso fui para o *Coaching* e me tornei *Master Coach* em Imagem.

Gostei do que disse o *coach* José Roberto Marques, no evento Profissão *Coaching ao Vivo*, em Vitória: que nós temos de honrar a nossa história, que não devemos ter vergonha dela. Naquela noite, eu não dormi, porque me dei conta de que desde menina eu me preocupava com a imagem. E como sou filha de pai professor e mãe dona de casa, não tinha condições de ter todas as peças de roupa que eu desejava. Ainda criança, pedia a roupa que combinasse no mínimo com três peças que eu tivesse em casa, podendo assim formar vários novos *looks*.

Vou contar o resultado da minha inquietação. No dia seguinte, o *coach* Geronimo Theml perguntou à plateia se alguém teve algum *insight* a partir do que havia aprendido com as palestras do dia anterior. Levantei o braço e tive a felicidade de Geronimo me ver e me passar o microfone. Disse que, a partir daquele dia, eu me comprometeria a honrar a minha história na íntegra e a ajudar as pessoas a cuidarem da sua imagem também.

Realizo consultorias de imagem, desde 2013, e *coaching* em imagem, a partir de 2014. Além de ser formada pela France Image Coaching, acompanho grandes ícones como Costanza Pascolato, Gloria Kalil, Carla Mathis, Rita Varela, Lilian Jordão, entre outras. E coloco em prática tudo o que aprendo com mulheres de várias nacionalidades.

Com base nessa experiência, dou mais algumas dicas práticas às mães. Começando por descobrir seu melhor ângulo para fotos. Basta ir para a frente de um espelho com uma folha de ofício e colocá-la na metade do rosto, observando o lado descoberto. Depois, inverta a folha e observe o outro lado para identificar qual é o seu melhor, que realça sua beleza.

Na hora da foto, também use roupas que valorizem sua beleza, pense em momentos felizes e sorria com os olhos. Um truque que a Jacqueline Kennedy Onassis usava era olhar um pouquinho acima da câmera fotográfica quando estava sendo fotografada.

Procure usar as cores que valorizam a sua imagem. A certa realça a beleza, diminui marcas de expressão, dá uma aparência mais saudável e mais feliz. Como saber qual é? Teste algumas colocando próximas do rosto e observe:

- Sua aparência: com aspecto cansado ou saudável?
- Marcas de expressão: estão amenizadas ou realçadas?
- Linhas do rosto: pouco ou mais definidas?

Se eu só pudesse deixar um conselho a todas as mães seria: nunca descuide da sua imagem. Afinal, você pode servir de exemplo para outras pessoas. De uma coisa tenha certeza: nossos filhos são os nossos maiores fãs e eles sentem orgulho da mãe que tem.

Cuidando da aparência dos filhos

Falando em filhos, nós, mães, precisamos cuidar da imagem deles desde que crianças, pois não deixa de ser uma forma de comunicação com o mundo externo. Devemos cuidar da aparência deles como cuidamos da nossa.

Quando meus filhos eram pequenos, recebi vários elogios, inclusive por vestir roupas brancas. A maioria das mães não usavam porque dava trabalho para lavar.

Acredito que a imagem da criança interfere na integração com colegas e amigos. E também na maneira como a criança é vista até mesmo pelos professores e demais pessoas no ambiente escolar.

Uma dica: permita que seus filhos possam escolher roupas e aprendam a expressar a sua personalidade. Vivi essa experiência com meu filho mais velho. Ele detestava marrom e ganhou várias peças da avó paterna. Nunca quis usar. Cheguei na época, 33 anos atrás, a conversar com o pediatra dele, porque a avó queria que eu o obrigasse a usar, mas não concordava. A resposta do médico foi clara e tranquilizadora: respeite a opinião do seu filho!

Como era professora de matemática, muitas vezes usei as roupas deles para trabalhar operações dentro de casa. Organizávamos as roupas juntos, separávamos as do dia a dia e as de usar em momentos especiais. Anotávamos o total de peças, separávamos as que deixaram de servir; e montávamos *looks* utilizando bermudas x camisetas. Por exemplo: três bermudas e quatro camisetas, quantos *looks* diferentes poderiam formar?

Bermudas azul, branca e verde. Camisetas amarela, vermelha, verde e branca. Formávamos 12 *looks*, que eles desenhavam e pintavam.

Em outras palavras, dê a oportunidade de seus filhos se divertirem ao se vestir. Organize com eles minidesfiles, deixando-os explorarem a imaginação. Eu fazia essa atividade com meus filhos e depois com crianças em Hong Kong, que aprenderam falar português brincando com a tia Te.

Aproveite estes momentos para ensinar limites, qual tipo de vestuário combina mais com cada ambiente, cada estação do ano. Importante: evite vestir seus filhos como miniadultos!

A ganhadora de oito *Oscars* de melhor figurino Edith Head, em seu livro *How to dress for sucess*, dá uma orientação preciosa, para observarmos as roupas que as outras crianças do círculo de nossos filhos estão usando. Lembre-se de que, nessa idade, a aparência é importante para que eles se sintam adequados, posto que necessitam ser aceitos!

Lembre-se todos os dias: você é única! Você é especial!

Deus nos fez com uma forma única, ninguém é igual a ninguém.

Nunca se compare com o outro, compare-se com o que você foi ontem, o mês passado, o ano passado... Seja sempre a sua melhor versão como mulher, mãe, esposa, amiga e profissional.

Eu acredito que Deus realiza os desejos de nosso coração quando está alinhado com os sonhos que Ele tem para nós. Foi dando uma palestra para mães no meu estado, Rio Grande do Sul, com o tema "Sou mãe e me cuido", que me tornei empreendedora em rejuvenescimento.

Assim, vou cumprindo meu propósito, que é, realçando a beleza, ajudar mais pessoas a terem uma renda extra para viverem uma vida extraordinária e escreverem uma história que, um dia, terão orgulho de contar. É como o Geronimo Theml diz:

Um dia todos nós vamos viver de história.

Então, cabe a cada um de nós escolhermos a vida que queremos hoje. Que o amor de Deus transborde através de você! O melhor de Deus está por vir!

Com amor, Te Moraes

29

O medo e suas muitas faces

O medo é uma emoção básica, que existe para também
nos proteger. Sentir medo é algo natural e saudável para
o desenvolvimento da criança. Porém, se esse medo
estiver sendo prejudicial de alguma forma, precisamos
agir, para que essa emoção seja acolhida e cuidada,
o que inclui ensinar a diferença entre o que é real e
imaginário. E que aventura teremos!

Vanessa Mondin Martins

Vanessa Mondin Martins

Casada com Leandro, mãe do Lucas, nascido em 2011. Analista de Sistemas graduada pela Universidade Brás Cubas, com pós-graduação em Gestão de Projetos, com ênfase em PMI pela FIT (Faculdade Impacta de Tecnologia). Após anos na área de sistemas, foi sentindo a vontade e necessidade de atuar na área de desenvolvimento humano. Vanessa fortaleceu esse sentimento após o nascimento do filho, quando buscou no *coaching* um direcionamento para sua nova jornada profissional, voltada para pais, filhos e educadores. *KidCoach* com formação no método *KidCoaching* pelo ICIJ (Instituto de Coaching Infantojuvenil) e *Parent Coach* com certificado internacional pela The Parent Coaching Academy of London (UK). Facilitadora da Jornada das Emoções, Contadora de Histórias, *Practitioner* de Barras de *Access* e *Facelift* Energético, e apaixonada por esse novo universo.

Contatos
vanessamondinmartins@gmail.com
Instagram: @vanessamondinmartins
Facebook: vanessamondinmartins
(11) 98184-0497

O fim de semana vai se despedindo e a noite de domingo está chegando, linda, calorosa e imponente. Paula já está terminando de preparar tudo para a semana que se iniciará dentro de poucas horas, quando seu pequeno Guilherme, de apenas seis anos, começa seus desesperados questionamentos:

— Mamãe, eu posso dormir com você só um pouquinho. Depois o papai me leva para a cama? Por favor, mamãe! Você deixa? Só um pouco, por favor! – Diz, com a voz embargada, olhos cheios de lágrimas e movimentos incessantes, dando ainda mais ênfase ao medo daquele momento.

A mãe, já tensa e exausta desse ritual, diz carinhosamente ao filho que essa noite ele dormirá no quarto dele, feito com tanto amor e carinho. Explica o quanto esse descanso é importante, tanto a ele quanto aos pais, pois a semana que se iniciará será de muitos afazeres. E tudo correrá mais tranquilamente a todos somente se cada um estiver no seu espaço.

Paula procura ser calma e firme ao mesmo tempo para lidar com essa situação. Porém, Guilherme não recebe a explicação da mesma forma. Chora copiosamente, sem ao menos ouvir o que a mãe tem a dizer. Ela tenta falar, acalmá-lo... sem sucesso algum.

O pequeno fica atrás dessa mãe o tempo todo gritando:

— Eu não vou dormir no meu quarto! Eu tenho medo! Eu não gosto de ficar sozinho! Não gosto desse quarto, é chato! Gosto do quarto do meu papai e da minha mamãe!

Com isso, Paula começa a ficar irritada e a perder por completo a paciência que teve até aquele momento. Nervosa, passa a gritar com o pequeno que precisa se trocar, escovar os dentes e deitar – sem reclamações. Mas não obtém sucesso, tamanho é o desespero da criança em ter que ficar sozinha, e não com a companhia da mãe.

Por fim, ele diz:

— Por favor, mamãe, só um pouquinho! Eu prometo que amanhã vou dormir no meu quarto. Por favor, mamãe, por favor...

Paula se afasta do filho, com o coração apertado, e tenta encerrar seus afazeres antes de deitar. Afinal, são quase dez horas da noite.

O pai, Leandro, também irritadiço, percebendo o descontrole do filho e a irritabilidade da mãe, pega o pequeno Guilherme pela mão, leva-o até o quarto. Exige que pare de chorar, deite em sua cama e durma, quieto – também sem sucesso, pois a criança não obedece aos seus comandos, fazendo com que a tranquilidade daquela casa vá embora, choro após choro.

O pequeno se levanta e corre para os braços da mãe, que está sentada em uma poltrona tentando colocar os pensamentos em ordem devido a todo aquele momento. Ele deita em seu colo chorando de soluçar, já exausto, com os olhinhos fechando de tanto sono, apavorado em pensar em ficar em seu quarto escuro e sozinho.

A mãe o acolhe abraçando-o, acalmando-o, respirando junto, para que ele se acalme e se controle. Logo depois, em uma conversa tranquila, diz a ele que, muitas vezes, as coisas parecem ser muito difíceis, mas que ela está ali para ajudá-lo quando precisar. O pai se junta a eles. Abraçam-se e, juntos, vão relaxando daquela situação vivida.

Nisso, o pequeno Guilherme se entrega ao cansaço, adormecendo e sendo levado à sua cama, sem nenhuma dificuldade.

Estratégias e oportunidades para lidar com os medos das crianças

Refletindo sobre essa emoção, com muito amor e empatia, os pais de Guilherme compreenderam seu desespero, estabeleceram uma conexão com o pequeno, de modo que, em um primeiro momento, a situação fosse controlada.

Como isso foi possível? Utilizando o método "conectar e redirecionar". Ele ajuda nossos filhos a "sentirem-se sentidos" antes de buscarmos resolver o problema ou tratar a situação de uma maneira lógica.

O medo é uma emoção básica, que existe para nos proteger. Sentir medo é algo natural do ser humano, e extremamente saudável para um adequado desenvolvimento. O que precisamos prestar atenção é no quanto esse medo "paralisa". É nesse momento que devemos estar conscientes para promover um bom acolhimento para que a criança possa expressar essa emoção.

Quando relatamos não ser "nada demais" ou até questionamos esse medo ("isso não existe"), não estamos reconhecendo um estado emocional da criança e muito menos expressando uma mensagem de confiança, que é tão importante para estabelecer essa conexão e redirecionamento.

Por isso, pare, escute, mostre-se presente diante dessa expressão de medo da criança. E mais: ofereça seu apoio e auxílio.

Outra forma bastante eficaz de fazer com que os pais e a criança criem uma conexão em relação ao assunto é com a contação de histórias. Que tal falarem sobre as experiências de medo que tiveram na infância de cada um e como conseguiram vencê-lo?

Todas as crianças podem ser ensinadas a examinar suas emoções, principalmente aquelas que estão sendo vivenciadas. Vale a pena dedicar um tempo para lhes perguntar como estão se sentindo e ajudá-las a identificar o que estão sentindo, para que seja possível trabalhar isso com elas.

Entendendo o medo

O que é o medo? A psicóloga Marilza Mestre explica bem em seu site, que "é um sentimento natural de defesa biológica que pode sofrer uma distorção psicológica e prejudicar o desempenho social das pessoas na coletividade, passando por sucessivas etapas, da seguinte ordem: medo biológico, medo condicionado, medo psicológico, ansiedade e fobia. O medo começa a aparecer de acordo com a maturação neuronal da criança, o que é ótimo e saudável, para que a proteja".

299

Importante ressaltar que cada sistema familiar (crianças e seus pais) é único. Por isso, é fundamental entender esse contexto sem que prevaleça nenhum tipo de comparação ou julgamento em relação a essa emoção. Muito melhor é buscar compreender as questões que a envolvem.

Nesse sentido, o diálogo entre os familiares precisa acontecer, para que, juntos, compreendam o medo que essa criança desenvolveu. Cada um deve falar sobre seu sentimento relacionando com o que o provoca e, por fim, o que gostaria que fosse feito, de modo a chegarem a uma solução antes de acontecimentos mais sérios.

Acolher esse sentimento e compreender o que, de fato, está ocorrendo com a criança é olhar com mais amorosidade àquilo que ela está manifestando, expondo; valorizando como uma questão que merece atenção e cuidado para que seja resolvida.

O que evitar a todo custo fazer

Na busca incessante por ajudar a criança a "não ter medo", a família pode provocar o efeito contrário. Ou seja, agravar o seu comportamento amedrontado. Se você não quer que isso aconteça com seus filhos, observe o que não é indicado fazer:

• **Comparação com outras crianças:** a comparação nunca é uma atitude positiva. Ela só é considerada positiva caso seja feita à própria criança e considerando suas evoluções em uma determinada situação.

• **Evite a exposição de sentimentos:** nunca exponha os sentimentos de uma criança. Ela está em fase de desenvolvimento, merece respeito e ser tratada com empatia. Expô-la e supor que esse sentimento é de "manha" não a ajudará a ultrapassar a barreira desse medo. Acredite, com ele não se brinca!

O autor Daniel Goleman diz que "a empatia é alimentada pelo autoconhecimento. Quanto mais conscientes estivermos acerca de nossas próprias emoções, mais facilmente poderemos entender o sentimento alheio". E "ter a capacidade de sentir o sentimento dos outros é perceber as coisas como eles percebem", considerando a empatia como sendo a mais importante habilidade social que podemos desenvolver diante de todas as emoções que a criança tem.

E o que podemos fazer?

Existem diversas formas de lidar com a emoção medo. Destaco quatro que entendo serem relevantes para o desenvolvimento das crianças:

• **Compreender o que está por trás dessa emoção:** é muito importante ter esse acolhimento com a criança dialogando sobre essa emoção. Conversem sobre o que o aflige e amedronta, de maneira cautelosa e amorosa, para que juntos consigam achar soluções.

• **Pensar positivamente:** distraia a atenção da criança com algo agradável. Sugira ter pensamentos positivos e prazerosos em vez de ruins e assustadores. Utilize palavras de afirmação, dizendo que ela é capaz de dormir no quarto sozinha e que, caso sinta medo, é só chamar o papai e a mamãe, que estarão prontos a acolhê-la, confortá-la, com todo amor.

• **Fortalecer seu filho:** situações ameaçadoras parecem menos assustadoras quando a criança ganha algum controle sobre elas. Uma das estratégias é dar a ela um objeto ou brinquedo preferido para ser utilizado como âncora, ajudando-a a enfrentar o medo que sente. Por exemplo, uma lanterna que será deixada embaixo do seu travesseiro e acesa do momento do medo. Também podem criar em conjunto uma "poção mágica" que ganhará o nome de "Espanta Monstros". Basta que misturem água e um aromatizador dentro de um borrifador. Antes de dormir, a criança deve espalhar essa poção pelo ambiente e cama antes de dormir e, assim, ter uma "proteção exclusiva contra monstros e fantasmas" ao seu redor. Ou, ainda, vocês podem construir algo que faça sentido ao seu filho.

• **Assegurar à criança de que está tudo bem:** ela está sempre muito atenta às ansiedades de seus pais. Não poupem, portanto, expressões corporais, faciais e palavras capazes de confortá-la e de assegurá-la de que tudo está sob controle.

Estabelecendo conexão com a criança durante o sono

Há uma técnica utilizada desde a década de 1950 chamada Reprogramação Noturna. Nela, a mãe ou o pai conversam com a criança durante o REM (Rapid Eye Movement, que significa movimento rápido dos olhos), que é a fase do sono na qual ocorrem os sonhos mais vívidos.

Nesse estágio, a frequência cerebral propicia uma conversa mais profunda, com o inconsciente. Com isso, é possível que você converse com seu filho sobre o que está acontecendo, o que pode estar afetando o sono e seu comportamento de forma geral. Para o que quer que esteja ocorrendo é válido usar essa técnica com o objetivo de acalmá-lo e obter melhorias nos sintomas que ele vem apresentando.

301

É uma prática simples e que pode trazer resultados rápidos! Consiste, portanto, em conversar com a criança enquanto ela dorme, trabalhando o subconsciente dela com palavras e frases positivas.

O medo pode ser decorrente de alguma insegurança que a criança tem. Por exemplo, de perder os pais ou de acordar e sentir que está sozinha, entre outros sentimentos que faz com que a criança cochile ao invés de dormir.

Essa interrupção do sono pode ser caracterizada por algum trauma ocorrido durante o seu nascimento, muitas vezes ligado à cesárea, devido à separação que a criança sofre da mãe logo após ser retirada de seu útero para os procedimentos obrigatórios ainda na sala de parto. Nessa hora, fica o registro emocional "cadê a minha mãe" nessa criança, que estava até poucos instantes atrás na barriga de sua mãe e imagina agora que ela "sumiu".

Pode ser caracterizado ainda por uma criança que foi rapidamente para UTI assim que nasceu. Se a mãe teve alguma intercorrência durante a gestação e sentiu medo de perder o bebê, há chances de ter deixado um registro de separação entre eles, entre outros traumas capazes de afetar o sono da criança - não deixando-a dormir, para "vigiar" o que está acontecendo ao seu redor.

Essa reprogramação é feita da seguinte forma: entre 50 minutos e 1 hora e 15 minutos depois que a criança dormiu, quando já está em sono REM, os pais conversam de forma natural, em primeira pessoa (eu), para que o subconsciente entenda quem é quem está falando. Esse bate papo é feito sobre qualquer situação que entendam como trauma, expressando tudo o que sentem vontade, de coração aberto, sem julgamentos, culpa e com muito amor.

Experimente fazer isso por várias noites seguidas, falando sempre sobre o ponto da dor, aquilo que você entende como sendo um trauma à criança e que a impede de ter um sono tranquilo, de qualidade. Se ela acordar durante a conversa é porque não estava na frequência cerebral certa, não estava em sono REM. Então, encerre a conversa desse dia e retome na noite seguinte.

Pode acontecer que, no momento que você esteja conversando com a criança, perceba que ela se mexa, se vira ou suspira. Significa que ela foi tocada justamente num ponto importante e que tinha a ver com a situação que precisava ser resolvida. Sendo assim, você pode falar mais um pouco sobre esse assunto em questão, pois vai liberar um sentimento contido talvez por vários anos.

Logo após vivenciá-lo, algumas vezes trazendo a comoção, é muito importante citar palavras de afirmações à criança. Fale que deve ficar tranquila, que a vida é segura e que há muito amor entre a sua família. Reafirme que você está do seu lado para caminharem juntos e do quanto o amor que ela recebe, tanto da mãe quanto do pai é forte, verdadeiro e incondicional.

Além de ser muito válida, essa Reprogramação Noturna tem o poder de estabelecer uma conexão entre pais e filhos, capaz de libertar toda carga de medo que pode estar guardada e que precisa ser eliminada e transformada. Com muito carinho e resiliência, a técnica vai funcionar.

302

Ferramenta para ajudar uma criança a dormir só

A seguir, um passo a passo que vai facilitar este processo:

1. Vamos prepará-la para a mudança

No conto do livro infantil *Carlota não quer falar*, quando a criança cita ter medo de dormir sozinha, são utilizadas as seguintes perguntas:

• Do que você tem medo? Quando você tem medo de alguma coisa, também se sente intranquilo e inseguro? Você sabe o que é insegurança?

• Os papais amam muito você e fazem o possível para que nada de mau lhe aconteça. Você sabe o que é confiança? Você confia que seus papais cuidarão de você enquanto estiver dormindo? Você se sente confiante com seus papais?

É importante esclarecer à criança que não é ruim sentir medo. Que todos nós sentimos medo, mas que suportamos quando temos confiança. Explicar que ela pode confiar que os papais estarão atentos durante toda a noite. E que, se precisar de ajuda, vai ter. Convide-a a confiar em você e diga: a confiança tem o mágico poder de afastar o medo.

Além disso, como eu já disse neste capítulo, pode relembrar com ela alguma história na qual você também já sentiu medo, e partilhar como conseguiu vencê-lo. Seu filho pensará: "Puxa! Meus papais já sentiam medo. Eu também posso vencê-lo!".

2. Chegou a hora de dormir só

Comece, de forma positiva, explicando que vocês estão orgulhosos de como seu filho está crescendo, e que agora chegou o momento de dar um novo passo: dormir sozinha.

Como apoio adicional, proponho utilizar o "Calendário para dormir sozinho". Trata-se de um calendário semanal ou mensal, que pode ser feito pelos pais juntamente com a criança, com espaços para registrar as conquistas desse novo comportamento de dormir na própria cama.

Como sugestão, você pode dizer:

— Olha que legal este calendário! Vamos pintá-lo e colocá-lo em um local visível para completarmos sempre?

Vale ilustrar com algum desenho que criança aprecie ou até mesmo combinar cores que signifiquem, por exemplo:

• **Cor verde:** dormiu a noite toda.
• **Cor amarela:** dormiu em sua cama, mas acordou na cama dos pais.
• **Cor vermelha:** não dormiu em sua cama.

Use a criatividade e envolva a criança nesse combinado da ação. Dessa maneira, ela se sentirá parte do processo, e o sucesso será bem mais facilmente conquistado.

Recomendo não dar prêmios pela conquista, mas sim combinarem de celebrar com momentos prazerosos. Dessa forma, auxiliarão a criança na conscientização de uma nova habilidade que é importante para toda a família, e não somente realizando um condicionamento. Para essa nova ação existe um sentido na ação – vencer os medos e se sentir melhor (há prêmio melhor do que esse?).

Celebrem de uma maneira harmoniosa para todos os envolvidos. Por exemplo: fazendo um passeio em família, um piquenique ou até mesmo levando-a a algum lugar de que vocês gostem muito.

O objetivo é que a criança alcance a meta de dormir sozinha vários dias, e que compreenda essa ação como algo normal. Quando ela sentir que dormir sozinha é natural, significa que o objetivo foi alcançado.

Referências

BERNARDES, Claudine. *Carlota não quer falar.* Joinville, SC: Grafar, 2017.

GOLEMAN, Daniel. *Inteligência emocional.* Rio de Janeiro: Objetiva, 2001.

SCOTTI, Myriam. *O menino que não queria dormir sozinho (ilustrado).* Rio de Janeiro: Bibliomundi, 2017.

SIEGEL, Daniel J.; BRYSON, Tina Payne. *O cérebro da criança - 12 estratégias para nutrir a mente do seu filho.* São Paulo: nVersos, 2015.

Sites

BAGATOLLI, Dariane. *Curso online para mães: soluções além do comportamento.* Disponível em: <www.darianebagatolli.com.br> e <www.facebook.com/darianebagatollicoach/>.

BENÍCIO, Vanessa. *Curso.* Disponível em: <jornadadasemocoes.com.br>.

BERNARDES, Claudine. *Site.* Disponível em: <https://acaixadeimaginacao.com>.

GUILHAS, Ana. *O seu filho ainda tem medo de dormir sozinho?* Disponível em: <uptokids.pt/educacao/o-seu-filho-ainda-tem-medo-de-dormir-sozinho/>.

LUZES, Eleanor. *O que é a ciência do início da vida?* Disponível em:

MESTRE, Marilza. *Site.* Disponível em: <http://www.marilzamestre.com/>.